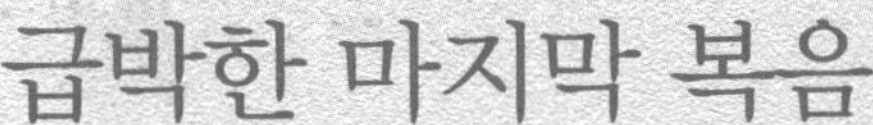

급박한 마지막 복음

요한계시록

김대희 지음

베다니출판사

급박한 마지막 복음

요한계시록

지은이 | 김대희

1쇄 인쇄 | 2020. 12. 22
1쇄 발행 | 2020. 12. 31

펴낸곳 | 베다니출판사
펴낸이 | 오생현
등록일 | 1992. 5. 6(제3-413호)

주소 | 서울시 송파구 새말로10길 18-1, 4층 (우편번호 05810)
전화 | (02) 448-9884~5
팩스 | (02) 6442-9884

E-mail | bethanyp@hanmail.net
홈페이지 | http://www.bethany.co.kr
북 카 페 | cafe.naver.com/bethanybooks

값 18,000원

ISBN 978-89-5958-245-7 (03230)

• 이 도서의 국립중앙도서관 출판시도서목록(CIP)은 e-CIP 홈페이지(http://www.nl.go.kr/ecip)에서 이용하실 수 있습니다.(CIP제어번호: CIP2020053893)

목차

머리말

요한계시록을 쓰게 된 동기

평소 성경을 즐겨 읽는 사람도 요한계시록에 이르면 답답해지기 마련입니다. 저 역시 관련 주석서도 읽고 세미나도 참석했지만, 여전히 이해하기 힘들었습니다. 신학자들과 많은 목회자들은 다양한 관점에서 요한계시록을 해석하면서 종말론을 주장하고 있습니다.

하나님의 은혜로 저는 9년 동안 새벽기도회에서 두 번에 걸쳐 요한계시록을 설교하였습니다. 그동안의 설교 내용을 정리하여 모두에게 확실한 하나님의 구원의 복음을 전하고 싶었습니다. 10월의 가을 하늘처럼 시원하고 청명하게 기록하고 싶은 마음으로 책을 썼습니다.

요한계시록은 복음입니다.
요한계시록보다 더 정확하게 복음을 강조한 책이 있는가?
요한계시록처럼 구원을 강조한 책이 있는가?
요한계시록처럼 이기는 방법을 가르치는 책이 있는가?

나는 요한계시록을 설교하면서 복음이 무엇인지, 구원 받는 방법이 무엇인지를 알았습니다. 이기는 방법을 모르고 어떻게 이길 수 있으며, 이기는 자가 결국 구원을 받는 것입니다. 이것을 기록하여 여러 성도들과 목회자들에게 분명하게 전하고 싶었습니다.

요한계시록을 복음적으로, 구속사적으로 이해함으로써 종말론이나 이단에 빠지는 우(愚)를 범하지 않고 확실한 구원관을 갖고 신앙생활을 했으면 하는 마음으로 책을 쓰게 되었습니다.

또한 우리를 향한 사랑과 구원을 위해서 하나님이 어떠한 일을 행하고 계신가도 알았습니다.

바라기는, 교회와 목회자들에게도 복음을 주시고, 교회와 목회자들이 그 복음 위에 바로 서 있는지 예수님께서 직접 점검하신다는 것도 요한계시록에서 말씀하고 계심을 알았으면 합니다.

"촛대 사이에 인자 같은 이가 발에 끌리는 옷을 입고 가슴에 금띠를 띠고 그의 머리와 털의 희기가 흰 양털 같고 눈 같으며 그의 눈은 불꽃 같고 그의 발은 풀무불에 단련한 빛난 주석 같고 그의 음성은 많은 물 소리와 같으며 그의 오른손에 일곱 별이 있고 그의 입에서 좌우에 날선 검이 나오고 그 얼굴은 해가 힘 있게 비치는 것 같더라 내가 볼 때에 그의 발 앞에 엎드러져 죽은 자 같이 되매 그가 오른손을 내게 얹고 이르시되 두려워하지 말라 나는 처음이요 마지막이니 곧 살아 있는 자라 내가 전에 죽었었노라 볼지어다 이제 세세토록 살아 있어 사망과 음부의 열쇠를 가졌노니 그러므로 네가 본 것과 지금 있는 일과 장차 될 일을 기록하라 네가 본 것은 내 오른손의 일곱 별의 비밀과 또 일곱 금 촛대라 일곱 별은 일곱 교회의 사자요 일곱 촛대는 일곱 교회니라"(계 1:13-20).

요한계시록에는 네 생물이 복음을 전하면서 죽음도 두려워하지 않고 순교를 각오하며 담대하게 복음을 증거했으며, 순교한 후에도 자신이 전한 사람들을 위해서 천국에서도 늘 기도합니다.

복음을 전하던 이십사 장로들과 네 생물은 천국에서 자신이 복음 전한 자들을 간절히 기다리다가 "이르되 할렐루야 구원과 영광과 능력이 우리 하나님께 있도다" 하면서 그들을 기쁨으로 맞이합니다.

"또 이십사 장로와 네 생물이 엎드려 보좌에 앉으신 하나님께 경배하여 이르되 아멘 할렐루야 하니 보좌에서 음성이 나서 이르시되 하나님의 종들 곧 그를 경외하는 너희들아 작은 자나 큰 자나 다 우리 하나님께 찬송하라 하더라 또 내가 들으니 허다한 무리의 음성과도 같고 많은 물 소리와도 같고 큰 우렛소리와도 같은 소리로 이르되 할렐루야 주 우리 하나님 곧 전능하신 이가 통치하시도다"(계 19:4–6).

이제는 이 말씀에서처럼 하나님이 우리들을 통치하신다고 선포하시면서 복음 전도자들이 자신이 복음을 전한 자들을 하늘 보좌에서도 "할렐루야!"로 맞이하고 함께 혼인잔치에 참여하는 간절한 마음을 볼 수 있습니다.

김대희 목사

복음적인 면에서의 요한계시록

1. 요한계시록에서 하나님의 말씀과 예수 그리스도의 증거와 요한의 증언을 볼 때 이것을 복음으로 볼 수 있습니다. 하나님도 아담과 하와가 에덴동산에서 쫓겨나 그들이 다시 돌아오도록 하기 위해서는 복음이 필요했고, 그들에게 원복음(창 3:15)을 주시면서 돌아오라고 말씀하셨습니다.

예수님은 우리들의 죄 문제와 구원 문제를 해결하시기 위해서 오셨습니다. 예수님은 한 사람 한 사람의 구원을 위해서 하나님의 오른손에서 두루마리를 취하시고, 그 두루마리의 인봉을 떼시기에 합당하신 분이 죽으심으로 복음이 확인되고 공개 확정되었습니다(계 5:9).

2. 네 생물이 복음을 전하자 말 탄 자들이 복음 전하는 자들을 핍박함에도 목숨을 걸고 당당하게 전함으로 순교했습니다. 결국 순교자와 배교자와 핍박자들이 나오게 되었습니다. 한편, 복음을 전하므로 복음을 받고 믿는 자들이 나왔는데 그 수가 이스라엘 각 지파를 합하여 십사만 사천이 나오고, 많은 이방인들의 셀 수 없는 수가 구원을 받았습니다.

그러나 그렇게 복음을 전해도, 경고의 나팔을 불어도 회개하지 아니하는 사람들이 있었습니다. "이 재앙에 죽지 않고 남은 사람들은 손으로 행한 일을 회개하지 아니하고 오히려 여러 귀신과 또는 보거나 듣거나 다니거나 하지 못하는 금, 은, 동과 목석의 우상에게 절하고 또 그 살인과 복술과 음행과 도둑질을 회개하지 아니하더라"(계 9:20-21).

3. 힘 센 다른 천사가 펴놓은 작은 두루마리를 가지고 오른발은 바다를 밟고, 왼발은 땅을 밟고 큰 소리로 외칩니다. 이것은 급박한 마지막 복음(예언)인데 이것을 믿으면 어린 양이 시온 산에 나와서 구원 받은 십사만 사천과 복음 전도자들인 네 생물과 이십사 장로들이 거문고를 타고 축하하며 영접합니다.

그러나 믿지 아니하면 무저갱에 들어가서 천 년을 살다가 나와서 믿는 자들이 하나님과 함께 하나님의 거문고를 가지고 구원의 노래인 모세의 노래와 어린 양의 노래를 부르며 지내는 것을 보고 유황 불못에 들어가는 둘째 사망을 당하게 됩니다.

구속사적인 면에서의 요한계시록

1. 요한이 본 것(과거)으로 1장에서 복음을 주시고 교회와 목회자들이 복음을 바로 전하는지와 교회가 복음 위에 바로 서 있는지를 점검하십니다(계 1:1-20).

2. 지금 있는 일(현재)은 2장과 3장에서 점검한 내용을 갖고 어떻게 해야 이기는지 각 교회에 이기는 방법을 전하므로 구원 받는 길을 가르쳐주십니다(계 2:1–21:8).

3. 장차 될 일(미래) 새 예루살렘에 들어가서 하나님과 함께 영원히 살 것을 말씀하십니다(계 21:9–22:21).

작은 두루마리적인 면에서의 요한계시록

펴놓은 작은 두루마리를 예수님이 직접 전하시고 이 작은 두루마리를 요한에게 먹어버리라고 합니다. "네 배에는 쓰나 네 입에는 꿀 같이 달다"고 하십니다. 이는 이 예언의 말씀을 듣게 되면 장래 일을 알게 되므로 기쁘고 좋지만, 이 말씀을 기쁨으로 전하는데 듣는 자들이 믿지 아니하면 슬프고 괴롭다는 것입니다.

"이 예언의 말씀을 읽는 자와 듣는 자와 그 가운데에 기록한 것을 지키는 자는 복이 있나니 때가 가까움이라"(계 1:3) 하시면서 "이르시되 때와 시기는 아버지께서 자기의 권한에 두셨으니 너희가 알 바 아니요 오직 성령이 너희에게 임하시면 너희가 권능을 받고 예루살렘과 온 유대와 사마리아와 땅 끝까지 이르러 내 증인이 되리라 하시니라"(행 1:7-8).

이 예언의 말씀을 가감하지 말라 하시면서 요한계시록을 끝냅니다.

"내가 이 두루마리의 예언의 말씀을 듣는 모든 사람에게 증언하노니 만일 누구든지 이것들 외에 더하면 하나님이 이 두루마리에 기록된 재앙들을 그에게 더하실 것이요 만일 누구든지 이 두루마리의 예언의 말씀에서 제하여 버리면 하나님이 이 두루마리에 기록된 생명나무와 및 거룩한 성에 참여함을 제하여 버리시리라"(계 22:18–19).

두 증인의 주장

예수님과 함께 십자가에 못 박힌 두 증인은 복음이 확정되기 전부터 예수님이 구세주다, 아니다를 놓고 공방하다가 예수님이 십자가에 못 박히심으로 복음이 확정되었습니다. 한 사람은 예수님이 우리의 죄를 위해 죽으신 구세주라고 증언합니다. 그러나 다른 한편 강도는 이를 부인합니다.

결국 이것이 발전되어 미가엘과 그의 사자들과 용과 그의 사자들과의 싸움으로 발전하게 되어 구원을 받느냐 멸망하느냐를 결정하는 증인들이 되는 것입니다.

"나는 알파와 오메가요 처음과 마지막이요 시작과 마침이라"(계 22:13).

알파는 헬라어에서의 첫째 글자로서 원복음(元福音)을 말합니다. 오메가는 헬라어의 마지막 글자로서 복음원(福音源)을 말합니다. 그럼으로써 이 복음원으로 믿음을 삼아서(계 1:1-20) 마귀 사탄과의 싸움에서 이겨야 하는 것입니다.

"처음과 마지막이요"는 처음이라 창세기에서 아담과 하와가 뱀(마귀 사탄)의 유혹에 넘어가서 결국 마귀 사탄에게 패했지만, 이제 세상 마지막에는 마귀 사탄을 이겨야 천국에 간다는 것입니다.

그러므로 하늘과 땅에서 시작한 우리는 이기는 자들이 되어서 새 하늘과 새 땅에서 영원히 살아가는 것을 요한계시록을 통해서 선포하고 있습니다.

우리는 복음과 구속사를 통해서 새로운 요한계시록을 보며, 이 책을 통해 우리들의 구원을 확정하는 신앙이 되리라 믿습니다.

제1부

복음적으로의 이해

제 1 장 | 교회에 복음을 주심

요한계시록 1:1

예수 그리스도의 계시라 이는 하나님이 그에게 주사 반드시 속히 일어날 일들을 그 종들에게 보이시려고 그의 천사를 그 종 요한에게 보내어 알게 하신 것이라

"예수 그리스도의 계시라"

예수("아들을 낳으리니 이름을 예수라 하라 이는 그가 자기 백성을 그들의 죄에서 구원할 자이심이라 하니라"- 마 1:21), 구원자 예수 그리스도를 만난 베드로의 형제 안드레는 예수님을 만난 후 베드로를 찾아가 말합니다. "우리가 메시아를 만났다"(요 1:41, '메시아'는 번역하면 '그리스도').

그리스도(Cristov", Christ '기름 부은 자')라 함은 '복음'을 말합니다. 여기서 그리스도를 계시한다는 것은 결국 예수 그리스도의 재림을 생각할 수 있습니다.

또 주님의 재림이란 하나님의 나라가 임하는 것이요 심판이 이루어지는 것입니다(바벨론과 같이 아모리 족속의 멸망이며, 곧 이 세상의 멸망이다). 즉, 여자의 후손과 항상 적대 관계인 뱀의 후손과의 싸움인 것입니다.

그런데 이 일이 반드시 속히 이루어진다고 말합니다. 종들에게, 하나님

의 택한 자녀들에게 알리기 위하여 하나님의 천사들을 통해서 사도 요한에게 보이십니다. 그리고 요한을 통해서 오늘을 살아가는 우리에게 전하고 있습니다. 그런데 시기는 아무도 모르지만, 반드시 속히 이루어진다는 것입니다.

이것이 우리에게 전하는 급박한 예수 그리스도의 복음입니다. 이것을 기록한 것이 요한계시록입니다.

"그런즉 모든 대 수가 아브라함부터 다윗까지 열네 대요 다윗부터 바벨론으로 사로잡혀 갈 때까지 열네 대요 바벨론으로 사로잡혀 간 후부터 그리스도까지 열네 대더라"(마 1:17).

위의 말씀에 추가로,

예수 그리스도의 십자가에 죽으심으로부터 예수 그리스도의 다시 오실 때까지 열네 대요? 결국 이것은(종말부터 재림까지라고 한다면) 예수 그리스도의 십자가에 죽으신 후부터 재림 때까지를 계시하는 것으로, 이 기간은 은혜시대와 종말시대를 말합니다. 이것은 예수 그리스도의 재림을 소망하는 모든 자들에게 꼭 필요한 계시록(복음, 예언)으로서 우리는 종말에 이루어지는 것을 잘 알아야 합니다. 그리고 재림을 통해서 하나님의 은혜로 마지막 구원을 받게 되는 모든 성도들이 되어야 합니다.

"모세가 그 지팡이들을 증거의 장막 안 여호와 앞에 두었더라 이튿날 모세가 증거의 장막에 들어가 본즉 레위 집을 위하여 낸 아론의 지팡이에 움이 돋고 순이 나고 꽃이 피어서 살구 열매가 열렸더라 모세가 그 지팡이 전부를 여호와 앞에서 이스라엘 모든 자손에게로 가져오매 그들이 보고 각각 자기 지팡이를 집어 들었더라 여호와께서 또 모세에게 이르시되 아론의 지팡이는 증거궤 앞으로 도로 가져다가 거기 간직하여 반역한 자에 대한 표징이 되게 하여 그들로 내게 대한 원망을 그치고 죽지 않게 할지니라"(민 17:7–10).

"예수께서 큰 소리를 지르시고 숨지시니라 이에 성소 휘장이 위로부터 아래까지 찢어져 둘이 되니라"(막 15:37–38).

"이르시되 너희는 나를 누구라 하느냐 시몬 베드로가 대답하여 이르되 주는 그리스도시요 살아 계신 하나님의 아들이시니이다 예수께서 대답하여 이르시되 바요나 시몬아 네가 복이 있도다 이를 네게 알게 한 이는 혈육이 아니요 하늘에 계신 내 아버지시니라 또 내가 네게 이르노니 너는 베드로라 내가 이 반석 위에 내 교회를 세우리니 음부의 권세가 이기지 못하리라 내가 천국 열쇠를 네게 주리니 네가 땅에서 무엇이든지 매면 하늘에서도 매일 것이요 네가 땅에서 무엇이든지 풀면 하늘에서도 풀리리라 하시고"(마 16:15–19).

"그러나 너희는 택하신 족속이요 왕 같은 제사장들이요 거룩한 나라요 그의 소유가 된 백성이니 이는 너희를 어두운 데서 불러 내어 그의 기이한 빛에 들어가게 하신 이의 아름다운 덕을 선포하게 하려 하심이라"(벧전 2:9).

요한계시록 1:2
요한은 하나님의 말씀과 예수 그리스도의 증거 곧 자기가 본 것을 다 증언하였느니라

이 본문에는 하나님의 말씀과 예수 그리스도의 증거와 요한이 본 것을 다 증언하고 있습니다. 이것이 복음의 핵심입니다. 이것을 통해서 우리가 구원을 받을 수 있는 유일한 길이며, 우리는 이것을 복음원이라고 말할 수

있습니다.

복음원이라고 하면, 우리가 사업을 위해서는 자금원이 있어야 하고, 공장을 돌리기 위해서는 동력원이 있어야 하듯, 급박한 마지막 때를 위해서 우리를 살릴 수 있는 것은 예수 그리스도(구원의 복음)를 믿음으로 세상을 이길 수 있는 복음원이 있어야 한다는 것입니다.

그러기 위해서 여기서 하나님의 말씀, 예수 그리스도의 증거, 저자 사도 요한의 증언을 생각해 보겠습니다.

요한계시록 1:3

이 예언의 말씀을 읽는 자와 듣는 자와 그 가운데에 기록한 것을 지키는 자는 복이 있나니 때가 가까움이라

이 예언의 말씀을 읽는 자와 듣는 자와 지키는 자가 복이 있다고 말하고 있는데 복음을 전해도 믿지 아니하고, 회개하지 아니함으로 제10장에서 마지막으로 작은 두루마리(급박한 마지막 복음)의 예언의 말씀을 주십니다. 중요한 것은 이 예언의 말씀을 믿으면 구원을 받고, 믿지 아니하면 마귀 사탄의 지배를 받아 고통당하다가 무저갱에 들어가게 되는 것입니다. 그리고 천 년 후에는 잠시 믿은 성도들이 하나님과 함께 영원히 새 하늘과 새 땅에서 사는 것을 보고 영원한 유황불이 타는 곳에 던져지는, 즉 둘째 사망에 들어간다는 예언의 말씀이 전해집니다.

이 예언의 말씀을 읽고 듣고 회개하여 복음을 믿는 자는 복이 있고, 마지막으로 구원에 참여할 수 있는 복을 받는 것입니다(계시 = 복음 + 예언).

"그러므로 나는 할 수 있는 대로 로마에 있는 너희에게도 복음 전하기를 원하노라 내가 복음을 부끄러워하지 아니하노니 이 복음은 모든 믿는 자에게 구원

을 주시는 하나님의 능력이 됨이라 먼저는 유대인에게요 그리고 헬라인에게로 다"(롬 1:15-16).

"이르시되 때가 찼고 하나님의 나라가 가까이 왔으니 회개하고 복음을 믿으라 하시더라"(막 1:15).

1. 일곱 교회에 전하는 첫 번째 편지(복음)

요한계시록 1:4

요한은 아시아에 있는 일곱 교회에 편지하노니 이제도 계시고 전에도 계셨고 장차 오실 이와 그의 보좌 앞에 있는 일곱 영과

첫 번째 편지의 내용은 복음입니다. 교회 이름도 없이 단지 '일곱 교회'라고 말합니다. 이 복음원은 이제도 계시고, 전에도 계셨고, 장차 오실 이와 일곱 영이라는 매우 깊은 뜻을 상징합니다. 우리는 요한계시록 1:2의 복음원을 통해서 먼저 예수 그리스도의 증거를 생각해 보겠습니다.

우리는 예수 그리스도의 탄생하신 연도를 기준으로 주전(主前)과 주후(主後)로 나눕니다. 여기서 예수 그리스도(성자)의 탄생부터 십자가에 죽으시기까지를 먼저 기록하여 기준으로 삼고, 이것을 이제(지금)도 계시고를 현재 기준으로 하시면서 하나님(성부)의 말씀은 전에도 계셨던 것입니다. 이것이 과거가 되며, 요한은 자신이 본 것을 다 증언한다는 것은 성령의 사역으로서 여호와 하나님을 대신해 요한복음에서 유월절 제물로 오신 예수님을 일곱 번에 걸쳐 표적으로 설명하시고 나서 예수님은 왜 오셨는지, 예수님이 누구인지를 일곱 번이나 말씀하십니다.

이렇게 말해도 믿지 않으실 것을 말씀하시고, 이런 사람들에게 예수님은 부활 승천하셔서 보혜사 성령을 보내셔서 성령이 우리를 예수님이 이러한 분이라는 것을 증언하십니다. 너희가 예수님을 기억하고 예수님을 생각나게 함으로 너희에게 믿음을 갖게 한다는 것입니다.

"내가 아직 너희와 함께 있어서 이 말을 너희에게 하였거니와 보혜사 곧 아버지께서 내 이름으로 보내실 성령 그가 너희에게 모든 것을 가르치고 내가 너희에게 말한 모든 것을 생각나게 하리라 평안을 너희에게 끼치노니 곧 나의 평안을 너희에게 주노라 내가 너희에게 주는 것은 세상이 주는 것과 같지 아니하니라 너희는 마음에 근심하지도 말고 두려워하지도 말라 내가 갔다가 너희에게로 온다 하는 말을 너희가 들었나니 나를 사랑하였더라면 내가 아버지께로 감을 기뻐하였으리라 아버지는 나보다 크심이라 이제 일이 일어나기 전에 너희에게 말한 것은 일이 일어날 때에 너희로 믿게 하려 함이라"(요 14:25-29).

"예수께서 제자들 앞에서 이 책에 기록되지 아니한 다른 표적도 많이 행하셨으나 오직 이것을 기록함은 너희로 예수께서 하나님의 아들 그리스도이심을 믿게 하려 함이요 또 너희로 믿고 그 이름을 힘입어 생명을 얻게 하려 함이니라"(요 20:30-31).

요한계시록 1:5

또 충성된 증인으로 죽은 자들 가운데에서 먼저 나시고 땅의 임금들의 머리가 되신 예수 그리스도로 말미암아 은혜와 평강이 너희에게 있기를 원하노라 우리를 사랑하사 그의 피로 우리 죄에서 우리를 해방하시고

예수님은 요한복음을 통해서 여호와께서 목숨을 걸고 믿음의 후손을 구

원해 주신다고 했습니다. 즉, 내가 태초에 천지창조할 때 내(예수 그리스도)가 하나님과 함께 있었고, 나(예수 그리스도)도 만물을 하나님과 함께 창조했다는 것입니다. 그러므로 내(예수 그리스도)가 성육신의 몸으로 이 땅에 왔으니 내가 여호와 대신 죽는다 해도 결국 여호와께서 약속하신 대로 믿음(아브람)의 후손을 위해 죽어 너희를 구원하는 것이라고 하십니다.

유월절을 맞아 가나 혼인잔치(복음, 또는 구원 잔치)를 하실 때에 예수의 어머니 마리아는 예수가 유월절에 복음을 위해서 죽을 것을 아시고 포도주가 없다고 하니 예수님이 말씀하십니다. "지금 나와 무슨 상관이 있나이까 내 때가 아직 이르지 아니하였나이다." 즉, 이 말씀은 마리아도, 예수님도 유월절에 십자가에서 죽으실 것을 알고 있으나 예수님은 십자가에서 죽을 준비는 다 되셨는데 아직은 때가 아니라고 하십니다. 그러나 다음, 그 다음 유월절에는 우리들을 죄로부터 구원하기 위하여 십자가에 죽으심으로 우리가 죄에서 해방될 것을 말씀하셨습니다.

"사흘째 되던 날 갈릴리 가나에 혼례가 있어 예수의 어머니도 거기 계시고 예수와 그 제자들도 혼례에 청함을 받았더니 포도주가 떨어진지라 예수의 어머니가 예수에게 이르되 저들에게 포도주가 없다 하니 예수께서 이르시되 여자여 나와 무슨 상관이 있나이까 내 때가 아직 이르지 아니하였나이다"(요 2:1-4).

요한계시록 1:6

그의 아버지 하나님을 위하여 우리를 나라와 제사장으로 삼으신 그에게 영광과 능력이 세세토록 있기를 원하노라 아멘

한편 믿는 분들은 예수 그리스도께서 우리 죄를 대신하여 십자가를 지시고 큰 대제사장으로서 자신의 피를 우리의 속죄를 위해서 하늘의 지성소로

가져다 뿌리심으로 우리를 죄에서 해방시키신다는 것입니다.

지상의 성전은 성소와 지성소가 휘장으로 막혀있던 성전의 휘장이 위로부터 아래까지 찢어져 성소와 지성소가 하나가 됩니다.

지상의 성전은 제사장만이 들어갈 수 있는 성소, 그리고 대제사장만이 일 년에 한 번 대속죄일에 들어갈 수 있는 지성소가 하나의 교회(성전)가 됨으로써 우리는 이제 만인 제사장으로서 믿는 모든 성도들은 교회에 들어가서 예배할 수가 있습니다. 지상에 지성소가 없으므로 부활하신 예수 그리스도만 하늘의 지성소에서 큰 대제사장으로서 우리를 위하여 자신의 피를 하늘 성전의 지성소에 뿌리셨으므로 우리의 죄를 속죄하시는 것입니다.

"지나가는 자들은 자기 머리를 흔들며 예수를 모욕하여 이르되 아하 성전을 헐고 사흘에 짓는다는 자여 네가 너를 구원하여 십자가에서 내려오라 하고 그와 같이 대제사장들도 서기관들과 함께 희롱하며 서로 말하되 그가 남은 구원하였으되 자기는 구원할 수 없도다 이스라엘의 왕 그리스도가 지금 십자가에서 내려와 우리가 보고 믿게 할지어다 하며 함께 십자가에 못 박힌 자들도 예수를 욕하더라 제육시가 되매 온 땅에 어둠이 임하여 제구시까지 계속하더니 제구시에 예수께서 크게 소리 지르시되 엘리 엘리 라마 사박다니 하시니 이를 번역하면 나의 하나님, 나의 하나님 어찌하여 나를 버리셨나이까 하는 뜻이라 곁에 섰던 자 중 어떤 이들이 듣고 이르되 보라 엘리야를 부른다 하고 한 사람이 달려가서 해면에 신 포도주를 적시어 갈대에 꿰어 마시게 하고 이르되 가만 두라 엘리야가 와서 그를 내려 주나 보자 하더라 예수께서 큰 소리를 지르시고 숨지시니라 이에 성소 휘장이 위로부터 아래까지 찢어져 둘이 되니라 예수를 향하여 섰던 백부장이 그렇게 숨지심을 보고 이르되 이 사람은 진실로 하나님의 아들이었도다 하더라"(막 15:29-39).

"이르되 네가 만일 유대인의 왕이면 네가 너를 구원하라 하더라 그의 위에 이는 유대인의 왕이라 쓴 패가 있더라 달린 행악자 중 하나는 비방하여 이르되 네가 그리스도가 아니냐 너와 우리를 구원하라 하되 하나는 그 사람을 꾸짖어 이르되 네가 동일한 정죄를 받고서도 하나님을 두려워하지 아니하느냐 우리는 우리가 행한 일에 상당한 보응을 받는 것이니 이에 당연하거니와 이 사람이 행한 것은 옳지 않은 것이 없느니라 하고 이르되 예수여 당신의 나라에 임하실 때에 나를 기억하소서 하니 예수께서 이르시되 내가 진실로 네게 이르노니 오늘 네가 나와 함께 낙원에 있으리라 하시니라 때가 제육시쯤 되어 해가 빛을 잃고 온 땅에 어둠이 임하여 제구시까지 계속하며 성소의 휘장이 한가운데가 찢어지더라"(눅 23:37-45).

"사람들은 자기보다 더 큰 자를 가리켜 맹세하나니 맹세는 그들이 다투는 모든 일의 최후 확정이니라 하나님은 약속을 기업으로 받는 자들에게 그 뜻이 변하지 아니함을 충분히 나타내시려고 그 일을 맹세로 보증하셨나니 이는 하나님이 거짓말을 하실 수 없는 이 두 가지 변하지 못할 사실로 말미암아 앞에 있는 소망을 얻으려고 피난처를 찾은 우리에게 큰 안위를 받게 하려 하심이라 우리가 이 소망을 가지고 있는 것은 영혼의 닻 같아서 튼튼하고 견고하여 휘장 안에 들어 가나니 그리로 앞서 가신 예수께서 멜기세덱의 반차를 따라 영원히 대제사장이 되어 우리를 위하여 들어 가셨느니라"(히 6:16-20).

"또한 성령이 우리에게 증언하시되 주께서 이르시되 그 날 후로는 그들과 맺을 언약이 이것이라 하시고 내 법을 그들의 마음에 두고 그들의 생각에 기록하리라 하신 후에 또 그들의 죄와 그들의 불법을 내가 다시 기억하지 아니하리라 하셨으니 이것들을 사하셨은즉 다시 죄를 위하여 제사 드릴 것이 없느니라 그러므로 형제들아 우리가 예수의 피를 힘입어 성소에 들어갈 담력을 얻었나니 그

길은 우리를 위하여 휘장 가운데로 열어 놓으신 새로운 살 길이요 휘장은 곧 그의 육체니라"(히 10:15-20).

"그러나 너희는 택하신 족속이요 왕 같은 제사장들이요 거룩한 나라요 그의 소유가 된 백성이니 이는 너희를 어두운 데서 불러 내어 그의 기이한 빛에 들어가게 하신 이의 아름다운 덕을 선포하게 하려 하심이라 너희가 전에는 백성이 아니더니 이제는 하나님의 백성이요 전에는 긍휼을 얻지 못하였더니 이제는 긍휼을 얻은 자니라"(벧전 2:9-10).

"만일 여호수아가 그들에게 안식을 주었더라면 그 후에 다른 날을 말씀하지 아니하셨으리라 그런즉 안식할 때가 하나님의 백성에게 남아 있도다 이미 그의 안식에 들어간 자는 하나님이 자기의 일을 쉬심과 같이 그도 자기의 일을 쉬느니라 그러므로 우리가 저 안식에 들어가기를 힘쓸지니 이는 누구든지 저 순종하지 아니하는 본에 빠지지 않게 하려 함이라 하나님의 말씀은 살아 있고 활력이 있어 좌우에 날선 어떤 검보다도 예리하여 혼과 영과 및 관절과 골수를 찔러 쪼개기까지 하며 또 마음의 생각과 뜻을 판단하나니 지으신 것이 하나도 그 앞에 나타나지 않음이 없고 우리의 결산을 받으실 이의 눈 앞에 만물이 벌거벗은 것 같이 드러나느니라 그러므로 우리에게 큰 대제사장이 계시니 승천하신 이 곧 하나님의 아들 예수시라 우리가 믿는 도리를 굳게 잡을지어다 우리에게 있는 대제사장은 우리의 연약함을 동정하지 못하실 이가 아니요 모든 일에 우리와 똑같이 시험을 받으신 이로되 죄는 없으시니라 그러므로 우리는 긍휼하심을 받고 때를 따라 돕는 은혜를 얻기 위하여 은혜의 보좌 앞에 담대히 나아갈 것이니라"(히 4:8-16).

요한계시록 1:7

볼지어다 그가 구름을 타고 오시리라 각 사람의 눈이 그를 보겠고 그를 찌른

자들도 볼 것이요 땅에 있는 모든 족속이 그로 말미암아 애곡하리니 그러하리라 아멘

예수님의 재림을 강조하는 이 본문에서 이제 구름을 타고 오시는데 찌른 자도 보게 되며, 믿지 않는 자도, 그리고 우리에게 적대관계에 있는 사탄까지도 보게 됩니다. 나아가서 땅에 있는 모든 족속들이 보는 가운데 예수님이 오신다고 합니다. 그때 사람들이 애곡하며 재림하시는 예수님을 맞이하면서 아멘 아멘합니다. 에덴동산에서 쫓겨난 후 우리를 구원하시기 위해 약속하신 예수님이 재림하시는 것입니다. 이제는 복음을 통해서 구원의 길을 열어 주시고는 속히 믿고 구원 받으라 하십니다.

"이르되 주 예수를 믿으라 그리하면 너와 네 집이 구원을 받으리라 하고"(행 16:31).

요한계시록 1:8

주 하나님이 이르시되 나는 알파와 오메가라 이제도 있고 전에도 있었고 장차 올 자요 전능한 자라 하시더라

대차 비교법

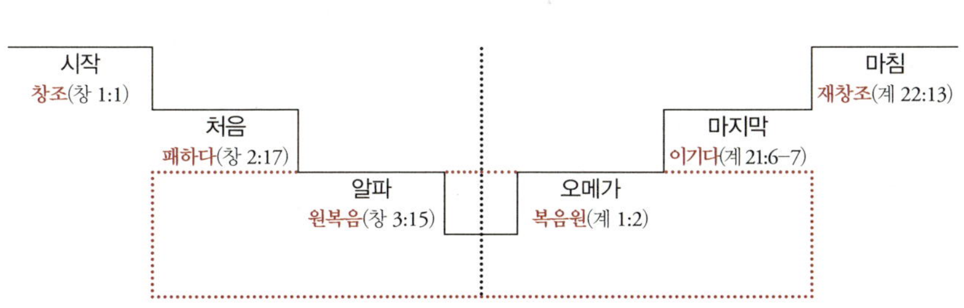

알파와 오메가는 복음을 말합니다. 알파는 창세기에서 말하는 **원복음**이고, 오메가는 요한계시록에서 말하는 **복음원**입니다. 복음이 이제(현재)도 있고, 전(과거)에도 있었지만, 이제는 이 복음원으로 이겨야 장차 오실 주 예수 그리스도를 영접할 수 있는 것입니다.

복음을 믿으므로 악한 사탄(처음 우리를 유혹하여 죽음의 길에 빠트린 사단)을 이길 수 있는 마지막 기회가 주어지는 것이며, 지금 우리가 예수 그리스도를 믿음으로 이기지 못하면 영원한 지옥에 갈 수밖에 없습니다. 오직 우리는 사탄을 이길 수 있는 마지막 기회를 복음원을 통해서 주시고 복음을 믿으므로 이겨서 처음 시작했던 천지창조보다 더 좋은 새 하늘과 새 땅에서 영원히 살 것입니다.

요한계시록 1:9

나 요한은 너희 형제요 예수의 환난과 나라와 참음에 동참하는 자라 하나님의 말씀과 예수를 증언하였음으로 말미암아 밧모라 하는 섬에 있었더니

요한은 믿음의 형제들이 환난과 고통의 어려움 가운데서도 참고 기다릴 수 있는 것은 복음을 믿는 믿음이라고 말합니다. 그래서 요한계시록 1:2의 말씀같이 복음원(하나님의 말씀과 예수 그리스도의 증거와 요한의 증언)을 다시 강조하는 것입니다. 이 복음을 믿을 때 우리에게 소망이 있고, 이것을 통해서 사탄을 이길 수 있는 힘을 주시는 것입니다.

요한도 복음을 위해서 밧모 섬에 유배 중에 당당하게 하나님의 말씀과 예수 그리스도의 증거와 자기 자신이 본 것(계 1:2)을 기록하여 세상의 모든 교회와 성도들에게 예수 그리스도를 믿으므로 이길 수 있는 힘을 얻는다고 하십니다.

요한계시록 1:10

주의 날에 내가 성령에 감동되어 내 뒤에서 나는 나팔 소리 같은 큰 음성을 들으니

얼마나 급한지 주의 날이 이르러 내(사도 요한)가 성령에 감동되어 보니 벌써 내 뒤에서 나는 나팔 소리 같은 큰 소리를 들었다고 합니다. 이는 세상의 모든 사람이 들을 수 있는 소리를 말합니다. 나팔 소리는 전쟁이 날 때나 절기 때 백성들을 모을 때에 부는 것으로서 모든 백성이 들을 수 있는 큰 소리입니다. 이는 때가 이르렀음을 큰 소리로 말씀하시는 것입니다.

2. 교회와 목회자를 점검하는 두 번째 편지

요한계시록 1:11

이르되 네가 보는 것을 두루마리에 써서 에베소, 서머나, 버가모, 두아디라, 사데, 빌라델비아, 라오디게아 등 일곱 교회에 보내라 하시기로

첫 번째 편지는 복음의 편지로서 일곱 교회들에게 보내라고 하셨습니다. 두 번째 편지는 복음의 진리를 교회들이 잘 전하는지, 전하는 복음이 합당한지 일곱 교회의 사자들(목회자들)과 일곱 교회들이 복음을 잘 지키고, 잘 전하고, 잘 행하는지를 점검한다는 내용(그 본 것)을 본 대로 상세히 기록하여 일곱 교회와 목회자들에게 보내는 편지입니다.

요한계시록 1:12

몸을 돌이켜 나에게 말한 음성을 알아 보려고 돌이킬 때에 일곱 금 촛대를 보

았는데

몸을 돌이켜 큰 음성이 나는 곳을 쳐다보니 벌써 일곱 금 촛대(일곱 교회)로서 믿음생활을 잘하는지, 이기는 교회가 되기 위해서는 어떻게 행하여야 하는지를 기록하라고 말씀하십니다. 벌써 직접 점검하시고 복음을 잘못 전하는 교회들에게 그렇게 해서는 사탄을 이길 수도, 구원받지 못할 수도 있으니 빨리 기록하여 매우 급하게 일곱 교회에 보내라고 말씀하십니다.

교회의 목회자들이 교회에서 복음을 잘못 전하면 교인들만 죽이는 것이 아닙니다. 그것에 대해 목회자들이 무서운 벌을 받을 것입니다.

"누구든지 나를 믿는 이 작은 자 중 하나를 실족하게 하면 차라리 연자 맷돌이 그 목에 달려서 깊은 바다에 빠뜨려지는 것이 나으니라"(마 18:6).

요한계시록 1:13

촛대 사이에 인자 같은 이가 발에 끌리는 옷을 입고 가슴에 금띠를 띠고

요한계시록 1:14

그의 머리와 털의 희기가 흰 양털 같고 눈 같으며 그의 눈은 불꽃 같고

요한계시록 1:15

그의 발은 풀무불에 단련한 빛난 주석 같고 그의 음성은 많은 물 소리와 같으며

요한계시록 1:16

그의 오른손에 일곱 별이 있고 그의 입에서 좌우에 날선 검이 나오고 그 얼굴은 해가 힘있게 비치는 것 같더라

이제부터 악한 사탄과의 전쟁을 해야 합니다. 전쟁을 위해서 주님이 가슴에 금띠를 띤 왕으로서 발에 끌리는 옷을 입고, 대제사장으로서 머리털이 흰 양털 같고 눈같이 정의롭고 공평하게 점검하십니다. 불꽃같은 눈으로 발은 풀무불에 단련한 빛난 주석 같은 주님이 직접 점검하십니다.

교회에 보낼 편지로써 복음원(2절)을 가지시고 일곱 교회의 사자(목사)들과 같이 직접 점검하시면서 복음을 잘 전하는지, 복음을 잘 지키고 있는지를 점검하시는 주님(예수)의 모습입니다. 그의 얼굴은 승리와 영광으로 가득찬 자신감으로 지금 당장 싸워야 하는 교회를 체크하십니다. 교회가 복음으로 잘 무장되어 어떠한 마귀 사탄과의 전쟁이 발생한다 해도 승리할 수 있는지 점검하시고 잘된 것은 칭찬하시고, 잘못된 것은 시정하시며, 어떻게 하는 것이 이기는 길인지를 점검하고 기록하여 미리 편지를 보내시려고(계 1:4, 11) 하시는 것입니다.

요한계시록 1:17

내가 볼 때에 그의 발 앞에 엎드러져 죽은 자 같이 되매 그가 오른손을 내게 얹고 이르시되 두려워하지 말라 나는 처음이요 마지막이니

요한은 지금 교회를 점검하시는 주님을 보니 그 옷과 가슴과 머리와 머리털과 눈빛과 그 발과 그의 음성과 그의 얼굴의 광채와 그의 입의 목소리에 고양이 앞의 쥐처럼 아무 말도 못합니다. 그의 발 앞에 엎드려 죽은 자 같이 되었습니다.

더욱이 점검 받는 일곱 교회 사자들도 함께 하는 것을 보며 두려워 떨고 있는 요한에게 주님은 오른손을 요한에게 얹으며 말씀합니다. "두려워하지 말라 이제 우리가 에덴동산에서는 사탄(뱀)에게 졌지만 이제는 반드시 이길 것이다"(나는 처음이요 마지막이니). 처음에는 사단의 꾀임에 넘어가 선

악과를 먹음으로 패배해 에덴동산에서 쫓겨났지만(창 2:17), 이제(마지막에)는 복음을 통해 이김으로 천국에 들어갈 것입니다(계 21:6-7).

"또 내게 말씀하시되 이루었도다 나는 알파와 오메가요 처음과 마지막이라 내가 생명수 샘물을 목마른 자에게 값없이 주리니 이기는 자는 이것들을 상속으로 받으리라 나는 그의 하나님이 되고 그는 내 아들이 되리라"(계 21:6-7).

요한계시록 1:18

곧 살아 있는 자라 내가 전에 죽었었노라 볼지어다 이제 세세토록 살아 있어 사망과 음부의 열쇠를 가졌노니

내가 죽었다가 다시 살아 있는 것처럼, 너희도 복음을 믿음으로써 과거에 마귀 사탄의 종노릇을 했지만 이제는 내가 사망과 음부의 열쇠를 가졌으니 나를 믿으면 마귀 사탄의 권세인 사망과 음부의 권세를 이기고 승리하여 사망이 없는 하나님의 통치하시는 나라에서 영원히 나와 함께 살게 될 것입니다.

"보라 내가 속히 오리니 내가 줄 상이 내게 있어 각 사람에게 그가 행한 대로 갚아 주리라 나는 알파와 오메가요 처음과 마지막이요 시작과 마침이라"(계 22:12-13).

요한계시록 1:19

그러므로 네가 본 것과 지금 있는 일과 장차 될 일을 기록하라

요한계시록 (구속사)

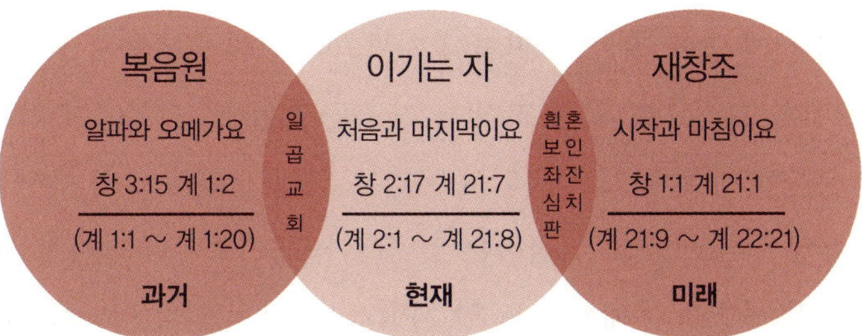

그러므로 네가 본 것(과거)과 지금 있는 일(현재)과 장차 될 일(미래)을 기록하라 하시는 것입니다. 위의 그림과 같이 과거는 요한계시록 1장의 복음(복음원)을 말하고, 현재는 요한계시록 2:1부터 21:8까지의 말씀으로서 교회를 통해 전해지는 예수 그리스도의 복음으로 악한 마귀 사탄들의 사망 권세를 이기는 것입니다. 또 우리를 겁주며 저주하며 우리를 지옥의 마귀 사탄의 자녀로 삼고자 하는 그들을 우리가 당당하게 이기지 못하면 미래인 요한계시록 21:9-22:21에 계시하는 새 하늘과 새 땅, 새 창조된 곳에 들어갈 수 없습니다.

이것을 위의 그림을 통해서 설명하면, 처음에는 알파(원복음, 창 3:15)와 오메가(복음원, 계 1:2)를 일곱 교회에 전하고 교회를 통해서 전달되는 복음을 읽고 듣고 지키는 것(본 것, 〈과거〉)입니다.

창세에는 사탄에게 패배(창 2:17)하여 에덴동산에서 쫓겨났지만, 마지막 때는 일곱 교회를 통해서 전해지는 복음을 믿음으로 싸워서 이기는(계 21:7) 자 만이 영원한 하나님의 나라에 들어가는 것입니다. 이기지 못하고 패하면, 결국 영원한 멸망에 들어가게 되는 것(지금 있는 일, 〈현재〉)입니다.

이제는 복음으로 싸워서 이겨야 새 하늘과 새 땅(계 21:1)에 들어가서 하나님과 영원히 살 수 있습니다(장차 될〈미래〉 일). 이것이 장차 될 일입니다.

일곱 별(일곱 사자)과 일곱 촛대(일곱 교회)를 강조하면서 교회 목사가 하나님의 말씀(복음)을 바르고 정확하고 확실하게 전해야 합니다. 또한 교회도 말씀의 진리 안에 첫 번째 편지에 기록되어 전해진 복음에 굳건히 세워져야 합니다. 그러므로 일곱 교회(제2장~제3장)를 이 세상에서 악한 사탄들과의 싸움을 통해 반드시 싸워서 이기기 위해 교회와 교회 목사들과 성도들의 신앙 상태(믿음)를 점검하는 것입니다. 목사로서의 맡겨진 사명, 교회에 주어진 사명을 통해서 성도 한 사람 한 사람의 신앙 상태를 하나님이 직접 보낸 편지(복음)처럼 정말 잘 전했는지를 점검하는 것입니다.

"너희의 하나님 여호와께서 너희에게 명하신 명령과 증거와 규례를 삼가 지키며 여호와께서 보시기에 정직하고 선량한 일을 행하라 그리하면 네가 복을 받고 그 땅에 들어가서 여호와께서 모든 대적을 네 앞에서 쫓아내시겠다고 네 조상들에게 맹세하신 아름다운 땅을 차지하리니 여호와의 말씀과 같으니라"(신 6:17-19).

요한계시록 1:20

네가 본 것은 내 오른손의 일곱 별의 비밀과 또 일곱 금 촛대라 일곱 별은 일곱 교회의 사자요 일곱 촛대는 일곱 교회니라

민수기에서 이스라엘 백성들이 성령이 충만한 상태에서 성막과 율법과 하나님의 임재 하에 시내 산을 출발하여 가나안 땅으로 갔습니다. 마찬가지로, 우리도 교회와 교회 지도자들과 함께 교회를 통해서 복음의 말씀을 들으면서 새 하늘과 새 땅으로 가는 것입니다.

그러기 위해서는 교회 지도자들과 교회가 복음의 말씀으로 충만함으로써 나아가야 합니다. 교회가 없어도 안 되며 교회의 지도자가 없어도 안

되지만, 일곱 별을 교회의 사자(목회자)라고 하는데 여기에서 비밀은 교회의 목회자들 중에 가짜(거짓 목회자나 삯꾼)도 있다는 것입니다. 하나님의 말씀이 역사하며 성령님의 임재가 있는 교회만이 새 하늘과 새 땅에 들어갈 수 있습니다.

"내가 오늘 명하는 모든 명령을 너희는 지켜 행하라 그리하면 너희가 살고 번성하고 여호와께서 너희의 조상들에게 맹세하신 땅에 들어가서 그것을 차지하리라 네 하나님 여호와께서 이 사십 년 동안에 네게 광야 길을 걷게 하신 것을 기억하라 이는 너를 낮추시며 너를 시험하사 네 마음이 어떠한지 그 명령을 지키는지 지키지 않는지 알려 하심이라 너를 낮추시며 너를 주리게 하시며 또 너도 알지 못하며 네 조상들도 알지 못하던 만나를 네게 먹이신 것은 사람이 떡으로만 사는 것이 아니요 여호와의 입에서 나오는 모든 말씀으로 사는 줄을 네가 알게 하려 하심이니라"(신 8:1-3).

세 번째 편지는 점검 내용을 일곱 교회에 각각 편지로 전달하는데, 이 부분은 다음에 이어지는 제2장과 제3장에 걸쳐 설명하고자 합니다.

제 2 장 일곱 교회를 점검하는 세 번째 편지 일곱 교회의 점검 내용 – 네 교회

1. 에베소 교회('에베소' 뜻 = 바람직한)

요한계시록 2:1

에베소 교회의 사자에게 편지하라 오른손에 있는 일곱 별을 붙잡고 일곱 금 촛대 사이를 거니시는 이가 이르시되

예수님은 모든 교회의 목사들을 붙잡고 복음을 잘 전하는지 한 교회, 한 교회를 하늘에서 직접 보시고 들으시고 다 알고 계십니다. 그렇지만 교회와 교회의 사자들이 보는 데서 직접 점검하시고자 합니다. 그래서 잘 된 것은 칭찬하시고 잘못된 것을 지적하시면서 영적 전쟁을 치르고 마귀 사탄을 이겨서 끝내 새 하늘과 새 땅에 들어갈 수 있도록 준비하게 하십니다.

교회(금 촛대)들은 복음을 잘 전하는지를 보고 알고 계시면서도 일곱 교회의 사자(목사)들과 교회가 복음을 더욱 바르고 정확하게 전하며, 구원의 빛을 발하도록 하기 위하여 점검하십니다. 목회자들이 교회에서 하나님의 말씀만을 잘 전했는지, 그 말씀을 들은 성도들이 그 말씀을 통해서 정말 하나님의 구원의 복음을 잘 듣고 이해하고 믿어 구원의 확신을 가졌는지 보십니다.

성도들을 가르치는 목회자가 정말 구원의 확신이 있는 복음을 전했는지 하나님께서 보시는 영상은 우리 눈에 보이는 것뿐 아니라, 우리의 마음속과 생각까지도 영상으로 보신다면 우리는 어떠할까?

"여호와께서 하늘에서 굽어보사 모든 인생을 살피심이여 곧 그가 거하시는 곳에서 세상의 모든 거민들을 굽어살피시는도다 그는 그들 모두의 마음을 지으시며 그들이 하는 일을 굽어살피시는 이로다 많은 군대로 구원 얻은 왕이 없으며 용사가 힘이 세어도 스스로 구원하지 못하는도다 구원하는 데에 군마는 헛되며 군대가 많다 하여도 능히 구하지 못하는도다 여호와는 그를 경외하는 자 곧 그의 인자하심을 바라는 자를 살피사 그들의 영혼을 사망에서 건지시며 그들이 굶주릴 때에 그들을 살리시는도다 우리 영혼이 여호와를 바람이여 그는 우리의 도움과 방패시로다 우리 마음이 그를 즐거워함이여 우리가 그의 성호를 의지하였기 때문이로다"(시 33:13-21).

요한계시록 2:2

내가 네 행위와 수고와 네 인내를 알고 또 악한 자들을 용납하지 아니한 것과 자칭 사도라 하되 아닌 자들을 시험하여 그의 거짓된 것을 네가 드러낸 것과

요한계시록 2:3

또 네가 참고 내 이름을 위하여 견디고 게으르지 아니한 것을 아노라

복음을 잘 지키고 잘 전하며, 복음의 말씀대로 행하며, 복음을 전하는 일에 많이 수고하고, 또한 많은 어려운 일에도 참고 인내하면서 게으르지 아니하고 열심히 살아가는 교회로 알고 계십니다.

말씀을 많이 알고 있으므로 이단들이 잘못된 교리를 전할 때는 과감하게

지적하며 대적하는 교회입니다. 말씀을 분별할 수 있는 신앙을 가진 교회로서 칭찬을 받을 만한 교회입니다. 여러분들이 수고하고 가르친 하나님의 말씀으로 정말 성도들은 악한 자들을 분별하며 거짓 이단들을 찾아내는 교회입니다. 하나님의 복음의 말씀에 바로 세워진 교회입니다.

이러한 믿음을 가진 교회와 목회자들과 성도들은 다 구원을 받을 수 있으며, 이러한 교회로 성장시키며 세워나감으로써 하나님 앞에 칭찬받는 교회로 성장하는 것입니다

"그러나 백성 가운데 또한 거짓 선지자들이 일어났었나니 이와 같이 너희 중에도 거짓 선생들이 있으리라 그들은 멸망하게 할 이단을 가만히 끌어들여 자기들을 사신 주를 부인하고 임박한 멸망을 스스로 취하는 자들이라 여럿이 그들의 호색하는 것을 따르리니 이로 말미암아 진리의 도가 비방을 받을 것이요 그들이 탐심으로써 지어낸 말을 가지고 너희로 이득을 삼으니 그들의 심판은 옛적부터 지체하지 아니하며 그들의 멸망은 잠들지 아니하느니라"(벧후 2:1-3).

요한계시록 2:4

그러나 너를 책망할 것이 있나니 너의 처음 사랑을 버렸느니라

요한계시록 2:5

그러므로 어디서 떨어졌는지를 생각하고 회개하여 처음 행위를 가지라 만일 그리하지 아니하고 회개하지 아니하면 내가 네게 가서 네 촛대를 그 자리에서 옮기리라

요한계시록 2:6

오직 네게 이것이 있으니 네가 니골라 당의 행위를 미워하는도다 나도 이것을

그러나 이런 에베소 교회에 책망할 것이 있습니다. 처음 사랑을 버렸다는 것입니다. 복음을 받고, 하나님의 사랑을 깨닫고, 믿음이 있다고 하면서 처음 사랑을 잃어버렸다는 것은 결국 사랑하지 않는 것을 말합니다. 즉, 처음 사랑을 버렸다는 것은 거듭나지 못한 것입니다. 거듭나지 못한 사람은 하나님을 사랑할 수 없으며, 하나님을 사랑하지 않는 자는 성령을 받지 못한 자이므로 악한 사탄의 사망의 권세로부터 이길 수가 없습니다.

결국 멸망의 길로 가는 것입니다. 즉, 성령을 받지 못한 자들을 말합니다. 하나님을 믿고 성령을 받은 사람만이 악한 마귀 사탄을 이기는 자이며 구원을 받습니다. 그러므로 우리가 처음 사랑을 찾기 위해서 회개하고 노력하여 처음 사랑을 회복하지 않으면(물과 성령으로 거듭나지 않으면) 교회가 아무리 크고 교인이 많다 할지라도 교회로서의 존재할 가치가 없다는 말씀입니다.

복음을 통해서 우리가 죄 사함 받는 것과 천국에 들어가는 길을 제시하면서 죄 사함과 성령을 받고 마귀 사탄을 이긴 자 만이 구원 받을 수 있으며, 구원 받은 자 만이 예수 그리스도의 사랑을 알고 그 사랑을 행할 수 있습니다. 처음 사랑을 회복하여 사랑에 합당한 열매를 맺지 못하면 죽은 교회이므로 교회를 옮겨버린다고 하십니다.

정말로 놀라운 일입니다. 우리는 회개하고 성령을 받아 마귀 사탄을 이겨서 모두가 구원 받는 성도들이 되어야 합니다. 그러한 신앙으로 무장되어 있을 때 우리가 믿음 생활을 잘한다고 말할 수 있습니다. 타락하여 잘못된 복음을 믿는 니골라 당과 같은 사람을 미워하고 그들을 대적하는 것처럼 '나도 그들은 미워합니다'라고 강력하게 말할 수 있어야 합니다. 그들은 좋은 믿음으로 시작했지만 타락함으로써 악한 생각을 가지고 하나님의 복음을 무시하는 신앙입니다. 하나님을 무시하는 니골라 당과 같은 자들을 이기지 않고서는 결코 천국에 갈 수 없습니다.

"사랑하는 자들아 우리가 서로 사랑하자 사랑은 하나님께 속한 것이니 사랑하는 자마다 하나님으로부터 나서 하나님을 알고 사랑하지 아니하는 자는 하나님을 알지 못하나니 이는 하나님은 사랑이심이라 하나님의 사랑이 우리에게 이렇게 나타난 바 되었으니 하나님이 자기의 독생자를 세상에 보내심은 그로 말미암아 우리를 살리려 하심이라 사랑은 여기 있으니 우리가 하나님을 사랑한 것이 아니요 하나님이 우리를 사랑하사 우리 죄를 속하기 위하여 화목 제물로 그 아들을 보내셨음이라 사랑하는 자들아 하나님이 이같이 우리를 사랑하셨은즉 우리도 서로 사랑하는 것이 마땅하도다 어느 때나 하나님을 본 사람이 없으되 만일 우리가 서로 사랑하면 하나님이 우리 안에 거하시고 그의 사랑이 우리 안에 온전히 이루어지느니라 그의 성령을 우리에게 주시므로 우리가 그 안에 거하고 그가 우리 안에 거하시는 줄을 아느니라 아버지가 아들을 세상의 구주로 보내신 것을 우리가 보았고 또 증언하노니 누구든지 예수를 하나님의 아들이라 시인하면 하나님이 그의 안에 거하시고 그도 하나님 안에 거하느니라 하나님이 우리를 사랑하시는 사랑을 우리가 알고 믿었노니 하나님은 사랑이시라 사랑 안에 거하는 자는 하나님 안에 거하고 하나님도 그의 안에 거하시느니라 이로써 사랑이 우리에게 온전히 이루어진 것은 우리로 심판 날에 담대함을 가지게 하려 함이니 주께서 그러하심과 같이 우리도 이 세상에서 그러하니라 사랑 안에 두려움이 없고 온전한 사랑이 두려움을 내쫓나니 두려움에는 형벌이 있음이라 두려워하는 자는 사랑 안에서 온전히 이루지 못하였느니라 우리가 사랑함은 그가 먼저 우리를 사랑하셨음이라 누구든지 하나님을 사랑하노라 하고 그 형제를 미워하면 이는 거짓말하는 자니 보는 바 그 형제를 사랑하지 아니하는 자는 보지 못하는 바 하나님을 사랑할 수 없느니라 우리가 이 계명을 주께 받았나니 하나님을 사랑하는 자는 또한 그 형제를 사랑할지니라"(요일 4:7-21).

요한계시록 2:7

귀 있는 자는 성령이 교회들에게 하시는 말씀을 들을지어다 이기는 그에게는 내가 하나님의 낙원에 있는 생명나무의 열매를 주어 먹게 하리라

바라기는, 우리 모두 예수 그리스도의 복음을 듣고, 하나님의 사랑을 알고 믿고, 성령을 받고, 마귀 사탄을 이김으로써 예수 그리스도의 사랑을 나타내는 믿음의 교회들이 다 됩시다. 성도들은 자신이 니골라 당과 같이 하나님의 말씀을 버리고 음행을 행하며 우상의 제물을 먹으면서 타락한 생활을 하는 교회나 성도는 이긴 자가 될 수 없습니다. 멸망을 당할 뿐입니다.

그러므로 사랑을 행하며 니골라 당과 같은 유혹을 이기는 자 만이 하나님의 낙원에 있는 생명나무 열매를 먹으며 그 나무 잎사귀들로 인해 어떤 병에서라도 치료를 받기에 영원히 살 것입니다. "또 그가 수정 같이 맑은 생명수의 강을 내게 보이니 하나님과 및 어린 양의 보좌로부터 나와서 길 가운데로 흐르더라 강 좌우에 생명나무가 있어 열두 가지 열매를 맺되 달마다 그 열매를 맺고 그 나무 잎사귀들은 만국을 치료하기 위하여 있더라"(계 22:1-2).

"거룩하게 하시는 이와 거룩하게 함을 입은 자들이 다 한 근원에서 난지라 그러므로 형제라 부르시기를 부끄러워하지 아니하시고 이르시되 내가 주의 이름을 내 형제들에게 선포하고 내가 주를 교회 중에서 찬송하리라 하셨으며 또 다시 내가 그를 의지하리라 하시고 또 다시 볼지어다 나와 및 하나님께서 내게 주신 자녀라 하셨으니 자녀들은 혈과 육에 속하였으매 그도 또한 같은 모양으로 혈과 육을 함께 지니심은 죽음을 통하여 죽음의 세력을 잡은 자 곧 마귀를 멸하

시며 또 죽기를 무서워하므로 한평생 매여 종 노릇 하는 모든 자들을 놓아 주려 하심이니 이는 확실히 천사들을 붙들어 주려 하심이 아니요 오직 아브라함의 자손을 붙들어 주려 하심이라 그러므로 그가 범사에 형제들과 같이 되심이 마땅하도다 이는 하나님의 일에 자비하고 신실한 대제사장이 되어 백성의 죄를 속량하려 하심이라"(히 2:11–17).

2. 서머나 교회('서머나' 뜻 = 몰약)

요한계시록 2:8

서머나 교회의 사자에게 편지하라 처음이며 마지막이요 죽었다가 살아나신 이가 이르시되

죽었다가 살아나신 예수님은 너희도 처음에 창세기를 통해서 악한 사탄의 유혹에 넘어가 선악을 알게 하는 나무의 열매를 먹으면 하나님과 같이 된다는 사탄의 말에 미혹되어 먹고 에덴동산에서 쫓겨났지만, 이제 또 다시 사탄의 유혹에 넘어가면 영원히 죽는 것입니다.

이제는 마지막 기회입니다. 교회를 통해서 증거되는 복음으로만 사탄의 유혹을 이길 수 있습니다. 마지막 기회이므로 죽었다가 살아나신 예수 그리스도께서 교회에 복음을 통해 지금 우리에게 확실하게 증거합니다.

"그러나 이제 그리스도께서 죽은 자 가운데서 다시 살아나사 잠자는 자들의 첫 열매가 되셨도다 사망이 한 사람으로 말미암았으니 죽은 자의 부활도 한 사람으로 말미암는도다 아담 안에서 모든 사람이 죽은 것 같이 그리스도 안에서 모든 사람이 삶을 얻으리라"(고전 15:20–22).

요한계시록 2:9

내가 네 환난과 궁핍을 알거니와 실상은 네가 부요한 자니라 자칭 유대인이라 하는 자들의 비방도 알거니와 실상은 유대인이 아니요 사탄의 회당이라

요한계시록 2:10

너는 장차 받을 고난을 두려워하지 말라 볼지어다 마귀가 장차 너희 가운데에서 몇 사람을 옥에 던져 시험을 받게 하리니 너희가 십 일 동안 환난을 받으리라 네가 죽도록 충성하라 그리하면 내가 생명의 관을 네게 주리라

처음이며 마지막이요 죽었다가 살아나신 예수님께서 서머나 교회의 목회자에게 너희가 복음을 믿으면서 당한 환난과 궁핍함을 다 아신다고 하십니다. 너희는 믿음 안에서 부요한 사람이라고 칭찬을 하시는데 정말 구원에 합당한 믿음이 있다고 하십니다.

그러나 믿음을 지키기 위해서는 자칭 유대인이라 하면서 우리는 아브라함의 자손이요, 하나님의 택한 백성이요, 하나님의 언약의 자손이요, 율법을 받은 약속의 자손이요, 할례를 받은 자요, 하나님의 양자된 자요, 우리의 후손을 통해 예수 그리스도가 탄생한 백성이라고 말하면서 그들은 복음을 믿고 구원 받는 것이 아니라, 회당에 나와야 구원을 받는다고 하는 자들입니다.

그들이 말하는 회당은 사탄의 회당입니다. 그러므로 그들의 말을 들으면 구원을 받을 수 없으니 그들이 고난을 줄지라도 두려워하지 말고 옥에 던져 시험하며 십 일 동안 환난을 받는다 할지라도 그들을 두려워하거나 겁내지 말라고 하십니다.

오직 복음인 예수 그리스도가 십자가에서 죽으시고 부활의 첫 열매가 되신 그분을 믿는 믿음으로 마귀 사탄을 이기지 못하면 구원을 받지 못합니

다. 계보나 족보를 주장하는 자는 실상은 유대인이 아니요 사탄의 회당입니다. 오직 복음을 믿고 죽도록 충성하면 이것이 이기는 것이고, 생명의 면류관을 주십니다.

"형제들아 내가 너희를 권하노니 너희가 배운 교훈을 거슬러 분쟁을 일으키거나 거치게 하는 자들을 살피고 그들에게서 떠나라 이같은 자들은 우리 주 그리스도를 섬기지 아니하고 다만 자기들의 배만 섬기나니 교활한 말과 아첨하는 말로 순진한 자들의 마음을 미혹하느니라 너희의 순종함이 모든 사람에게 들리는지라 그러므로 내가 너희로 말미암아 기뻐하노니 너희가 선한 데 지혜롭고 악한 데 미련하기를 원하노라 평강의 하나님께서 속히 사탄을 너희 발 아래에서 상하게 하시리라 우리 주 예수의 은혜가 너희에게 있을지어다"(롬 16:17-20).

요한계시록 2:11

귀 있는 자는 성령이 교회들에게 하시는 말씀을 들을지어다 이기는 자는 둘째 사망의 해를 받지 아니하리라

복음은 교회를 통해서 전파됩니다. 이 복음의 말씀을 듣고 믿어서 죄 사함을 받고 성령을 받아서 마귀 사탄을 이기는 자가 천국에 들어갑니다. 하지만 믿지 않는 자들은 음부에 가서 고통당합니다. 믿음의 성도들이 천국에 가서 영원히 살 때에 그들은 이 세상에서 천국이 없다고 믿지 않다가 무저갱에 들어가서 천 년을 고통당하다가 천 년이 차면 잠시 나와서 믿는 자들이 천국에 들어가서 살아가는 것을 보여 주십니다.

천국이 있는 것과 복음을 믿는 자들이 믿는 것은 정말 하나님이 계시고 믿음으로 영광스러운 천국에서 생활하는 것을 보여주시는 것입니다. 그들은 복음을 믿지 않았으므로 다시 유황 불못에 들어가는 것이 둘째 사망을

당하는 것입니다.

따라서 우리 모든 성도들은 복음을 믿음으로써 자칭 유대인이라 하면서도 율법을 믿고 회당에 나와야 구원 받는다고 하는 사탄의 유혹을 이기는 자가 되어야 할 것입니다.

"그가 음부에서 고통중에 눈을 들어 멀리 아브라함과 그의 품에 있는 나사로를 보고 불러 이르되 아버지 아브라함이여 나를 긍휼히 여기사 나사로를 보내어 그 손가락 끝에 물을 찍어 내 혀를 서늘하게 하소서 내가 이 불꽃 가운데서 괴로워하나이다 아브라함이 이르되 얘 너는 살았을 때에 좋은 것을 받았고 나사로는 고난을 받았으니 이것을 기억하라 이제 그는 여기서 위로를 받고 너는 괴로움을 받느니라 그뿐 아니라 너희와 우리 사이에 큰 구렁텅이가 놓여 있어 여기서 너희에게 건너가고자 하되 갈 수 없고 거기서 우리에게 건너올 수도 없게 하였느니라 이르되 그러면 아버지여 구하노니 나사로를 내 아버지의 집에 보내소서 내 형제 다섯이 있으니 그들에게 증언하게 하여 그들로 이 고통 받는 곳에 오지 않게 하소서 아브라함이 이르되 그들에게 모세와 선지자들이 있으니 그들에게 들을지니라 이르되 그렇지 아니하니이다 아버지 아브라함이여 만일 죽은 자에게서 그들에게 가는 자가 있으면 회개하리이다 이르되 모세와 선지자들에게 듣지 아니하면 비록 죽은 자 가운데서 살아나는 자가 있을지라도 권함을 받지 아니하리라 하였다 하시니라"(눅 16:23-31).

3. 버가모 교회('버가모' 뜻 = 이중 결혼)

요한계시록 2:12

버가모 교회의 사자에게 편지하라 좌우에 날선 검을 가지신 이가 이르시되 요한계시록 1:16에서 목회자들과 함께 교회를 점검할 때와 같은 모습의 예수님이 버가모 교회를 향하여 날선 검과 같이 예리하게 보시고 말씀하십니다.

요한계시록 2:13

네가 어디에 사는지를 내가 아노니 거기는 사탄의 권좌가 있는 데라 네가 내 이름을 굳게 잡아서 내 충성된 증인 안디바가 너희 가운데 곧 사탄이 사는 곳에서 죽임을 당할 때에도 나를 믿는 믿음을 저버리지 아니하였도다

예수님은 우리가 어디에 사는지를 다 알고 계십니다. 사탄의 권좌가 있는 곳인 이 세상은 마귀 사탄이 우는 사자 같이 우리를 삼키려 하는 곳인데도 주님을 믿는 믿음으로 굳게 충성하면서 안디바처럼 사탄에게 굴하지 아니하고 순교하면서까지도 믿음을 지키며 믿음을 저버리지 않는 신앙을 예수님이 기뻐하십니다.

"한 사람이 두 주인을 섬기지 못할 것이니 혹 이를 미워하고 저를 사랑하거나 혹 이를 중히 여기고 저를 경히 여김이라 너희가 하나님과 재물을 겸하여 섬기지 못하느니라"(마 6:24).

요한계시록 2:14

그러나 네게 두어 가지 책망할 것이 있나니 거기 네게 발람의 교훈을 지키는 자들이 있도다 발람이 발락을 가르쳐 이스라엘 자손 앞에 걸림돌을 놓아 우상의 제물을 먹게 하였고 또 행음하게 하였느니라

요한계시록 2:15

이와 같이 네게도 니골라 당의 교훈을 지키는 자들이 있도다

버가모 교회는 이렇게 순교의 신앙을 가진 믿음 위에 굳게 서 있는 교회입니다. 그러나 발람과 같은 거짓 선지자가 나와서 발락 왕에게 이렇게 말합니다.

"이스라엘 백성은 하나님이 함께하는 백성이므로 그들을 이길 수가 없습니다. 그들을 이기는 방법은 이스라엘 백성들을 초청하여 우상의 제물을 먹게 하고 예쁜 여자들로 유혹해서 죄를 범하게 하면 하나님이 그들을 치실 것입니다. 그들을 하나님 앞에 죄짓게 만드는 것이 그들을 이기는 것입니다."

믿음을 가진 백성들이 발람의 교훈이나 니골라 당의 교훈으로 유혹하여 죄를 범하게 함으로써 멸망당하게 하는 것입니다. 니골라 당도 하나님을 섬기다가 자신의 이익을 위하여 세상에 매여 세상을 위해 살아가는 자들입니다.

이들은 예루살렘 사도 회의에서 결정된 규정인 우상에게 드린 것과 음행을 피해야 하는 명령을 거역하며 이단의 그릇된 길에 빠진 자들입니다. 발람이나 니골라 당의 유혹에 빠져서 믿음을 버리고 마귀 사탄의 유혹에 넘어가서는 안 됩니다. 믿음으로 마귀 사탄과 같은 니골라 당의 유혹이나 발람의 유혹을 이기는 자가 되어 천국에 다 들어가길 바랍니다.

"그 여자들이 자기 신들에게 제사할 때에 이스라엘 백성을 청하매 백성이 먹고 그들의 신들에게 절하므로 이스라엘이 바알브올에게 가담한지라 여호와께서 이스라엘에게 진노하시니라 여호와께서 모세에게 이르시되 백성의 수령들을 잡아 태양을 향하여 여호와 앞에 목매어 달라 그리하면 여호와의 진노가 이스라엘에게

서 떠나리라 모세가 이스라엘 재판관들에게 이르되 너희는 각각 바알브올에게 가담한 사람들을 죽이라 하니라 이스라엘 자손의 온 회중이 회막 문에서 울 때에 이스라엘 자손 한 사람이 모세와 온 회중의 눈앞에 미디안의 한 여인을 데리고 그의 형제에게로 온지라 제사장 아론의 손자 엘르아살의 아들 비느하스가 보고 회중 가운데에서 일어나 손에 창을 들고 그 이스라엘 남자를 따라 그의 막사에 들어가 이스라엘 남자와 그 여인의 배를 꿰뚫어서 두 사람을 죽이니 염병이 이스라엘 자손에게서 그쳤더라 그 염병으로 죽은 자가 이만 사천 명이었더라"(민 25:2-9).

"우리의 싸우는 무기는 육신에 속한 것이 아니요 오직 어떤 견고한 진도 무너뜨리는 하나님의 능력이라 모든 이론을 무너뜨리며"(고후 10:4).

요한계시록 2:16

그러므로 회개하라 그리하지 아니하면 내가 네게 속히 가서 내 입의 검으로 그들과 싸우리라

하나님을 믿는다고 하면서 하나님보다 세상을 더 사랑하며 세상의 명예와 권력과 부귀와 향락을 추구하는 자들은 사탄에게 유혹되지 말아야 합니다. 하루 속히 회개하고 주님 앞으로 나오면 예수님의 입에서 나오는 말씀으로 친히 그들과 싸워 주심으로 마귀 사탄을 이기는 자가 될 수 있습니다.

"전날에 너희가 빛을 받은 후에 고난의 큰 싸움을 견디어 낸 것을 생각하라 혹은 비방과 환난으로써 사람에게 구경거리가 되고 혹은 이런 형편에 있는 자들과 사귀는 자가 되었으니 너희가 갇힌 자를 동정하고 너희 소유를 빼앗기는 것도 기쁘게 당한 것은 더 낫고 영구한 소유가 있는 줄 앎이라 그러므로 너희 담대함을 버리지 말라 이것이 큰 상을 얻게 하느니라 너희에게 인내가 필요함은

너희가 하나님의 뜻을 행한 후에 약속하신 것을 받기 위함이라 잠시 잠깐 후면 오실 이가 오시리니 지체하지 아니하시리라 나의 의인은 믿음으로 말미암아 살리라 또한 뒤로 물러가면 내 마음이 그를 기뻐하지 아니하리라 하셨느니라 우리는 뒤로 물러가 멸망할 자가 아니요 오직 영혼을 구원함에 이르는 믿음을 가진 자니라"(히 10:32-39).

요한계시록 2:17

귀 있는 자는 성령이 교회들에게 하시는 말씀을 들을지어다 이기는 그에게는 내가 감추었던 만나를 주고 또 흰 돌을 줄 터인데 그 돌 위에 새 이름을 기록한 것이 있나니 받는 자 밖에는 그 이름을 알 사람이 없느니라

성령님이 교회들에게 하시는 복음의 말씀을 들으면 모두가 악한 마귀 사탄을 이길 수 있습니다. 이기는 자는 하늘나라에 가서 만나를 먹으며 흰 돌 위에 새 이름이 기록된 것을 받는데, 천국에서 흰 돌에 기록된 것처럼 구원받은 자로서 영원히 살 수 있는 축복을 받는 것입니다.

"자녀들은 혈과 육에 속하였으매 그도 또한 같은 모양으로 혈과 육을 함께 지니심은 죽음을 통하여 죽음의 세력을 잡은 자 곧 마귀를 멸하시며 또 죽기를 무서워하므로 한평생 매여 종 노릇 하는 모든 자들을 놓아 주려 하심이니 이는 확실히 천사들을 붙들어 주려 하심이 아니요 오직 아브라함의 자손을 붙들어 주려 하심이라"(히 2:14-16).

4. 두아디라 교회('두아디라' 뜻 = 물질이 풍성함)

요한계시록 2:18

두아디라 교회의 사자에게 편지하라 그 눈이 불꽃 같고 그 발이 빛난 주석과 같은 하나님의 아들이 이르시되

요한계시록 1:14-15의 말씀처럼, 목회자들과 같이 교회를 점검하신 하나님의 아들 예수 그리스도께서 두아디라 교회에 편지를 기록하여 직접 전하십니다.

요한계시록 2:19

내가 네 사업과 사랑과 믿음과 섬김과 인내를 아노니 네 나중 행위가 처음 것보다 많도다

눈이 불꽃 같으신 주님은 당신이 세상에서 주님을 위해 행한 사업과 주님을 사랑하고 믿고 인내한 것을 다 알고 계십니다. 그렇게 권력 앞에서 많은 고난과 환난을 당하면서도 믿음으로 구원받은 자들을 칭찬하며 나중에 더 큰 사랑과 믿음과 섬김과 인내를 가져야 한다고 말씀하십니다. 이 말씀은 앞으로 더 큰 어려움이 닥칠 텐데 그 어려움을 이기기 위해서는 처음 것보다 더 많은 열매를 맺어야 한다는 것입니다.

요한계시록 2:20

그러나 네게 책망할 일이 있노라 자칭 선지자라 하는 여자 이세벨을 네가 용납함이니 그가 내 종들을 가르쳐 꾀어 행음하게 하고 우상의 제물을 먹게 하는도다

우리가 무엇보다도 신앙을 지키기 위해서는 교회와 함께하면서 교회를 통해 전해지는 복음의 말씀으로 더욱 확실한 믿음과 구원의 확신을 가져야 한다는 것입니다. 어떠한 권력으로부터 오는 거짓 선지자들의 유혹과 마귀 사탄들의 유혹에 넘어가지 말아야 합니다. 또 어떠한 권력에도 굴하지 말고 오직 믿음 안에서 주님만 바라보고 하늘나라에 소망을 두고 살아가야 합니다.

그러나 본 성경구절에서 여자 이세벨을 용납했다고 하는 것은 많은 일들을 다 주님을 위해서 한 네 사업과 사랑과 믿음과 섬김과 인내를 갖고 지킨 신앙, 즉 세상 권력(이세벨을 위해서)에 매여 세상의 안위와 부귀영화를 위해 하라는 대로 행하면 결국 마귀 사탄에게 지는 거라는 것입니다.

이것이 곧 우상 숭배하는 것이요 행음하는 것입니다. 너희는 이같은 일에 세상의 권력과 마귀 사탄의 유혹을 대적해야 합니다. 그들을 이기기 위해서는 이전보다 더한 사랑과 믿음과 섬김과 인내를 갖고 신앙생활을 해야 합니다.

요한계시록 2:21

또 내가 그에게 회개할 기회를 주었으되 자기의 음행을 회개하고자 하지 아니하는도다

요한계시록 2:22

볼지어다 내가 그를 침상에 던질 터이요 또 그와 더불어 간음하는 자들도 만일 그의 행위를 회개하지 아니하면 큰 환난 가운데에 던지고

요한계시록 2:23

또 내가 사망으로 그의 자녀를 죽이리니 모든 교회가 나는 사람의 뜻과 마음

을 살피는 자인 줄 알지라 내가 너희 각 사람의 행위대로 갚아 주리라

이세벨에게도 네가 사람들을 꾀어 우상을 숭배하게 하면 큰 벌을 받을 것을 알게 하시고 깨닫게 하셔서 회개할 기회를 주었습니다. 하지만 회개하지 않았다고 책망합니다.

계속 믿음의 성도들을 꾀어 우상을 섬기게 하고 음행하게 하면 그를 질병으로 치십니다. 그 사람만 벌하시는 것이 아닙니다. 그와 함께 음행하고 우상을 섬기며 회개하지 아니하는 모든 사람을 치신다고 경고합니다. 또 큰 환난 가운데 던지기도 하십니다. 그래도 회개하지 아니하면 그들의 자녀를 죽인다고 하십니다.

그러므로 모든 교회들은 주님께서 사람들의 뜻과 마음을 살피시며 각 사람의 행한 대로 갚으시는 분임을 알아야 합니다. "너희는 이세벨과 같이 너희를 꾀어 우상을 섬기게 하며 음행을 행하게 하는 그들을 이기는 자들이 되어야 한다."

"만일 의인이 그 공의를 떠나 죄악을 행하고 그로 말미암아 죽으면 그 행한 죄악으로 말미암아 죽는 것이요 만일 악인이 그 행한 악을 떠나 정의와 공의를 행하면 그 영혼을 보전하리라 그가 스스로 헤아리고 그 행한 모든 죄악에서 돌이켜 떠났으니 반드시 살고 죽지 아니하리라 그런데 이스라엘 족속은 이르기를 주의 길이 공평하지 아니하다 하는도다 이스라엘 족속아 나의 길이 어찌 공평하지 아니하냐 너희 길이 공평하지 아니한 것 아니냐 주 여호와의 말씀이니라 이스라엘 족속아 내가 너희 각 사람이 행한 대로 심판할지라 너희는 돌이켜 회개하고 모든 죄에서 떠날지어다 그리한즉 그것이 너희에게 죄악의 걸림돌이 되지 아니하리라 너희는 너희가 범한 모든 죄악을 버리고 마음과 영을 새롭게 할지어다 이스라엘 족속아 너희가 어찌하여 죽고자 하느냐 주 여호와의 말씀이니라 죽

을 자가 죽는 것도 내가 기뻐하지 아니하노니 너희는 스스로 돌이키고 살지니라"(겔 18:26-32)

요한계시록 2:24

두아디라에 남아 있어 이 교훈을 받지 아니하고 소위 사탄의 깊은 것을 알지 못하는 너희에게 말하노니 다른 짐으로 너희에게 지울 것은 없노라

요한계시록 2:25

다만 너희에게 있는 것을 내가 올 때까지 굳게 잡으라

요한계시록 2:26

이기는 자와 끝까지 내 일을 지키는 그에게 만국을 다스리는 권세를 주리니

그러나 두아디라 교회에 남아 아직 복음을 받아들이지 않고 소위 사탄의 깊은 교훈을 알지 못하는 자들은 다른 교훈을 받을 생각을 하지 말라고 하십니다. 너희가 교회를 통해서 전하여지는 복음을 굳게 잡고 내가 올 때까지 기다리면 천국에서 하나님과 함께 만국을 다스리는 권세를 누리게 됩니다. 그러므로 우리는 굳건한 믿음 안에 거하여 이세벨의 교훈과 마귀 사탄의 권세를 이기는 자가 되어야 합니다.

"아버지께서 아들에게 주신 모든 사람에게 영생을 주게 하시려고 만민을 다스리는 권세를 아들에게 주셨음이로소이다 영생은 곧 유일하신 참 하나님과 그가 보내신 자 예수 그리스도를 아는 것이니이다 아버지께서 내게 하라고 주신 일을 내가 이루어 아버지를 이 세상에서 영화롭게 하였사오니 아버지여 창세 전에 내가 아버지와 함께 가졌던 영화로써 지금도 아버지와 함께 나를 영화롭게

하옵소서 세상 중에서 내게 주신 사람들에게 내가 아버지의 이름을 나타내었나이다 그들은 아버지의 것이었는데 내게 주셨으며 그들은 아버지의 말씀을 지키었나이다 지금 그들은 아버지께서 내게 주신 것이 다 아버지로부터 온 것인 줄 알았나이다 나는 아버지께서 내게 주신 말씀들을 그들에게 주었사오며 그들은 이것을 받고 내가 아버지께로부터 나온 줄을 참으로 아오며 아버지께서 나를 보내신 줄도 믿었사옵나이다 내가 그들을 위하여 비옵나니 내가 비옵는 것은 세상을 위함이 아니요 내게 주신 자들을 위함이니이다 그들은 아버지의 것이로소이다 내 것은 다 아버지의 것이요 아버지의 것은 내 것이온데 내가 그들로 말미암아 영광을 받았나이다 나는 세상에 더 있지 아니하오나 그들은 세상에 있사옵고 나는 아버지께로 가옵나니 거룩하신 아버지여 내게 주신 아버지의 이름으로 그들을 보전하사 우리와 같이 그들도 하나가 되게 하옵소서 내가 그들과 함께 있을 때에 내게 주신 아버지의 이름으로 그들을 보전하고 지키었나이다 그 중의 하나도 멸망하지 않고 다만 멸망의 자식뿐이오니 이는 성경을 응하게 함이니이다 지금 내가 아버지께로 가오니 내가 세상에서 이 말을 하옵는 것은 그들로 내 기쁨을 그들 안에 충만히 가지게 하려 함이니이다 내가 아버지의 말씀을 그들에게 주었사오매 세상이 그들을 미워하였사오니 이는 내가 세상에 속하지 아니함 같이 그들도 세상에 속하지 아니함으로 인함이니이다"(요 17:2-14).

요한계시록 2:27

그가 철장을 가지고 그들을 다스려 질그릇 깨뜨리는 것과 같이 하리라 나도 내 아버지께 받은 것이 그러하니라

요한계시록 2:28

내가 또 그에게 새벽 별을 주리라

복음을 듣지 않고 믿지 않으면 결국 하나님이 허락하신 심판으로 인해 철장에 갇히고 질그릇을 깨뜨리는 것과 같은 심판을 행하십니다. 그러나 하나님의 복음을 듣고 그 말씀대로 이기는 자들에게는 광명한 새벽 별을 주십니다.

"그러므로 너희 담대함을 버리지 말라 이것이 큰 상을 얻게 하느니라 너희에게 인내가 필요함은 너희가 하나님의 뜻을 행한 후에 약속하신 것을 받기 위함이라 잠시 잠깐 후면 오실 이가 오시리니 지체하지 아니하시리라 나의 의인은 믿음으로 말미암아 살리라 또한 뒤로 물러가면 내 마음이 그를 기뻐하지 아니하리라 하셨느니라 우리는 뒤로 물러가 멸망할 자가 아니요 오직 영혼을 구원함에 이르는 믿음을 가진 자니라"(히 10:35-39).

요한계시록 2:29
귀 있는 자는 성령이 교회들에게 하시는 말씀을 들을지어다

"귀 있는 자"란 하나님의 복음의 말씀을 들을 수 있는 자들입니다. 그들은 당연히 보혜사 성령님을 통해서 성도들에게 전하는 복음을 믿고 성령을 받고 마귀 사탄을 이기는 거듭난 사람들이며, 구원의 확신을 받은 사람들입니다.

"보혜사 곧 아버지께서 내 이름으로 보내실 성령 그가 너희에게 모든 것을 가르치고 내가 너희에게 말한 모든 것을 생각나게 하리라 평안을 너희에게 끼치노니 곧 나의 평안을 너희에게 주노라 내가 너희에게 주는 것은 세상이 주는 것과 같지 아니하니라 너희는 마음에 근심하지도 말고 두려워하지도 말라 내가 갔다가 너희에게로 온다 하는 말을 너희가 들었나니 나를 사랑하였더라면 내가 아버

지께로 감을 기뻐하였으리라 아버지는 나보다 크심이라 이제 일이 일어나기 전에 너희에게 말한 것은 일이 일어날 때에 너희로 믿게 하려 함이라"(요 14:26-29).

본 장에서는 교회를 통해서 전해지는 복음을 믿으므로 좋은 성도들이 된다는 것입니다. 에베소 교회처럼 성령을 받지 못해 사랑을 잊어버린 자나, 서머나 교회처럼 유대인의 전통에 매인 자나, 버가모 교회처럼 발람과 니골라 당의 꾀에 넘어가서 믿음을 잃는 자나, 두아디라 교회처럼 이세벨과 같은 이단의 선지자들이 권력을 가지고 우리로 우상을 섬기게 하거나 음행을 행하게 하는 자들은 마귀 사탄이므로 복음을 믿고 가진 자들을 이기지 못합니다.

영원한 천국에서 하나님의 통치를 받으며 어떤 병에 걸린다 해도 생명나무의 잎사귀로 치료를 받고, 생명나무의 열매를 먹으며, 영원히 살기 위해서는 마귀 사탄을 이기는 자가 되어야 합니다.

제 3 장

일곱 교회의 점검 내용 - 세 교회

5. 사데 교회('사데' 뜻 = 남은 자)

앞의 2장에서 네 개 교회는 어떻게 믿음생활을 해야 성령을 받고 마귀 사탄을 이기는 믿음인가를 살펴보았습니다. 이제 제3장에서 세 개 교회는 무엇을 믿어야 하는지 보겠습니다.

요한계시록 3:1

사데 교회의 사자에게 편지하라 하나님의 일곱 영과 일곱 별을 가지신 이가 이르시되 내가 네 행위를 아노니 네가 살았다 하는 이름은 가졌으나 죽은 자로다

성령께서는 구원사역을 위해 예수 그리스도께로 인도하시고 보호하시는 일을 담당하십니다. 사데 교회는 하나님의 일곱 영(성령)과 일곱 별(교회의 사자)을 가지신 이가 교회를 통해서 너희는 성령을 믿기 때문에 자신은 당연히 구원을 얻었다고 자신합니다. 하지만 너희들은 실제적으로는 죽은 자라고 말합니다.

오직 구원은 예수 그리스도의 십자가의 피로 먼저 속죄함을 받고 성령의 인도함을 받는 것입니다. 우리는 성령의 인도함을 받으므로 구원을 받았

다고 하는 것은 죄 문제를 해결하지 못한 것입니다. 먼저 죄 문제를 해결해야 합니다. 이 문제를 해결하지 못하면 죽은 몸이나 같습니다. "내가 네 행위를 아노니 네가 살았다 하는 이름은 가졌으나 죽은 자"라고 말씀하십니다. 예수님이 친히 하신 말씀입니다.

요한계시록 3:2

너는 일깨어 그 남은 바 죽게 된 것을 굳건하게 하라 내 하나님 앞에 네 행위의 온전한 것을 찾지 못하였노니

우리의 구원은 먼저 예수 그리스도의 십자가의 흘리신 피를 통해서 속죄함을 받았음을 믿고 성령을 받음으로 이루어지는 것입니다. 믿음으로 사망 권세를 이김으로써 우리는 영원히 사는 것입니다. 이것을 굳게 붙잡아야 우리가 구원을 얻게 되며 이것이 온전한 길임을 믿고 나아가야 합니다. 교회의 사자(목회자)들도 이것을 바로 전파해야 하고 이것을 알지 못하면 구원이 없습니다.

"내가 복음을 부끄러워하지 아니하노니 이 복음은 모든 믿는 자에게 구원을 주시는 하나님의 능력이 됨이라 먼저는 유대인에게요 그리고 헬라인에게로다 복음에는 하나님의 의가 나타나서 믿음으로 믿음에 이르게 하나니 기록된 바 오직 의인은 믿음으로 말미암아 살리라 함과 같으니라"(롬 1:16-17).

요한계시록 3:3

그러므로 네가 어떻게 받았으며 어떻게 들었는지 생각하고 지켜 회개하라 만일 일깨지 아니하면 내가 도둑 같이 이르리니 어느 때에 네게 이를는지 네가 알지 못하리라

복음 되시는 예수 그리스도께서 복음을 어떻게 받았는지, 어떻게 들었는지를 생각하고 회개를 촉구하십니다. 우리는 여호와 하나님이 천지를 창조하신 내력이 땅의 흙으로 사람을 만드시고, 코에 생기(성령)를 넣어주시고, 에덴동산을 창설하셔서 하나님과 인간이 함께 살기를 원하셨습니다. 하지만 인간이 마귀 사탄의 교묘한 유혹을 이기지 못하고 범죄함으로 에덴동산에서 쫓겨났습니다.

그러므로 죄 문제를 해결해야 합니다. 이 죄 문제를 해결하는 길은 오직 예수 그리스도의 십자가 보혈뿐입니다. 그리고 성령을 받고 성령의 인도하심을 따라 마귀 사탄을 이긴 자들만이 영원히 살 수 있습니다.

우리는 복음을 통해서 예수 그리스도를 믿음으로 구원이 이루어지게 되는 것입니다. 주님은 도둑 같이 언제 어느 때에 오실지 알 수 없으므로 우리가 빨리 회개하고 예수 그리스도를 믿어 성령을 받고 마귀 사탄을 이기고 구원 받읍시다.

"무릇 그리스도 예수와 합하여 세례를 받은 우리는 그의 죽으심과 합하여 세례를 받은 줄을 알지 못하느냐 그러므로 우리가 그의 죽으심과 합하여 세례를 받음으로 그와 함께 장사되었나니 이는 아버지의 영광으로 말미암아 그리스도를 죽은 자 가운데서 살리심과 같이 우리로 또한 새 생명 가운데서 행하게 하려 함이라 만일 우리가 그의 죽으심과 같은 모양으로 연합한 자가 되었으면 또한 그의 부활과 같은 모양으로 연합한 자도 되리라 우리가 알거니와 우리의 옛 사람이 예수와 함께 십자가에 못 박힌 것은 죄의 몸이 죽어 다시는 우리가 죄에게 종 노릇 하지 아니하려 함이니 이는 죽은 자가 죄에서 벗어나 의롭다 하심을 얻었음이라 만일 우리가 그리스도와 함께 죽었으면 또한 그와 함께 살 줄을 믿노니 이는 그리스도께서 죽은 자 가운데서 살아나셨으매 다시 죽지 아니하시고 사망이 다시 그를 주장하지 못할 줄을 앎이로라 그가 죽으심은 죄에 대하여 단번에 죽으심이요 그가 살아 계심은 하나님께 대하여 살아 계심이니 이와 같이 너희도 너희 자신을 죄에 대하여는 죽은 자요 그리스도 예수 안에서 하나님께 대하여는 살아 있는 자로 여길지어다"(롬 6:3-11).

요한계시록 3:4

그러나 사데에 그 옷을 더럽히지 아니한 자 몇 명이 네게 있어 흰 옷을 입고 나와 함께 다니리니 그들은 합당한 자인 연고라

사데 교회에는 많은 인원은 아니지만, 성령께서 우리를 예수 그리스도께로 인도하심으로 십자가의 보혈로 죄 사함을 받아 흰 옷(죄 용서함을 받고)을 입고 성령의 인도함을 받는 사람이 더러는 예수 그리스도를 믿음으로 이기는 자가 되어 구원을 받는 자가 있다고 합니다.

요한계시록 3:5

이기는 자는 이와 같이 흰 옷을 입을 것이요 내가 그 이름을 생명책에서 결코 지우지 아니하고 그 이름을 내 아버지 앞과 그의 천사들 앞에서 시인하리라

예수 그리스도를 믿고 십자가의 보혈로 죄 사함을 받아 성령의 인도함을 받는 자들이 이기는 자들입니다. 이기는 자는 흰 옷(속죄함)을 입을 것이며, 흰 옷을 입은 자들은 어린 양의 생명책에 그 이름이 기록된 사람으로 하늘나라에서 하나님 앞에 당당히 설 것입니다. 또한 하나님과 천사들 앞에서 하나님의 아들로 천국 백성이 된 것을 시인할 것입니다.

"그 열두 문은 열두 진주니 각 문마다 한 개의 진주로 되어 있고 성의 길은 맑은 유리 같은 정금이더라 성 안에서 내가 성전을 보지 못하였으니 이는 주 하나

님 곧 전능하신 이와 및 어린 양이 그 성전이심이라 그 성은 해나 달의 비침이 쓸 데 없으니 이는 하나님의 영광이 비치고 어린 양이 그 등불이 되심이라 만국이 그 빛 가운데로 다니고 땅의 왕들이 자기 영광을 가지고 그리로 들어가리라 낮에 성문들을 도무지 닫지 아니하리니 거기에는 밤이 없음이라 사람들이 만국의 영광과 존귀를 가지고 그리로 들어가겠고 무엇이든지 속된 것이나 가증한 일 또는 거짓말하는 자는 결코 그리로 들어가지 못하되 오직 어린 양의 생명책에 기록된 자들만 들어가리라"(계 21:21–27).

요한계시록 3:6
귀 있는 자는 성령이 교회들에게 하시는 말씀을 들을지어다

교회를 통해서 복음을 듣고 그 말씀 안에서 예수 그리스도를 믿음으로 구원을 받고 성령의 인도함을 받는 자가 이기는 자이며, 이기는 자만이 천국에 들어갈 수 있습니다. 그러기 위해서는 교회와의 관계를 잘 가져야 합니다. 교회는 예수 그리스도를 바르게 전해야 하고, 성도들은 복음의 말씀을 듣고 믿음으로 잘 행해야 합니다. 그렇게 할 때 이기는 자가 되는 것입니다. 이기는 자 만이 천국에 들어갈 수가 있습니다.

6. 빌라델비아 교회('빌라델비아' 뜻 = 형제 사랑)

요한계시록 3:7
빌라델비아 교회의 사자에게 편지하라 거룩하고 진실하사 다윗의 열쇠를 가지신 이 곧 열면 닫을 사람이 없고 닫으면 열 사람이 없는 그가 이르시되

성자께서는 구원사역을 이루십니다. 빌라델비아 교회는 성자의 사역입니다. 거룩하시고 진실하시며 천국의 열쇠를 가지신 분, 다윗의 후손인 예수 그리스도께서 천국의 문을 닫으면 열 수가 없고, 열면 닫을 수 없습니다.

천국의 열쇠는 오직 예수 그리스도만 소유하시므로 누구든지 천국에 가기 위해서는 예수님을 통해서만 구원을 이룰 수 있습니다. 이 구원은 예수 그리스도의 십자가의 죽으심으로 속죄함을 받고, 속죄함을 받은 자들이 성령의 인도함으로 하나님의 백 보좌 앞에 당당하게 서며, 예수 그리스도와 함께 영원히 거할 수 있습니다.

"다른 이로써는 구원을 받을 수 없나니 천하 사람 중에 구원을 받을 만한 다른 이름을 우리에게 주신 일이 없음이라 하였더라"(행 4:12).

요한계시록 3:8

볼지어다 내가 네 앞에 열린 문을 두었으되 능히 닫을 사람이 없으리라 내가 네 행위를 아노니 네가 작은 능력을 가지고서도 내 말을 지키며 내 이름을 배반하지 아니하였도다

예수 그리스도는 우리의 믿음과 행위를 알고 계십니다. 정말 보잘 것 없는 작은 믿음을 가지고 있다 할지라도 예수 그리스도를 배반하지 않고 믿기만 하면 우리의 구원의 열쇠를 가지고 계시는 예수 그리스도로 말미암아 구원을 받을 수 있습니다.

요한계시록 3:9

보라 사탄의 회당 곧 자칭 유대인이라 하나 그렇지 아니하고 거짓말 하는 자

들 중에서 몇을 네게 주어 그들로 와서 네 발 앞에 절하게 하고 내가 너를 사랑하는 줄을 알게 하리라

유대인들은 이방인이 예수 그리스도를 믿어도 구원 받을 수 없으며, 그들은 사탄 노릇을 하는 자들입니다. 오직 구원은 유대인, 즉 아브라함의 언약을 통해서 이루어지는 것으로 유대인에게만 구원이 있고 유대인은 할례 받은 사람이며 유대인을 통해서 예수 그리스도가 탄생했으므로 오직 구원은 유대인에게만 있다고 하는 사탄과 같은 자들입니다.

구원은 예수 그리스도를 믿는 자에게 있는 것입니다. 예수 그리스도를 믿는 사람만이 아브라함의 믿음의 후손입니다. 결국 이스라엘(하나님이 통치하심)의 백성이 되는 것입니다. 주님을 믿는 사람들이 구원을 받기 때문에 유대인들, 즉 예수 그리스도를 받아들이지 않고 믿지 않는 유대인들은 결국 구원이 없음을 깨닫고 후회하는 것입니다. 그래서 예수 그리스도를 믿는 자들 발 앞에 절하는 것(굴복)이며, 믿는 자들은 주님의 사랑을 받고 다윗의 열쇠(천국의 열쇠)를 가지신 주님을 믿으므로 구원의 확실한 보장을 받는 것입니다.

"이 후에 여호와의 말씀이 환상 중에 아브람에게 임하여 이르시되 아브람아 두려워하지 말라 나는 네 방패요 너의 지극히 큰 상급이니라 아브람이 이르되 주 여호와여 무엇을 내게 주시려 하나이까 나는 자식이 없사오니 나의 상속자는 이 다메섹 사람 엘리에셀이니이다 아브람이 또 이르되 주께서 내게 씨를 주지 아니하셨으니 내 집에서 길린 자가 내 상속자가 될 것이니이다 여호와의 말씀이 그에게 임하여 이르시되 그 사람이 네 상속자가 아니라 네 몸에서 날 자가 네 상속자가 되리라 하시고 그를 이끌고 밖으로 나가 이르시되 하늘을 우러러 뭇별을 셀 수 있나 보라 또 그에게 이르시되 네 자손이 이와 같으리라 아브람이

여호와를 믿으니 여호와께서 이를 그의 의로 여기시고 또 그에게 이르시되 나는 이 땅을 네게 주어 소유를 삼게 하려고 너를 갈대아인의 우르에서 이끌어 낸 여호와니라"(창 15:1-7).

"예수께서 이르시되 오늘 구원이 이 집에 이르렀으니 이 사람도 아브라함의 자손임이로다"(눅 19:9).

"사도와 장로들이 이 일을 의논하러 모여 많은 변론이 있은 후에 베드로가 일어나 말하되 형제들아 너희도 알거니와 하나님이 이방인들로 내 입에서 복음의 말씀을 들어 믿게 하시려고 오래 전부터 너희 가운데서 나를 택하시고 또 마음을 아시는 하나님이 우리에게와 같이 그들에게도 성령을 주어 증언하시고 믿음으로 그들의 마음을 깨끗이 하사 그들이나 우리나 차별하지 아니하셨느니라 그런데 지금 너희가 어찌하여 하나님을 시험하여 우리 조상과 우리도 능히 메지 못하던 멍에를 제자들의 목에 두려느냐 그러나 우리는 그들이 우리와 동일하게 주 예수의 은혜로 구원 받는 줄을 믿노라 하니라"(행 15:6-11).

요한계시록 3:10

네가 나의 인내의 말씀을 지켰은즉 내가 또한 너를 지켜 시험의 때를 면하게 하리니 이는 장차 온 세상에 임하여 땅에 거하는 자들을 시험할 때라

복음의 실체는 예수 그리스도이십니다. 이 말씀만 믿고 좌로나 우로나 흔들이지 아니하면 온 세상에 심판이 이루어질 때에 구원을 받는 것입니다. 그러나 믿지 아니하는 자들은 시험을 받습니다.

"모세가 광야에서 뱀을 든 것 같이 인자도 들려야 하리니 이는 그를 믿는 자

마다 영생을 얻게 하려 하심이니라 하나님이 세상을 이처럼 사랑하사 독생자를 주셨으니 이는 그를 믿는 자마다 멸망하지 않고 영생을 얻게 하려 하심이라 하나님이 그 아들을 세상에 보내신 것은 세상을 심판하려 하심이 아니요 그로 말미암아 세상이 구원을 받게 하려 하심이라 그를 믿는 자는 심판을 받지 아니하는 것이요 믿지 아니하는 자는 하나님의 독생자의 이름을 믿지 아니하므로 벌써 심판을 받은 것이니라 그 정죄는 이것이니 곧 빛이 세상에 왔으되 사람들이 자기 행위가 악하므로 빛보다 어둠을 더 사랑한 것이니라"(요 3:14-19).

요한계시록 3:11
내가 속히 오리니 네가 가진 것을 굳게 잡아 아무도 네 면류관을 빼앗지 못하게 하라

주님이 속히 오신다고 약속합니다. 너희는 예수 그리스도를 믿는 복음을 굳게 잡고 사탄의 어떠한 유혹에도 흔들리지 말고 이기는 자가 되라고 합니다. 그래야 구원을 받을 수 있고, 그 증표로써 예수님이 주신 면류관을 빼앗기지 않고 이긴다고 합니다.

"너희가 갇힌 자를 동정하고 너희 소유를 빼앗기는 것도 기쁘게 당한 것은 더 낫고 영구한 소유가 있는 줄 앎이라 그러므로 너희 담대함을 버리지 말라 이것이 큰 상을 얻게 하느니라 너희에게 인내가 필요함은 너희가 하나님의 뜻을 행한 후에 약속하신 것을 받기 위함이라 잠시 잠깐 후면 오실 이가 오시리니 지체하지 아니하시리라 나의 의인은 믿음으로 말미암아 살리라 또한 뒤로 물러가면 내 마음이 그를 기뻐하지 아니하리라 하셨느니라 우리는 뒤로 물러가 멸망할 자가 아니요 오직 영혼을 구원함에 이르는 믿음을 가진 자니라"(히 10:34-39).

요한계시록 3:12

이기는 자는 내 하나님 성전에 기둥이 되게 하리니 그가 결코 다시 나가지 아니하리라 내가 하나님의 이름과 하나님의 성 곧 하늘에서 내 하나님께로부터 내려오는 새 예루살렘의 이름과 나의 새 이름을 그이 위에 기록하리라

예수 그리스도의 복음을 믿는 자가 성전의 기둥이 된다고 하신 말씀은 구원의 확실한 보증입니다. 이보다 더 구원을 확실하게 보증 받는 말씀이 있겠습니까? 정말 놀라운 구원의 말씀입니다.

"그가 결코 다시 나가지 아니하리라"고 하신 말씀은 아담과 하와는 에덴동산에 들어갔다가도 사탄인 뱀의 유혹으로 범죄하여 마귀 사탄을 이기지 못하고 쫓겨났습니다.

사울 왕은 여호와의 영을 받고도 사탄의 상징인 아말렉을 이기지 못함으로 하나님의 구원을 받지 못했지만, 다윗은 여호와의 영을 받고 악한 마귀 사탄의 상징인 아말렉을 이김으로써 살인죄를 짓고 간음죄를 지어도 다 용서함을 받으셨습니다. "내가 네 앞에서 물러나게 한 사울에게서 내 은총을 빼앗은 것처럼 그에게서 빼앗지는 아니하리라 네 집과 네 나라가 내 앞에서 영원히 보전되고 네 왕위가 영원히 견고하리라 하셨다 하라"(삼하 7:15-16). 이것도 부족하여 하나님의 이름과 하나님의 성, 곧 내 하나님께로부터 내려오는 새 예루살렘의 이름과 나의 새 이름으로 구원을 확증해 주셨습니다.

사중적으로 확증하는 것은 주님께서 한 번 말씀하신 것은 결코 변치 않으시기 때문에 사중적인 약속은 정말 확실한 것입니다.

"또 내게 말씀하시되 이루었도다 나는 알파와 오메가요 처음과 마지막이라 내가 생명수 샘물을 목마른 자에게 값없이 주리니 이기는 자는 이것들을 상속으로 받으리라 나는 그의 하나님이 되고 그는 내 아들이 되리라"(계 21:6-7).

요한계시록 3:13

귀 있는 자는 성령이 교회들에게 하시는 말씀을 들을지어다

성도들은 교회에서 선포하는 하나님의 말씀을 잘 듣고 그 말씀에 순종하고, 교회에 역사하시는 보혜사 성령을 받고 하나님의 나라로 인도하심을 받는 성도들이 다 되어야 합니다.

마귀 사탄이 우리를 유혹하여 예수 그리스도를 믿는 믿음에서 타락시키고자 할지라도 예수 그리스도의 이 복음을 붙잡고 나아가며 자신의 면류관을 빼앗기지 아니하는 것이 이기는 것입니다.

하나님의 성전에 기둥이 되는 것이 이기는 것입니다. 이기는 자만이 천국에 갈 수 있습니다. 우리는 예수 그리스도의 몸된 교회를 통해서 복음이 전해지므로 교회를 떠나서는 믿음을 갖지 못하며, 교회를 떠나서는 구원이 없으며, 교회를 통해서 복음을 듣는 모두에게 이 복음 안에서 이기는 자가 되어 하나님의 백성이 다 되어야 합니다.

"또 약속하신 이는 미쁘시니 우리가 믿는 도리의 소망을 움직이지 말며 굳게 잡고 서로 돌아보아 사랑과 선행을 격려하며 모이기를 폐하는 어떤 사람들의 습관과 같이 하지 말고 오직 권하여 그 날이 가까움을 볼수록 더욱 그리하자"(히 10:23-25).

7. 라오디게아 교회('라오디게아' 뜻 = 백성의 정의)

요한계시록 3:14

라오디게아 교회의 사자에게 편지하라 아멘이시요 충성되고 참된 증인이시요

하나님의 창조의 근본이신 이가 이르시되

삼위 하나님의 사역입니다. 성부께서는 구원을 계획하십니다. 모든 것에 아멘이며, 하나님의 모든 일에 충성되시며, 모든 일에 참 증인이신 창조사역에 근본이신 여호와 하나님이 말씀하십니다. 구원은 성부 하나님이 계획했지만 내가 하는 것이며, 성부 하나님을 아무리 잘 믿는다 할지라도 구원만은 예수 그리스도를 통해서 속죄함 받는 것입니다.

그러므로 구원은 죽음에서 사망 권세를 이기시고 다시 사신 예수 그리스도께서 이루시는 사역입니다.

"그 어린 양이 나아와서 보좌에 앉으신 이의 오른손에서 두루마리를 취하시니라 그 두루마리를 취하시매 네 생물과 이십사 장로들이 그 어린 양 앞에 엎드려 각각 거문고와 향이 가득한 금 대접을 가졌으니 이 향은 성도의 기도들이라 그들이 새 노래를 불러 이르되 두루마리를 가지시고 그 인봉을 떼기에 합당하시도다 일찍이 죽임을 당하사 각 족속과 방언과 백성과 나라 가운데에서 사람들을 피로 사서 하나님께 드리시고 그들로 우리 하나님 앞에서 나라와 제사장들을 삼으셨으니 그들이 땅에서 왕 노릇 하리로다 하더라"(계 5:7-10).

요한계시록 3:15

내가 네 행위를 아노니 네가 차지도 아니하고 뜨겁지도 아니하도다 네가 차든지 뜨겁든지 하기를 원하노라

요한계시록 3:16

네가 이같이 미지근하여 뜨겁지도 아니하고 차지도 아니하니 내 입에서 너를 토하여 버리리라

예수님이 우리의 행위를 다 알고 계십니다. 그래서 우리에게 너희의 믿음이 뜨겁지도 아니하고 차지도 아니하니 그것을 가지고는 이기지도 못하고 구원을 받지도 못하니 차든지 뜨겁든지 확실하게 믿음생활을 해야만 구원을 받는다고 말씀하십니다. 즉, 나는 성부 하나님을 믿음으로 구원을 받았는데 너희는 성자 하나님을 믿으니 구원을 받을 수 없다면서 자신만이 구원을 받은 것처럼 말하지만, 성부 하나님을 통해서는 구원을 받을 수 없으므로 구원도 받지 못했으면서 구원을 받은 것처럼 말하는 사람을 가리키는 것입니다.

우리는 성부 하나님을 믿는데도 구원을 받지 못하는데 구원을 너희가 어떻게 받을 수 있느냐면서 구원의 길을 잘못 알고 있는 사람을 지칭하며 이것도 저것도 아니면서 받은 것처럼 행하는 사람을 말합니다. 차지도 아니하고 뜨겁지도 아니하다는 것입니다. 차라리 차든지 뜨겁든지, 구원을 받았는지 못 받았는지 분명한 입장을 표하고 구원의 길을 바로 알아 예수 그리스도를 믿음으로 구원을 받으라는 것입니다.

예수를 믿음으로 구원 받는 것인데 예수를 믿지 않으면서도 믿는 척하고, 구원을 받지 못하고서도 구원 받은 척하는 사람은 예수님이 토해내버리십니다. 주님이 토하신다는 것은 전혀 구원 받지 못하고 멸망의 길로 가는 것을 말합니다.

그러므로 교회에 다니면서 미지근하여 믿음이 있는지 없는지 구원을 받은 사람인지 자신도 아리송한 사람은 확실한 구원의 복음 예수 그리스도를 믿음으로써 이기는 자가 되어 구원의 담대함을 갖고 살아가는 신앙생활을 해야 할 것입니다.

"그 안에서 발견되려 함이니 내가 가진 의는 율법에서 난 것이 아니요 오직 그리스도를 믿음으로 말미암은 것이니 곧 믿음으로 하나님께로부터 난 의라"(빌 3:9).

요한계시록 3:17

네가 말하기를 나는 부자라 부요하여 부족한 것이 없다 하나 네 곤고한 것과 가련한 것과 가난한 것과 눈 먼 것과 벌거벗은 것을 알지 못하는도다

그러나 그들은 너희는 예수를 믿는다고 하지만 나는 성부 하나님을 믿기 때문에 나만은 틀림없이 구원을 받았고 나에게는 부족함이 없다고 합니다. 너희는 구원을 못 받아도 나는 구원을 받는다고 하지만, 네 마음에 곤고한 것과 가련한 것과 가난한 것과 눈 먼 것과 벌거벗은 것을 알지 못한다고 합니다. 즉, 네가 믿는 것은 잘못 믿고 있는 것이며, 구원이 없다는 것입니다. 더욱 마음에 답답함과 갈증만 나며, 아무리 신앙생활을 해도 구원의 확신과 기쁨을 느끼지 못합니다. 영의 눈을 뜨지 못해서 영적인 소망이 없는 것입니다. 죄의 몸을 가지고 벌거벗고 항상 죄로 말미암아 고통 중에 있음을 깨닫게 됩니다.

“대제사장들이 여러 가지로 고발하는지라 빌라도가 또 물어 이르되 아무 대답도 없느냐 그들이 얼마나 많은 것으로 너를 고발하는가 보라 하되 예수께서 다시 아무 말씀으로도 대답하지 아니하시니 빌라도가 놀랍게 여기더라”(막 15:3-5).

“이튿날 요한이 예수께서 자기에게 나아오심을 보고 이르되 보라 세상 죄를 지고 가는 하나님의 어린 양이로다 내가 전에 말하기를 내 뒤에 오는 사람이 있는데 나보다 앞선 것은 그가 나보다 먼저 계심이라 한 것이 이 사람을 가리킴이라 나도 그를 알지 못하였으나 내가 와서 물로 세례를 베푸는 것은 그를 이스라엘에 나타내려 함이라 하니라”(요 1:29-31).

요한계시록 3:18

내가 너를 권하노니 내게서 불로 연단한 금을 사서 부요하게 하고 흰 옷을 사서 입어 벌거벗은 수치를 보이지 않게 하고 안약을 사서 눈에 발라 보게 하라

"불로 연단한 금을 사서 부요하게 하고"

1. 믿음의 문제(연단한 금 같은 믿음)

예수님께서는 우리에게 권하십니다. 예수님을 믿는 확실한 믿음은 불로 연단해도 불타지 않고, 어떠한 환난에도 흔들리지 않고 변하지 않는 믿음 말입니다. 구원의 확신을 가지며, 구원의 기쁨과 즐거움과 감사와 찬송이 넘치는 삶을 갖게 하십니다.

"하나님이 그들로 하여금 이 비밀의 영광이 이방인 가운데 얼마나 풍성한지를 알게 하려 하심이라 이 비밀은 너희 안에 계신 그리스도시니 곧 영광의 소망이니라"(골 1:27).

"흰 옷을 사서 입어 벌거벗은 수치를 보이지 않게 하고"

2. 죄의 문제(죄를 사함 받아야 함)

우리는 모두가 아담의 죄로 말미암아 더러워진 몸입니다. 그러므로 예수 그리스도의 십자가의 보혈로 속죄함을 받고 죄 사함을 상징하는 흰 옷을 입어서 우리 죄의 수치를 보이지 말아야 합니다.

"곧 예수 그리스도를 믿음으로 말미암아 모든 믿는 자에게 미치는 하나님의 의니 차별이 없느니라 모든 사람이 죄를 범하였으매 하나님의 영광에 이르지 못

하더니 그리스도 예수 안에 있는 속량으로 말미암아 하나님의 은혜로 값없이 의롭다 하심을 얻은 자 되었느니라"(롬 3:22-24).

"그에게 빛나고 깨끗한 세마포 옷을 입도록 허락하셨으니 이 세마포 옷은 성도들의 옳은 행실이로다 하더라"(계 19:8).

"안약을 사서 눈에 발라 보게 하라"

3. 영적인 눈을 떠야 합니다(성령을 받아야 함)

우리가 믿음 안에서 하나님의 나라를 보기 위해서는 영적인 눈(성령)을 떠야만 합니다. 그래야 참 소망을 가질 수 있고, 참 믿음을 가질 수 있습니다. 어떠한 환난이나 시험이 온다 할지라도 능히 이기며 승리하는 신앙을 갖게 합니다.

"염소와 황소의 피와 및 암송아지의 재를 부정한 자에게 뿌려 그 육체를 정결하게 하여 거룩하게 하거든 하물며 영원하신 성령으로 말미암아 흠 없는 자기를 하나님께 드린 그리스도의 피가 어찌 너희 양심을 죽은 행실에서 깨끗하게 하고 살아 계신 하나님을 섬기게 하지 못하겠느냐 이로 말미암아 그는 새 언약의 중보자시니 이는 첫 언약 때에 범한 죄에서 속량하려고 죽으사 부르심을 입은 자로 하여금 영원한 기업의 약속을 얻게 하려 하심이라"(히 9:13-15).

요한계시록 3:19

무릇 내가 사랑하는 자를 책망하여 징계하노니 그러므로 네가 열심을 내라 회개하라

요한계시록 3:20

볼지어다 내가 문 밖에 서서 두드리노니 누구든지 내 음성을 듣고 문을 열면 내가 그에게로 들어가 그와 더불어 먹고 그는 나와 더불어 먹으리라

예수님은 사랑하는 자들을 책망하시면서 하루 빨리 탕자처럼 회개하고 돌아와서 예수 그리스도를 믿어야 구원을 받는다고 하십니다. 예수 그리스도 외에는 구원이 없기 때문에 회개하고 열심을 내어서 신앙생활을 하라고 부탁하십니다.

"내가 너희들(성부 하나님을 믿는다고 하는 사람들)의 마음의 문을 두드리노니 빨리 내 음성을 듣고 너희의 마음의 문을 열고 너희 마음속에 나(예수 그리스도)를 영접하고 구원을 받아 하늘나라에서 같이 먹고 마시며 영원토록 함께 하자."

그래서 우리는 천국 문의 열쇠를 갖고 계신 예수 그리스도를 믿고, 십자가의 보혈로 죄 사함 받고, 예수 그리스도와 함께 하나님의 보좌 앞에 담대히 나아가는 것입니다.

"내가 진실로 진실로 너희에게 이르노니 내가 보낸 자를 영접하는 자는 나를 영접하는 것이요 나를 영접하는 자는 나를 보내신 이를 영접하는 것이니라"(요 13:20).

요한계시록 3:21

이기는 그에게는 내가 내 보좌에 함께 앉게 하여 주기를 내가 이기고 아버지 보좌에 함께 앉은 것과 같이 하리라

예수님이 사망 권세를 이기고 천국에 들어가서 하나님의 보좌에 앉은 것과 같이 너희도 나를 믿고 영접하기만 하면 나와 함께 하늘 보좌에 함께

앉는다고 합니다.

“그러므로 내가 편지로 너희를 근심하게 한 것을 후회하였으나 지금은 후회하지 아니함은 그 편지가 너희로 잠시만 근심하게 한 줄을 앎이라 내가 지금 기뻐함은 너희로 근심하게 한 까닭이 아니요 도리어 너희가 근심함으로 회개함에 이른 까닭이라 너희가 하나님의 뜻대로 근심하게 된 것은 우리에게서 아무 해도 받지 않게 하려 함이라 하나님의 뜻대로 하는 근심은 후회할 것이 없는 구원에 이르게 하는 회개를 이루는 것이요 세상 근심은 사망을 이루는 것이니라 보라 하나님의 뜻대로 하게 된 이 근심이 너희로 얼마나 간절하게 하며 얼마나 변증하게 하며 얼마나 분하게 하며 얼마나 두렵게 하며 얼마나 사모하게 하며 얼마나 열심 있게 하며 얼마나 벌하게 하였는가 너희가 그 일에 대하여 일체 너희 자신의 깨끗함을 나타내었느니라”(고후 7:8-11).

요한계시록 3:22

귀 있는 자는 성령이 교회들에게 하시는 말씀을 들을지어다

교회와의 관계를 잘 가져야 한다고 말씀합니다. 교회는 바른 구원의 복음이 선포되어야 하고, 성도들은 바로 전해지는 성령의 말씀을 들으며 나아갈 때 마귀 사탄을 이기는 자가 되는 것입니다. 이기는 자 만이 사망 권세를 이기고 예수님이 하나님의 보좌 앞에 앉으신 것처럼 우리도 하늘나라에 올라가 예수 그리스도의 보좌 앞에 앉을 수 있습니다.

우리는 제3장의 세 교회를 통해서 우리가 믿는 것은 성령도 성부 하나님도 아닌, 예수 그리스도를 믿는 믿음이며, 이 믿음을 통해서만이 거듭날 수 있고 구원을 받습니다. 이렇게 구원 받은 자가 성령님의 인도를 통해서 성부 하나님의 보좌로 나아갈 수 있습니다. 이기는 이김은 이것이니 오직

예수 그리스도를 믿는 믿음입니다.

우리는 요한계시록의 일곱 교회를 통해서 "귀 있는 자는 성령이 교회들에게 하시는 말씀을 들을지어다"라고 하시면서 이기는 자에 대하여 듣게 됩니다. 즉, 이기는 것은 예수님이 일곱 교회를 점검하시고 복음과 이기는 방법을 각 교회를 통해서 바로 증거하십니다. 이 증거된 복음을 통해서 악한 마귀 사탄의 유혹을 물리치고 이기는 자가 되라고 말씀하시는 것입니다.

이기기 위해서는 요한계시록에서 첫 번째 편지를 통해서 일곱 교회에 전달된 복음을 잘 알아야 합니다. 특히 교회에서 복음을 증거하는 목회자들은 복음을 바로 증거해야 합니다. 만약 이 복음을 잘못 전하는 자는 마귀 사탄과 같다는 것입니다. 목회자들은 마귀 사탄을 이길 수 있는 복음을 전해야 합니다.

두 번째 편지를 통해서 일곱 교회를 한 교회 한 교회씩 확인하시고 점검하십니다. 이 마귀 사탄을 이기는 믿음의 생활을 어떻게 해야 하는지를 확인하시고 일곱 교회에 전하셨습니다.

또 세 번째 편지의 기록을 통해서 일곱 교회 하나 하나 점검하신 내용을 전달함으로써 교회가 무엇을 전해야 하며, 무엇을 전하는 것이 복음인지를 알 수 있습니다. 또 악한 마귀 사탄을 이기는 교회나 성도가 마귀 사탄으로부터 이길 수 있는 복음이 전달되어야 만이 성도들이 바로 믿고 천국에 갈 수가 있습니다. 그러면 마귀 사탄을 이기는 것이 무엇이며, 어떤 성도가 이기는 자인지를 우리는 일곱 교회들을 알 수 있습니다.

◈ 이기는 자

에베소 교회는 좋은 신앙을 갖고 있는 교회입니다. 하지만 그 처음 사랑을 빼앗기지 아니하는 것이 마귀 사탄을 이기는 것입니다.

서머나 교회는 신앙생활을 잘하고 있는데 사탄의 회당인 유대인의 회당에서 복음을 핍박하고 시험하고 옥에 가두는 고통을 가하며 여호와 하나님을 믿어야 구원을 받는다고 합니다. 하지만 마귀 사탄의 핍박을 깨닫고 신앙으로 이기는 자가 되는 것이 이기는 것입니다.

버가모 교회는 사탄의 권좌가 있는 곳에서도 죽음을 두려워하지 아니하고 주님을 위해서 순교의 신앙을 가졌다고 해도 발람이나 니골라 당 같은 거짓 선지자들의 유혹을 이기는 것이 진정으로 마귀 사탄을 이기는 것입니다.

두아디라 교회도 신앙생활을 잘하고 믿음이 좋았습니다. 하지만 이세벨과 같은 거짓 선지자들이 우상 제물과 음행으로 유혹하고 세상의 권세를 가지고 협박하는 마귀 사탄의 유혹과 권세를 이기는 신앙을 가질 때 비로소 이기는 것입니다.

사데 교회는 성령을 믿음으로 구원 받았다고 합니다. 하지만 "네 행위를 아노니 네가 살았다 하는 이름은 가졌으나 죽은 자요 내 하나님 앞에 네 행위의 온전한 것을 찾지 못하는 것"이라면서 이것은 사탄에게 패하는 것이므로 이것을 회개하는 것이 마귀 사탄을 이기는 것입니다.

빌라델비아 교회는 모든 신앙이 바로 서 있고 예수 그리스도를 잘 믿고 신앙생활을 잘하고 있으니 구원을 받은 거라고 합니다. 하지만 받은 면류관을 빼앗기지 아니하는 것과 하나님의 성전의 기둥이 되어 굳건히 서 있는 것이 마귀 사탄을 이기는 것입니다.

라오디게아 교회는 나는 여호와 하나님을 믿는다고 하면서 나는 당연히 성부 하나님을 믿기 때문에 구원 받았다고 말합니다. 하지만 예수 그리스도를 믿지 아니한 믿음으로는 마귀 사탄을 이기지 못합니다. 오직 예수님이 문밖에 서서 두드리노니 예수님의 음성을 듣고 문을 열어 예수 그리스도를 마음에 영접하고 믿을 때 마귀 사탄을 이기는 길입니다.

◈ 이기는 자가 받는 기업

요한계시록을 통해서 일곱 교회의 한 교회 한 교회에 각각 이기는 자들이 받을 것을 말씀하셨는데 이는 천국을 주신다는 것입니다.

에베소 교회에 "귀 있는 자는 성령이 교회들에게 하시는 말씀을 들을지어다 이기는 그에게는 내가 하나님의 낙원에 있는 생명나무의 열매를 주어 먹게 하리라"라고 말씀하십니다.

서머나 교회에 "귀 있는 자는 성령이 교회들에게 하시는 말씀을 들을지어다 이기는 자는 둘째 사망의 해를 받지 아니하리라"라고 말씀하십니다.

버가모 교회에 "귀 있는 자는 성령이 교회들에게 하시는 말씀을 들을지어다 이기는 그에게는 내가 감추었던 만나를 주고 또 흰 돌을 줄 터인데 그 돌 위에 새 이름을 기록한 것이 있나니 받는 자 밖에는 그 이름을 알 사람이 없느니라"라고 말씀하십니다.

두아디라 교회에 "귀 있는 자는 성령이 교회들에게 하시는 말씀을 들을지어다 이기는 자와 끝까지 내 일을 지키는 그에게 만국을 다스리는 권세를 주리라"라고 말씀하십니다.

사데 교회에 "귀 있는 자는 성령이 교회들에게 하시는 말씀을 들을지어다 이기는 자는 이와 같이 흰 옷을 입을 것이요 내가 그 이름을 생명책에서 결코 지우지 아니하고 그 이름을 내 아버지 앞과 그의 천사들 앞에서 시인하리라."

빌라델비아 교회에 "귀 있는 자는 성령이 교회들에게 하시는 말씀을 들을지어다 이기는 자는 내 하나님 성전에 기둥이 되게 하리니 그가 결코 다시 나가지 아니하리라 내가 하나님의 이름과 하나님의 성 곧 하늘에서 내 하나님께로부터 내려오는 새 예루살렘의 이름과 나의 새 이름을 그이 위에 기록하리라"라고 말씀하십니다.

라오디게아 교회에 "귀 있는 자는 성령이 교회들에게 하시는 말씀을 들을지어다 이기는 그에게는 내가 내 보좌에 함께 앉게 하여 주기를 내가 이기고 아버지 보좌에 함께 앉은 것과 같이 하리라"라고 말씀하십니다.

하나님의 영을 받고 성령으로 거듭나 마귀 사탄을 이긴 다윗과 그의 가정과 그의 나라와 그의 왕의 자리는 영원히 견고하게 보존할 것이라고 하십니다.

"네가 만일 죄를 범하면 사람의 매와 인생의 채찍으로 징계는 하겠지만 너와 네 집과 네 나라는 내 앞에서 영원히 보전되고 네 왕위도 네 자손을 통해서 영원히 견고하게 유지될 것"(삼하 7:14-16)을 나단 선지자를 통해서 말씀하십니다.

우리도 성령을 받고 악한 마귀 사탄을 이기는 자들에게는 확실한 구원이 이루어진다는 것을 "성령이 교회들에게 하시는 말씀을 들을지어다"라고 하시면서 성령을 받고 성령 안에서 믿음으로 악한 마귀 사탄을 이기는 자는 어떤 상황에서도 구원이 확실함을 말씀하십니다.

결론적으로, 이기는 자들에게는 확실한 구원과 하늘나라에서의 자신의 지위를 확실하게 보장받습니다. 그렇다면 이렇게 신앙생활을 잘하면서 성령을 받고 마귀 사탄을 이긴 성도들이 하나님 앞에 죄를 범하여도 회개하면 지옥에 가는 것이 아닙니다.

다윗이 이렇게 성령을 받고 마귀 사탄을 이기고도, 한편으로는 밧세바를 간음하고 고의로 우리아를 죽이는 죄를 지었습니다. 당연히 간음죄도 즉시 돌에 맞아 죽을 죄요(레 20:10), 우리아를 죽인 것도 즉시 돌에 맞아 죽을 죄(민 35:31)입니다. 그러나 다윗이 회개하자 선지자 나단을 통해서 전해진 말씀은 "여호와께서도 당신의 죄를 사하셨나니 당신이 죽지 아니하려니와"(삼하 12:13)라고 하셨습니다.

그럼에도 우리는 다윗이 이 죄에 대하여 받은 사람의 매와 인생의 채찍이 어떠한가를 꼭 알아야 합니다. 그래야 만이 다시는 사람의 매와 인생의 채찍을 두려워하며, 또 이렇게 채찍을 당하는 것이 지옥에 가는 것보다 얼마나 좋으면 하나님은 이렇게 해서라도 천국에 가야 한다는 것을 가르쳐 주시는 것입니다.

다윗이 밧세바를 통해서 낳은 아들이 죽고, 암논이 다말을 강간하고, 압살롬이 암논을 죽이고, 압살롬이 아버지를 반역하고, 압살롬이 아버지의 후궁들을 모든 백성들이 보는 데서 강간하고, 압살롬이 반역을 도모하다 죽음을 당하고, 이런 험한 일을 여러 차례 당해도 다윗은 이 모든 것이 자신의 죄악 때문에 일어나는 것으로 생각했습니다. 암논이 강간한 일도 자신의 죄 때문이라고 생각하며 아무 말도 하지 못했습니다.

압살롬은 아버지 다윗이 심판할 것으로 생각하고 2년이나 기다렸으나 심판하지 아니했고, 자신이 암논을 죽이고 도망갔다가 돌아왔는데도 아버지 다윗이 심판하지 못하고, 압살롬이 반역을 도모해도 자신이 죄를 범해서 이런 일이 일어나는 것으로 생각했습니다.

그래서 그를 죽이지는 말라고 했고, 요압이 자신이 우리아를 죽인 죄를 잘 알고 있기에 요압이 잘못해도 말 한 마디 하지 않았고, 바후림 사람 시므이가 다윗을 향하여 욕하며 저주해도 이것 역시 자신이 죄를 범했기에 당하는 매와 채찍과 징계로 생각하고 그들을 죽이지 않았습니다.

결국 다윗은 죽으면서 자신의 죄 때문에 그들의 죄를 알고도 심판하지 않았지만, 솔로몬에게 요압과 시므이의 죄를 언급하면서 심판하라고 하였습니다. 이는 그들의 죄를 알면서도 심판하지 않은 다윗의 마음을 생각할 수 있습니다. 또 우리는 다윗이 당한 고통 가운데 하나만 당한다 해도 차라리 죽는 것이 낫다고 할 것입니다. 그러면서 죽기를 원하며 한숨을 쉴 것입니다. 아니, 이 정도의 매와 채찍과 징계라면 차라리 지옥에 가는 것이 나을 것이라고 할 것입니다. 하지만 하나님은 이런 것을 당하더라도 지옥에는 가지 않는 것이 더 좋은 것이라고 말씀하고 있습니다.

이 일을 허락하시고 또 다윗의 왕위의 계보가 유다가 바벨론에게 멸망당하고 나서 다윗 왕조가 끊어진 것 같았지만 하나님이 보존하여 주시고 영원히 견고하다는 것을 신약성경 마태복음 1:1 "아브라함과 다윗의 자손 예수 그리스도의 계보라" 말씀을 통해서 정확하고 견고하게 이루어진다는 것을 말씀하십니다.

"하나님의 선한 말씀과 내세의 능력을 맛보고도 타락한 자들은 다시 새롭게 하여 회개하게 할 수 없나니 이는 그들이 하나님의 아들을 다시 십자가에 못 박아 드러내 놓고 욕되게 함이라"(히 6:5-6).

제 4 장 하늘의 보좌를 보이심(총지휘 통제소)

요한계시록 4:1

이 일 후에 내가 보니 하늘에 열린 문이 있는데 내가 들은 바 처음에 내게 말하던 나팔 소리 같은 그 음성이 이르되 이리로 올라오라 이 후에 마땅히 일어날 일들을 내가 네게 보이리라 하시더라

이스라엘 자손들이 민수기에서 믿음에 합격해 시내 산에서 율법과 성막(여호와의 임재)과 모세의 인도로 젖과 꿀이 흐르는 가나안 땅으로 이동합니다. 그 행진 중에 성막(총지휘 통제소)에 임재하신 여호와께서 모든 사항을 통제하시고 가나안 땅(젖과 꿀이 흐르는 땅)을 향해 진행하는 것처럼, 요한계시록에서는 복음을 믿는 성도들과 또 복음을 전하는 일곱 교회와 함께 이 세상에서 저 세상(새 하늘과 새 땅)을 향하여 하늘의 보좌에 앉으신 여호와 하나님께서 인도하십니다.

요한계시록에서는 하늘 보좌에 계신 여호와께서 천사들과 네 생물과 이십사 장로들이 지상에 있는 성도들을 이 세상에서 저 세상으로 하늘의 총지휘 통제소에서 인도하심을 보여주기 위해서 하늘의 문을 여시고 하늘 지휘 통제소를 사도 요한에게 보이십니다. 이제는 모든 것을 여기서 하나님이 지휘 통제하신다는 것을 보여주시기 위해 올라오라 하신 것입니다. 이

것은 휴거도 아닙니다. 본문에서 올라오라고 하신 것은 꿈이나 환상이나 또는 비몽사몽간에 또는 영을 잠시 여호와 하나님이 올라오라는 것입니다.

나팔소리와 같은 큰 음성은 전쟁이나 절기나 모임을 알리기 위해서 나팔을 부는 것이므로 모든 백성이 다 듣고 분별할 수 있도록 정확하고 확실해야 합니다.

그러므로 나팔소리 같은 큰 음성이란 매우 크고 정확한 것을 말합니다. 그에게 음성을 통해 이리로 올라오라고 하십니다. 하늘 보좌와 모든 대열과 진행이 이스라엘 자손(믿음의 자손)들과 함께 하시면서 많은 적들과 싸우며 환난과 고난을 이기면서 가나안 땅을 향해 출발했던 것처럼 하늘의 총지휘 통제소를 보여주시면서 이후에 사탄들과의 싸움을 여호와 하나님이 하늘 총지휘 통제소에서 일곱 교회를 직접 통제하심을 보이시고 이기는 방법을 제시하시는 것입니다. 하늘 총지휘 통제소에서 하시는 말씀에 순종하면 반드시 이기는 자들이 되는 것입니다.

그들도 출애굽기에서 모세가 하나님과 대화한 것을 백성들이 본 것처럼 요한계시록에서도 나팔소리 같은 큰 음성으로 말씀하신 것을 성도들이 다 듣습니다. 사도 요한이 하나님과의 대화를 통해서 하늘에 올라갔다 왔다는 사실을 알게 하십니다. 하나님이 사도 요한을 통해서 인도하시고 보호하시고 함께하시기 때문에 이기는 자들이 되는 것입니다.

여호와 하나님이 구원하실 것을 사도 요한을 통해 보여주시면서 이것을 기록하여 지금의 교회들에게 바로 전하라고 하십니다.

또 사도 요한은 본 것을 기록하여 전하므로 우리는 이 말씀을 통해서 하늘의 보좌에 계신 분과 천사들과 네 생물(복음 전도자들의 대표)과 이십사 장로(복음 전도자)들이 인도하는 대로 하늘나라에 가는 것을 보여주십니다.

이런 일에 관한 복음을 우리에게 전했으니 성경으로 억지로 풀다가 멸망하지 말고 오직 전하여 준 복음을 알기를 원하십니다. 그래서 이 복음을 굳게 잡고 미혹에 끌려다니지 말고, 오직 예수 그리스도의 은혜와 믿음으로 이기는 자가 되어 영원한 하나님의 나라에서 하나님과 함께하는 삶을 살자는 것입니다.

"또 우리 주의 오래 참으심이 구원이 될 줄로 여기라 우리가 사랑하는 형제 바울도 그 받은 지혜대로 너희에게 이같이 썼고 또 그 모든 편지에도 이런 일에 관하여 말하였으되 그 중에 알기 어려운 것이 더러 있으니 무식한 자들과 굳세지 못한 자들이 다른 성경과 같이 그것도 억지로 풀다가 스스로 멸망에 이르느니라 그러므로 사랑하는 자들아 너희가 이것을 미리 알았은즉 무법한 자들의 미혹에 이끌려 너희가 굳센 데서 떨어질까 삼가라 오직 우리 주 곧 구주 예수 그리스도의 은혜와 그를 아는 지식에서 자라 가라 영광이 이제와 영원한 날까지 그에게 있을지어다"(벧후 3:15-18).

요한계시록 4:2

내가 곧 성령에 감동되었더니 보라 하늘에 보좌를 베풀었고 그 보좌 위에 앉으신 이가 있는데

요한계시록 4:3

앉으신 이의 모양이 벽옥과 홍보석 같고 또 무지개가 있어 보좌에 둘렸는데 그 모양이 녹보석 같더라

하늘 보좌(고정식 총지휘 통제소)의 구성원

1. 보좌에 앉으신 분(여호와 하나님)
2. 어린 양(예수 그리스도)
3. 네 생물(복음 전도자의 대표자)
4. 이십사 장로(복음 전도자들)
5. 힘 있는 천사(천국의 모든 일의 진행자)
6. 네 천사(심판을 실행하는 자)
7. 다른 천사(하늘 보좌의 전령)
8. 힘 센 다른 천사(예수님)
9. 나팔 가진 일곱 천사(경고의 나팔을 부는 자들)
10. 별
11. 대접을 가진 일곱 천사(심판을 행하는 자들)
12. 인침을 받은 자(구원 받은 자)

하나님은 하늘 보좌에서 사도 요한에게 영을 통해서 직접 인도하시는 하늘 보좌(고정식 총지휘 통제소)에 계신 여호와 하나님을 보여주십니다. 그 앉으신 모양이 벽옥(공의와 정의)과 홍보석(심판) 같았고, 또 무지개가 보좌를 비추니 그 모양이 녹보석(자비) 같다고 했습니다. 보좌에 앉으신 분은 볼수록 세상의 그 무엇으로도 표현조차 할 수 없습니다. 그래서 세상에서 제일 좋고, 언제나 변함이 없는 보석으로 묘사할 뿐입니다.

하나님은 하늘 보좌에서 우리의 모든 것을 보시고 들으시고 공의와 정의로 잘못된 것은 심판하시고 자비를 베푸십니다. 그러면서 이 세상에서 새 하늘과 새 땅으로 여호와 하나님과 함께 영원히 살 곳으로 인도하시는 것을 보여주고 계십니다.

"여호와는 나의 목자시니 내게 부족함이 없으리로다 그가 나를 푸른 풀밭에 누이시며 쉴 만한 물 가로 인도하시는도다 내 영혼을 소생시키시고 자기 이름을 위하여 의의 길로 인도하시는도다 내가 사망의 음침한 골짜기로 다닐지라도 해를 두려워하지 않을 것은 주께서 나와 함께 하심이라 주의 지팡이와 막대기가 나를 안위하시나이다 주께서 내 원수의 목전에서 내게 상을 차려 주시고 기름을 내 머리에 부으셨으니 내 잔이 넘치나이다 내 평생에 선하심과 인자하심이 반드시 나를 따르리니 내가 여호와의 집에 영원히 살리로다"(시 23:1-6).

요한계시록 4:4

또 보좌에 둘려 이십사 보좌들이 있고 그 보좌들 위에 이십사 장로들이 흰 옷을 입고 머리에 금관을 쓰고 앉았더라

사도 요한은 성령에 감동되어 하늘 보좌의 이십사 보좌에 앉으신 이십사 장로(세상에서 복음을 가르치고 전파한 자들)들이 흰 옷(속죄함을 받은)을 입고 머리에는 금관(금 면류관)을 쓰고 앉아 있는 것을 보게 됩니다. 이는 요한계시록에서는 교회와 복음과 성령의 인도로 이 세상에서 새 하늘과 새 땅으로 가는 것이므로 이십사 보좌에 계신 분들은 당연히 복음을 세상에 전하신 복음 전도자들이며, 하나님의 복음을 위해서 수고하고 많은 핍박과 고난과 순교까지 당하신 복음 전도자들이 흰 옷(속죄)을 입고 머리에는 금관(금 면류관)을 쓰고 앉아 있는 것입니다.

민수기와 요한계시록 비교

	민수기 1~2장	요한계시록 4장
총지휘 본부	지상(성막 이동식 총지휘 본부)	하늘(고정식 총지휘 본부)
통치자	땅의 성막에 임재	하늘 보좌에 계심
출발지	시내 산에서 가나안 땅으로	이 세상에서 새 하늘과 새 땅으로
정예 군사	603,550명(레위인 제외)	144,000명
보좌진과 복음 전도자	유다 지파 = 녹색기에 사자 르우벤 지파 = 홍색기에 사람 에브라임 지파 = 황색기에 송아지 단 지파 = 백색 + 홍색기에 독수리 (참고: 톰슨 3 주석 p. 290)	사자(바울?) 사람(디모데?) (딤전 1:2) 송아지(디도?) (딛 1:4) 독수리(오네시모?) (몬 1:10)
함께하는 것	율법 + 성막 + 모세	복음 + 교회 + 성령
지휘관(지도자)	1. 르우벤 = 엘리술 2. 시므온 = 슬루미엘 3. 유다 = 나손 4. 잇사갈 = 느다넬 5. 스블론 = 엘리갑 6. 에브라임 = 엘리사마 7. 므낫세 = 가말리엘 8. 베냐민 = 아비단 9. 단 = 아히에셀 10. 아셀 = 바가엘 11. 갓 = 엘리아삽 12. 납달리 = 아히라	1. 빌레몬 2. 압비아 3. 아킵보 4. 글레멘드 5. 에바브라 6. 마가 7. 아리스다고 8. 데마 9. 누가 10. 에바브로디도 11. 소바더 12. 드로비모 13. 두기고 14. 바나바 15. 유다 16. 실라 17. 브리스길라 18. 아굴라 19. 아볼로 20. 세군도 21. 야고보 22. 게바 23. 요한 24. 가이오 (이십사 장로)

"그리스도 예수를 위하여 갇힌 자 된 바울과 및 형제 디모데는 우리의 사랑을 받는 자요 동역자인 **빌레몬**과 자매 **압비아**와 우리와 함께 병사 된 **아킵보**와 네 집에 있는 교회에 편지하노니 하나님 우리 아버지와 주 예수 그리스도로부터 은혜와 평강이 너희에게 있을지어다"(몬 1:1-3).

“또 참으로 나와 멍에를 같이한 네게 구하노니 복음에 나와 함께 힘쓰던 저 여인들을 돕고 또한 글레멘드와 그 외에 나의 동역자들을 도우라 그 이름들이 생명책에 있느니라”(빌 4:3).

“그리스도 예수 안에서 나와 함께 갇힌 자 **에바브라**와 또한 나의 동역자 **마가**, **아리스다고**, **데마**, **누가**가 문안하느니라 우리 주 예수 그리스도의 은혜가 너희 심령과 함께 있을지어다”(몬 1:23-25).

“그러나 **에바브로디도**를 너희에게 보내는 것이 필요한 줄로 생각하노니 그는 나의 형제요 함께 수고하고 함께 군사 된 자요 너희 사자로 내가 쓸 것을 돕는 자라”(빌 2:25).

“주를 섬겨 금식할 때에 성령이 이르시되 내가 불러 시키는 일을 위하여 **바나바**와 **사울**을 따로 세우라 하시니”(행 13:2).

“**유다**와 **실라**도 선지자라 여러 말로 형제를 권면하여 굳게 하고”(행 15:32).

“**실라**와 **디모데**가 마게도냐로부터 내려오매 바울이 하나님의 말씀에 붙잡혀 유대인들에게 예수는 그리스도라 밝히 증언하니”(행 18:5).

“바울은 더 여러 날 머물다가 형제들과 작별하고 배 타고 수리아로 떠나갈새 **브리스길라**와 **아굴라**도 함께 하더라 바울이 일찍이 서원이 있었으므로 겐그레아에서 머리를 깎았더라 에베소에 와서 그들을 거기 머물게 하고 자기는 회당에 들어가서 유대인들과 변론하니 여러 사람이 더 오래 있기를 청하되 허락하지 아니하고”(행 18:18-20).

"**아볼로**가 아가야로 건너가고자 함으로 형제들이 그를 격려하며 제자들에게 편지를 써 영접하라 하였더니 그가 가매 은혜로 말미암아 믿은 자들에게 많은 유익을 주니 이는 성경으로써 예수는 그리스도라고 증언하여 공중 앞에서 힘있게 유대인의 말을 이김이러라"(행 18:27-28).

"또 기둥 같이 여기는 **야고보**와 **게바**와 **요한**도 내게 주신 은혜를 알므로 나와 바나바에게 친교의 악수를 하였으니 우리는 이방인에게로, 그들은 할례자에게로 가게 하려 함이라"(갈 2:9).

"아시아까지 함께 가는 자는 베뢰아 사람 부로의 아들 **소바더**와 데살로니가 사람 **아리스다고**와 **세군도**와 더베 사람 **가이오**와 및 디모데와 아시아 사람 **두기고**와 **드로비모**라"(행 20:4).

요한계시록 4:5
보좌로부터 번개와 음성과 우렛소리가 나고 보좌 앞에 켠 등불 일곱이 있으니 이는 하나님의 일곱 영이라

보좌에 앉으신 여호와 하나님으로부터 위엄과 능력과 음성과 우렛소리가 나고 하나님의 일곱 영이 모든 것을 다 보고 계시며 다 알고 계십니다. 그 누구도 그 앞에서 떨지 않을 사람이 없으며 두려워하지 않을 사람이 있겠습니까?

그 여호와 하나님이 일곱 등불을 켜고 다 보고 계시니 우리는 거듭나 성령을 받고 성령이 인도하시는 대로 감사하고 찬양하며 따라갑니다.

"내가 이르노니 너희는 성령을 따라 행하라 그리하면 육체의 욕심을 이루지

아니하리라 육체의 소욕은 성령을 거스르고 성령은 육체를 거스르나니 이 둘이 서로 대적함으로 너희가 원하는 것을 하지 못하게 하려 함이니라 너희가 만일 성령의 인도하시는 바가 되면 율법 아래에 있지 아니하리라 육체의 일은 분명하니 곧 음행과 더러운 것과 호색과 우상 숭배와 주술과 원수 맺는 것과 분쟁과 시기와 분냄과 당 짓는 것과 분열함과 이단과 투기와 술 취함과 방탕함과 또 그와 같은 것들이라 전에 너희에게 경계한 것 같이 경계하노니 이런 일을 하는 자들은 하나님의 나라를 유업으로 받지 못할 것이요 오직 성령의 열매는 사랑과 희락과 화평과 오래 참음과 자비와 양선과 충성과 온유와 절제니 이같은 것을 금지할 법이 없느니라 그리스도 예수의 사람들은 육체와 함께 그 정욕과 탐심을 십자가에 못 박았느니라 만일 우리가 성령으로 살면 또한 성령으로 행할지니"(갈 5:16-25).

요한계시록 4:6

보좌 앞에 수정과 같은 유리 바다가 있고 보좌 가운데와 보좌 주위에 네 생물이 있는데 앞뒤에 눈들이 가득하더라

여호와의 보좌 앞에 수정 같은 유리 바다에 우리의 몸과 마음과 생각까지도 자세히 세밀하게 비추시는데 보좌 가운데 앉으신 분이 비디오로 보는 것보다 더 자세히 보십니다.

또 보좌 주위에는 네 생물이 있는데 앞뒤에는 무수한 눈들이 가득합니다. 어느 누구도 그 앞에서는 거짓말도, 어떤 변명도, 어떤 핑계도, 어떤 말도 할 수 없는 두렵고 떨 수밖에 없습니다. 이 네 생물들은 세상에서 복음을 전하던 복음 전도의 책임자(대표자)들로서 그 앞에 오는 사람들을 보면 눈만 보아도 그들에게 복음을 전할 때 복음을 대적한 사람인지 조롱한 사람인지, 복음을 받고 하나님을 믿고 온 사람인지를 다 구분할 수 있습니다.

또 하나님은 유리 바다에 보이는 사람을 통해서 모든 것을 다 알고 계시는데 그곳에 가는 사람은 하나님을 믿는다는 말도 변명도 할 수 없는 정확한 판단을 하실 수 있으며, 그 누구의 불평이나 불만도 살 수 없는 정확하고 확실한 것입니다.

여호와의 보좌의 사방에 네 생물이 있고, 네 생물 주위에는 이십사 장로들의 보좌가 있습니다. 이 네 생물들은 여호와의 보좌 최측근에 있으면서 모든 것을 살펴야 하기 때문에 많은 눈들을 통해서 보좌와 이십사 장로들과 이스라엘 백성을 새 하늘과 새 땅으로 확실하게 인도할 수 있음을 보여주십니다.

이 네 생물을 복음을 전하는 대표자 격인 사도 바울과 그의 믿음으로 낳은 세 아들로서 네 명을 네 생물로 생각할 수 있습니다.

"만일 너희가 믿음에 거하고 터 위에 굳게 서서 너희 들은 바 복음의 소망에서 흔들리지 아니하면 그리하리라 이 복음은 천하 만민에게 전파된 바요 **나 바울은 이 복음의 일꾼이 되었노라** 나는 이제 너희를 위하여 받는 괴로움을 기뻐하고 그리스도의 남은 고난을 그의 몸된 교회를 위하여 내 육체에 채우노라 내가 교회의 일꾼 된 것은 하나님이 너희를 위하여 내게 주신 직분을 따라 하나님의 말씀을 이루려 함이니라 이 비밀은 만세와 만대로부터 감추어졌던 것인데 이제는 그의 성도들에게 나타났고 하나님이 그들로 하여금 이 비밀의 영광이 이방인 가운데 얼마나 풍성한지를 알게 하려 하심이라 이 비밀은 너희 안에 계신 그리스도시니 곧 영광의 소망이니라 우리가 그를 전파하여 각 사람을 권하고 모든 지혜로 각 사람을 가르침은 각 사람을 그리스도 안에서 완전한 자로 세우려 함이니 이를 위하여 나도 내 속에서 능력으로 역사하시는 이의 역사를 따라 힘을 다하여 수고하노라"(골 1:23-29).

“믿음 안에서 **참 아들 된 디모데**에게 편지하노니 하나님 아버지와 그리스도 예수 우리 주께로부터 은혜와 긍휼과 평강이 네게 있을지어다”(딤전 1:2).

“같은 믿음을 따라 **나의 참 아들 된 디도**에게 편지하노니 하나님 아버지와 그리스도 예수 우리 구주로부터 은혜와 평강이 네게 있을지어다”(딛 1:4).

“갇힌 중에서 낳은 **아들 오네시모**를 위하여 네게 간구하노라”(몬 1:10).

요한계시록 4:7
그 첫째 생물은 사자 같고 그 둘째 생물은 송아지 같고 그 셋째 생물은 얼굴이 사람 같고 그 넷째 생물은 날아가는 독수리 같은데

첫째 생물은 민수기에서 유다 진영(유다, 잇사갈, 스불론)으로 사자를 상징하고 민수기에서 행진할 때 앞에 선 선두로서 사자와 같이 용감하게 하나님과 함께 전진하는 선두주자를 말합니다. 창세기에서도 유다를 사자로 표현했습니다.

“유다는 사자 새끼로다 내 아들아 너는 움킨 것을 찢고 올라갔도다 그가 엎드리고 웅크림이 수사자 같고 암사자 같으니 누가 그를 범할 수 있으랴”(창 49:9).

첫째 생물은 우리는 복음 전도의 선봉에 섰던 바울을 생각했으면 합니다. 목숨을 걸고 전도했으며, 전도를 많이 했으므로 전도자들의 생각을 잘 알고 있습니다. 정말 하나님의 복음을 기쁨으로, 감사함으로 자신을 돌아보지 않고 목숨을 걸고 전했습니다. 그러므로 복음 전하는 자들이 보수를 위해서, 또는 자신의 명예를 위해서, 또는 억지로 복음을 전했는지 다 알

것이기 때문에 나중에 그 앞에서는 누구도 변명하지 못할 것이며 정확하고 확실한 판단을 받을 것입니다.

"만일 너희가 믿음에 거하고 터 위에 굳게 서서 너희 들은 바 복음의 소망에서 흔들리지 아니하면 그리하리라 이 복음은 천하 만민에게 전파된 바요 **나 바울은 이 복음의 일꾼이 되었노라**"(골 1:23).

둘째 생물은 민수기에서 송아지 같다 한 에브라임 진영(에브라임, 므낫세, 베냐민)을 상징합니다. 에브라임 진영처럼 요한계시록에서는 송아지 같다고 했는데, 이는 송아지처럼 뒤쫓아가며 말없이 순종하며 따라가는 것을 말합니다.

둘째 생물은 요한계시록에서는 하나님이 주신 은혜와 평강을 생각하며 감사하며 따라가는 사도 바울의 참 아들 된 디도를 생각하게 합니다.

"**같은 믿음을 따라 나의 참 아들 된 디도**에게 편지하노니 하나님 아버지와 그리스도 예수 우리 구주로부터 은혜와 평강이 네게 있을지어다"(딛 1:4).

셋째 생물은 민수기에서 얼굴이 사람 같다고 한 르우벤 진영(르우벤, 시므온, 갓)을 상징합니다. 민수기에서 진행할 때에 르우벤 진영은 앞에 성막의 기구들을 메고 가는 게르손 자손들의 뒤를 따릅니다.

"게르손 종족의 할 일과 멜 것은 이러하니 곧 그들이 성막의 휘장들과 회막과 그 덮개와 그 위의 해달의 가죽 덮개와 회막 휘장 문을 메며 뜰의 휘장과 성막과 제단 사방에 있는 뜰의 휘장 문과 그 줄들과 그것에 사용하는 모든 기구를 메며 이 모든 것을 이렇게 맡아 처리할 것이라 게르손 자손은 그들의 모든 일 곧 멜 것과 처리할 것을 아론과 그의 아들들의 명령대로 할 것이니 너희는 그들이 멜 짐을 그들에게 맡길 것이니라 게르손 자손의 종족들이 회막에서 할 일은 이러하며 그들의 직무는 제사장 아론의 아들 이다말이 감독할지니라"(민 4:24-28).

셋째 생물은 요한계시록에서 얼굴이 사람 같다고 한 진영입니다. **우리는 믿음의 참 아들인 디모데를 생각하면** 정말 주님을 위해서 말없이 열심히 전도한 사람을 상징하는 것입니다.

"**믿음 안에서 참 아들 된 디모데**에게 편지하노니 하나님 아버지와 그리스도 예수 우리 주께로부터 은혜와 긍휼과 평강이 네게 있을지어다"(딤전 1:2).

넷째 생물은 날아가는 독수리 같다고 한 단 진영(단, 아셀, 납달리)을 상징합니다. 악한 세력인 뱀이나 독사를 잡아먹는 독수리를 상징한 것으로 볼 수 있습니다.

"단은 길섶의 뱀이요 샛길의 독사로다 말굽을 물어서 그 탄 자를 뒤로 떨어지게 하리로다"(창 49:17).

넷째 생물은 요한계시록에서 오네시모를 생각합니다.

"**갇힌 중에서 낳은 아들 오네시모**를 위하여 네게 간구하노라"(몬 1:10).

구약 민수기에서의 네 깃발은 톰슨3 주석(p.290)을 참고하였으며, 신약 요한계시록에서의 네 생물은 복음 전도자의 대표자 격인 사도 바울과 그의 믿음의 아들을 중심으로 디모데, 디도, 오네시모를 기록했습니다.

요한계시록 4:8

네 생물은 각각 여섯 날개를 가졌고 그 안과 주위에는 눈들이 가득하더라 그들이 밤낮 쉬지 않고 이르기를 거룩하다 거룩하다 거룩하다 주 하나님 곧 전능하신 이여 전에도 계셨고 이제도 계시고 장차 오실 이시라 하고

네 생물들은 한 생물이 멈추든지 행진하든지 날며 민첩하게 신속하게 어디라도 갈 수 있으며, 누구든지 무찌르고 대적할 수 있습니다. 그들이 보기에도 그들이 전한 복음의 주가 되시는 주님을 확실하고 정확하게 알고 있습니다. 믿고 목숨을 걸고 자신 있게 전했으므로 서로 불러 말합니다. "거룩하다. 거룩하다. 거룩하다. 만군의 여호와여 그의 영광이 온 땅에 충만하도다 하더라."

이렇게 주 하나님을 "거룩하다, 거룩하다, 거룩하다"고 인정하는 믿음이 있어야 충성할 수 있으며, 복음을 전하기 위해서 목숨을 걸 수 있고 순교할 수 있는 믿음의 사도들입니다.

네 생물을 통해서 눈동자의 수는 유다의 진영은 186,400명, 르우벤의 진영은 151,450명, 에브라임의 진영은 118,100명, 단의 진영은 157,600명과 같이 주위를 경계할 것입니다. 또 신약에서도 바울, 디모데, 디도, 오네시모, 또 이십사 전도자들(장로들) 중에 누구를 따르든지 **복음 전도**를 받고 믿은 사람들로서 충성하는 것입니다.

또 이들을 밤낮 쉬지 않으시고 보고 체크하시는 거룩하신 하나님은 전에도 계시고, 이제도 계시고, 장차 오실 재림하실 예수님을 위해서 일곱 교회를 점검하십니다. 이제는 하늘의 지휘 통제소에서 지상의 일곱 교회가 사명을 잘 행하고 있는지를 항상 밤낮 보고 기도하고 계시고 점검하시는 가운데 우리를 보호하시며, 우리를 영원한 하나님의 나라 새 하늘과 새 땅으로 인도하십니다.

결국 네 생물과 이십사 장로들은 세상에서 하나님의 복음을 전하고 하늘의 지휘 통제소에서 하나님의 보좌 주위에서 내가 복음을 전한 사람들을 위해 하나님께 청원합니다. 하나님을 찬양하며 경배하면서 자신들이 전한 믿음의 성도들이 하늘의 보좌에 오는 것을 기쁨으로 맞이합니다. 그리고 이것을 확인한 후 믿음의 성도들과 같이 어린 양의 혼인 잔치에 참석함으로써 사명을 마칩니다.

"이 일 후에 내가 들으니 하늘에 허다한 무리의 큰 음성 같은 것이 있어 이르되 할렐루야 구원과 영광과 능력이 우리 하나님께 있도다 그의 심판은 참되고 의로운지라 음행으로 땅을 더럽게 한 큰 음녀를 심판하사 자기 종들의 피를 그 음녀의 손에 갚으셨도다 하고 두 번째로 할렐루야 하니 그 연기가 세세토록 올라가더라 또 이십사 장로와 네 생물이 엎드려 보좌에 앉으신 하나님께 경배하여 이르되 아멘 할렐루야 하니 보좌에서 음성이 나서 이르시되 하나님의 종들 곧 그를 경외하는 너희들아 작은 자나 큰 자나 다 우리 하나님께 찬송하라 하더라 또 내가 들으니 허다한 무리의 음성과도 같고 많은 물 소리와도 같고 큰 우렛소리와도 같은 소리로 이르되 할렐루야 주 우리 하나님 곧 전능하신 이가 통치하시도다 우리가 즐거워하고 크게 기뻐하며 그에게 영광을 돌리세 어린 양의 혼인 기약이 이르렀고 그의 아내가 자신을 준비하였으므로 그에게 빛나고 깨끗한 세마포 옷을 입도록 허락하셨으니 이 세마포 옷은 성도들의 옳은 행실이로다 하더라 천사가 내게 말하기를 기록하라 어린 양의 혼인 잔치에 청함을 받은 자들은 복이 있도다 하고 또 내게 말하되 이것은 하나님의 참되신 말씀이라 하기로 내가 그 발 앞에 엎드려 경배하려 하니 그가 나에게 말하기를 나는 너와 및 예수의 증언을 받은 네 형제들과 같이 된 종이니 삼가 그리하지 말고 오직 하나님께 경배하라 예수의 증언은 예언의 영이라 하더라"(계 19:1-10).

요한계시록 4:9

그 생물들이 보좌에 앉으사 세세토록 살아 계시는 이에게 영광과 존귀와 감사를 돌릴 때에

네 생물은 복음인 주님의 말씀이 온 세상에 전파되고 주님이 세상 마귀 사탄들의 사망 권세를 복음을 통해 성령을 받고, 믿음으로 이기고 승리한 성도들입니다. 주님께 영광과 존귀와 감사를 드립니다. 자신들이 목숨 걸고 전한 복음이 이렇게 큰 능력이 있는 것에 대하여 긍지를 가진 성도들입니다. 자신들이 전한 복음을 통해서 나만 천국에 가는 것이 아니라, 그 전한 복음을 듣고 믿는 모든 자들이 다 천국에 올 것을 생각하며 감사합니다. 너무나 감격하고 기뻐서 말할 수 없는 영광과 존귀와 감사를 주님께 돌려 드리고 있습니다.

요한계시록 4:10

이십사 장로들이 보좌에 앉으신 이 앞에 엎드려 세세토록 살아 계시는 이에게 경배하고 자기의 관을 보좌 앞에 드리며 이르되

이십사 장로(복음 전도자)들이 네 생물인 복음 전도자들을 통해서 자신들도 복음을 믿고 전했는데 이 네 생물들이 기뻐서 보좌에 앉으신 분께 영광과 존귀와 감사를 드립니다. 이 이십사 장로들도 그들을 통해서 복음을 듣게 된 것이 너무 기쁘고 감사합니다.

또 직접 보좌에 앉으신 주를 뵈오니 엎드려 세세토록 살아 계시는 이에게 경배하며, 죽도록 복음을 위해서 충성한 자로서 자기의 관(영광)을 보좌에 앉으신 주님께 드립니다.

요한계시록 4:11

우리 주 하나님이여 영광과 존귀와 권능을 받으시는 것이 합당하오니 주께서 만물을 지으신지라 만물이 주의 뜻대로 있었고 또 지으심을 받았나이다 하더라

이십사 장로들이 세상 모든 만물을 창조하시고 다스리시는 살아 계신 하나님께 영광과 존귀와 권능을 받으시기에 합당하다고 모든 영광을 돌리며 감사합니다. 복음을 믿고 따르는 모든 성도들과 함께 이제 천국을 향하여 출발합니다.

민수기는 죄 사함을 받고 성령을 받아 가나안 땅에 들어갈 자격이 있는 이스라엘 백성들이 시내 산에서 출발하여 젖과 꿀이 흐르는 가나안 땅으로 향해 가는 것처럼, 요한계시록 4장에서는 성령을 받고 믿음으로 이기고 이 세상에서 저 세상(새 하늘과 새 땅)을 향해 가는 것을 하늘의 총지휘 통제소에서 인도하시며 들어가는 것을 기록한 것입니다.

5장에서는 그중에 복음을 확정하시고 믿음 안에서 일어나는 일로써 들어가기 위해서는 복음을 믿고 꼭 갖추어야 하고 꼭 행하여야 할 일들을 수시로 점검하십니다. 믿음이 미달되는 사람은 멸망하는 것을 기록하고 있습니다.

"네가 어떤 성읍으로 나아가서 치려 할 때에는 그 성읍에 먼저 화평을 선언하라 그 성읍이 만일 화평하기로 회답하고 너를 향하여 성문을 열거든 그 모든 주민들에게 네게 조공을 바치고 너를 섬기게 할 것이요 만일 너와 화평하기를 거부하고 너를 대적하여 싸우려 하거든 너는 그 성읍을 에워쌀 것이며 네 하나님 여호와께서 그 성읍을 네 손에 넘기시거든 너는 칼날로 그 안의 남자를 다 쳐죽이고"(신 20:10-13).

제 5 장 어린 양이 두루마리의 인 떼심(복음 확정)

요한계시록 5:1

내가 보매 보좌에 앉으신 이의 오른손에 두루마리가 있으니 안팎으로 썼고 일곱 인으로 봉하였더라

요한계시록 5:2

또 보매 힘 있는 천사가 큰 음성으로 외치기를 누가 그 두루마리를 펴며 그 인을 떼기에 합당하냐 하나

1. 일곱 인으로 봉인된 두루마리(봉인된 책) = 복음
2. 인을 뗄 자 = 구원자(예수 그리스도)
3. 펴거나 보거나 할 자 = 구원할 자(예수 그리스도 자신)

이 세상에서 새 하늘과 새 땅을 향해 가야 하는 믿음의 성도들을 하늘 보좌(총지휘 통제소)에 앉으신 여호와 하나님께서 인도하십니다. 그분의 오른손에 세상 모든 사람의 구원의 복음을 기록한 두루마리를 갖고 계십니다. 그 복음은 얼마나 많은지 안팎으로 기록되었습니다. 일곱 인으로 봉했기 때문에 그 누구도 볼 수 없고 알 수도 없습니다.

나의 죄가 무엇인지, 우리의 죄가 무엇인지, 우리의 죄에 대하여 어떻게 하시고, 우리를 어떻게 구원하실 것인지 기록된 것입니다. 내 죄가 그대로 있는지 대속되는지, 내가 구원 받을 것인지, 우리들이 구원 받을 것인지 기록되어 있는 두루마리입니다.

보좌에 앉으신 하나님의 오른손에 두루마리가 있는 것입니다. 그곳에 기록된 것이 복음인지, 그 복음으로 어떻게 구원을 받을 수가 있는지, 이것을 잘 알고 있는 힘 있는 천사가 큰 음성으로 외칩니다. "누가 저 두루마리를 펴며 그 인을 떼기에 합당하냐." 봉인된 두루마리의 문제를 어떻게 해결할 것인지 큰 문제가 됩니다.

"이 비밀은 만세와 만대로부터 감추어졌던 것인데 이제는 그의 성도들에게 나타났고 하나님이 그들로 하여금 이 비밀의 영광이 이방인 가운데 얼마나 풍성한지를 알게 하려 하심이라 이 비밀은 너희 안에 계신 그리스도시니 곧 영광의 소망이니라"(골 1:26-27).

요한계시록 5:3

하늘 위에나 땅 위에나 땅 아래에 능히 그 두루마리를 펴거나 보거나 할 자가 없더라

요한계시록 5:4

그 두루마리를 펴거나 보거나 하기에 합당한 자가 보이지 아니하기로 내가 크게 울었더니

창세기 15장에서 하나님은 목숨 걸고 우리를 구원해 주시기로 언약하신 여호와 하나님이십니다. 그런데 지금 보좌에 앉으신 하나님이 복음이

기록된 두루마리를 오른손에 꼭 잡고 계십니다. 그러면 이제는 우리를 인도할 분도 없고, 또 우리가 그냥 보좌 앞으로 나아가도 우리의 죄의 명세서가 하나님의 오른손에 그대로 있으면 새 하늘과 새 땅에는 갈 수도 없는 긴급한 상황에서 힘 있는 천사가 큰 음성으로 외칩니다. "누가 이 두루마리를 펴며 누가 이 인을 뗄 수 있느냐." 하지만 하늘 위에나 땅 위에나 땅 아래 능히 이 우주에는 두루마리를 펴거나 보거나 그 인을 떼기에 합당한 사람이 없으므로 사도 요한마저도 크게 울고 있습니다.

"이 후에 여호와의 말씀이 환상 중에 아브람에게 임하여 이르시되 아브람아 두려워하지 말라 나는 네 방패요 너의 지극히 큰 상급이니라 아브람이 이르되 주 여호와여 무엇을 내게 주시려 하나이까 나는 자식이 없사오니 나의 상속자는 이 다메섹 사람 엘리에셀이니이다 아브람이 또 이르되 주께서 내게 씨를 주지 아니하셨으니 내 집에서 길린 자가 내 상속자가 될 것이니이다 여호와의 말씀이 그에게 임하여 이르시되 그 사람이 네 상속자가 아니라 네 몸에서 날 자가 네 상속자가 되리라 하시고 그를 이끌고 밖으로 나가 이르시되 하늘을 우러러 뭇별을 셀 수 있나 보라 또 그에게 이르시되 네 자손이 이와 같으리라 아브람이 여호와를 믿으니 여호와께서 이를 그의 의로 여기시고 또 그에게 이르시되 나는 이 땅을 네게 주어 소유를 삼게 하려고 너를 갈대아인의 우르에서 이끌어 낸 여호와니라 그가 이르되 주 여호와여 내가 이 땅(새 하늘과 새 땅)을 소유로 받을 것을 무엇으로 알리이까 여호와께서 그에게 이르시되 나를 위하여 삼 년 된 암소와 삼 년 된 암염소와 삼 년 된 숫양과 산비둘기와 집비둘기 새끼를 가져올지니라 아브람이 그 모든 것을 가져다가 그 중간을 쪼개고 그 쪼갠 것을 마주 대하여 놓고 그 새는 쪼개지 아니하였으며 솔개가 그 사체 위에 내릴 때에는 아브람이 쫓았더라"(창 15:1-11).

“너는 장수하다가 평안히 조상에게로 돌아가 장사될 것이요 네 자손은 사대 만에 이 땅으로 돌아오리니 이는 아모리 족속의 죄악이 아직 가득 차지 아니함이니라 하시더니 해가 져서 어두울 때에 연기 나는 화로가 보이며 타는 횃불이 쪼갠 고기 사이로 지나더라”(창 15:15-17).

“송아지를 둘로 쪼개고 그 두 조각 사이로 지나매 내 앞에 언약을 맺었으나 그 말을 실행하지 아니하여 내 계약을 어긴 그들을 곧 송아지 두 조각 사이로 지난 유다 고관들과 예루살렘 고관들과 내시들과 제사장들과 이 땅 모든 백성을 내가 그들의 원수의 손과 그들의 생명을 찾는 자의 손에 넘기리니 그들의 시체가 공중의 새와 땅의 짐승의 먹이가 될 것이며”(렘 34:18-20).

“그 날에 여호와께서 아브람과 더불어 언약을 세워 이르시되 내가 이 땅을 애굽 강에서부터 그 큰 강 유브라데까지 네 자손에게 주노니 곧 겐 족속과 그니스 족속과 갓몬 족속과 헷 족속과 브리스 족속과 르바 족속과 아모리 족속과 가나안 족속과 기르가스 족속과 여부스 족속의 땅이니라 하셨더라”(창 15:18-21).

믿음생활이 끝나는 마지막 때, 세상의 죄악이 가득한 때 하나님을 상징한 횃불이 아브람에게 언약하신 짐승을 쪼갠 고기 사이로 지나간 것처럼, 이 언약을 지키기를 짐승을 쪼갠 것같이 이렇게 죽여도 반드시 지킨다는 것입니다. 결국 하나님께서 목숨을 걸고 구원해 주십니다.

그 하나님이 하늘 보좌에서 믿음의 성도들을 인도하십니다. 하나님의 오른손에 성도들의 죄의 명세서를 잡고 계시기 때문에 하나님이 우리의 죄를 해결하시기 위하여 죽으시면 우리의 죄는 해결되고 구원 받아 천국에 갈 수 있습니다. 하지만 누가 인도할 것이며, 어떻게 구원하실 것인지를 알 수 없는 것입니다.

또 여호와 하나님이 인도하시면 우리는 죄 문제 때문에 결국엔 천국에 갈 수가 없어서 우리는 구원의 길이 막막하고 다른 절묘한 방법이 없습니다. 그러므로 힘 있는 천사는 큰 소리로 외치고 사도 요한은 울었습니다.

"그러므로 이스라엘 자손에게 말하기를 나는 여호와라 내가 애굽 사람의 무거운 짐 밑에서 너희를 빼내며 그들의 노역에서 너희를 건지며 편 팔과 여러 큰 심판들로써 너희를 속량하여 너희를 내 백성으로 삼고 나는 너희의 하나님이 되리니 나는 애굽 사람의 무거운 짐 밑에서 너희를 빼낸 너희의 하나님 여호와인 줄 너희가 알지라 내가 아브라함과 이삭과 야곱에게 주기로 맹세한 땅으로 너희를 인도하고 그 땅을 너희에게 주어 기업을 삼게 하리라 나는 여호와라 하셨다 하라"(출 6:6-8).

"하나님이 이 모든 말씀으로 말씀하여 이르시되 나는 너를 애굽 땅, 종 되었던 집에서 인도하여 낸 네 하나님 여호와니라"(출 20:1-2).

"그 남자는 그 속건제물 곧 속건제 숫양을 회막 문 여호와께로 끌고 올 것이요 제사장은 그가 범한 죄를 위하여 그 속건제의 숫양으로 여호와 앞에 속죄할 것이요 그리하면 그가 범한 죄를 사함 받으리라"(레 19:21-22).

"만일 한 사람이 부지중에 범죄하면 일 년 된 암염소로 속죄제를 드릴 것이요 제사장은 그 부지중에 범죄한 사람이 부지중에 여호와 앞에 범한 죄를 위하여 속죄하여 그 죄를 속할지니 그리하면 사함을 얻으리라"(민 15:27-28).

요한계시록 5:5

장로 중의 한 사람이 내게 말하되 울지 말라 유대 지파의 사자 다윗의 뿌리가

이겼으니 그 두루마리와 그 일곱 인을 떼시리라 하더라

그 두루마리가 인봉되어 있는데, 빼앗을 사람도 없으며 펴거나 보기에 합당한 사람이 없습니다. 천사도 큰 소리로 외치며 세상의 모든 사람에게 예수 그리스도를 증언한 사도 요한도 예수 그리스도를 통해서 구원을 받는다고 증언하고 걱정되어 큰 소리로 울고 있습니다. 장로 중 한 사람(복음 전도자)이 말합니다. "울지 말라 유다 지파의 사자 다윗의 뿌리인 예수 그리스도가 마귀 사탄을 이겼으므로 그분이 여호와 하나님의 오른손에 있는 두루마리를 해결하실 것"이라고 말입니다.

그러면서 요한복음을 통해 말씀하십니다. "예수 그리스도께서 내가 태초에 하나님과 함께 계셨고 말씀이 곧 하나님이시며 내가 하나님과 함께 천지만물을 같이 창조했으니 여호와께서 목숨을 걸고 구원하시다고 말씀하신 것을 내(예수 그리스도)가 모든 믿음의 성도들의 죄에 대하여 죽으므로 세상 사람들의 죄를 대속한다면 이것이 결국에는 여호와 하나님을 대신해서 내(예수 그리스도)가 죽는 것이며, 여호와께서 죽는 것과 같지 않느냐." 유월절에 죽으실 것을 말씀하시고 복음 잔치(유월절에 가나 혼인 잔치)를 통해서 죽음으로 구원해 주실 것을 말씀하십니다.

그러나 이번 유월절은 내 때가 아직 안 되었으니 돌아오는 유월절에 죽을 것을 말씀하십니다. 내가 여호와를 대신해서 죽으면 마귀 사탄이 잡고 있는 사망의 권세로 멸망할 수밖에 없는 성도들을 위해서 구원할 수 있다고 하십니다. 여호와의 오른손에 있는 두루마리의 죄의 명세서(복음)를 예수님이 취하시고 봉인된 일곱 인을 떼시는 것입니다.

장로 중 한 사람이 말한 것처럼, 유다 지파의 사자 다윗의 뿌리인 예수 그리스도가 사망의 권세를 이기고 믿음의 자손을 구원하기 위하여 그 두루마리의 일곱 인을 떼실 것이고, 그것을 펴서 보이실 것이라고 말씀하십니다. 이는 예수 그리스도 자신이 복음이며, 자신이 죽으므로 세상의 믿음의 성도들에게 그 두루마리를 펴서 보이시는데 친히 복음이 무엇인지를 세상에 선포하고 믿음의 성도들의 죄를 해결하고 하나님이 언약하신 것처럼 죽음으로 믿음의 성도들을 구원하십니다.

그러므로 새 하늘과 새 땅으로 인도하신다고 하실 말씀을 이루실 것을 장로 중에 한 사람이 말씀하십니다.

"태초에 말씀(예수 그리스도)이 계시니라 이 말씀(예수 그리스도)이 하나님과 함께 계셨으니 이 말씀(예수 그리스도)은 곧 하나님이시니라 그가 태초에 하나님과 함께 계셨고 만물이 그로 말미암아 지은 바 되었으니 지은 것이 하나도 그가 없이는 된 것이 없느니라 그 안에 생명이 있었으니 이 생명은 사람들의 빛이라 빛이 어둠에 비치되 어둠이 깨닫지 못하더라"(요 1:1-5).

예수님이 가나 혼인잔치에 참석하셔서 물로 포도주를 만드시고 물로 된 포도주를 그 연회장에게 주었습니다. "연회장이 신랑을 불러 말하되 사람마다 먼저 좋은 포도주를 내고 취한 후에 낮은 것을 내거늘." 이 말씀은 사람마다 좋은 짐승을 잡아서 그 피로 속죄제를 드리며, 그것에 취해서 그것으로 모든 죄를 속죄 받았다고 만족해 한다는 것입니다.

예수님은 낮은 포도주는 세상에서 좋은 양을 잡아 속죄제를 드린 것을 말씀하십니다. 취한 후에 낮은 포도주를 낸다는 것은 그것에 만족한 후에는 낮은 흠 있는 짐승의 피로 드리는 것을 말하는 것입니다.

그러나 예수님은 나중에 그 제물에 익숙한 후에 더 좋은 포도주인 자신의 거룩한 피로 혼례(잔치)를 베푼다고 하시면서 "그대는 지금까지 좋은 포도주를 두었도다" 하는 말처럼, 이제는 짐승의 피가 아닌 예수 그리스도의 피로써 복음의 완성을 위해 친히 십자가를 통해 모든 성도들의 죄를 대속할 것을 말씀하십니다.

예수께서 이 첫 표적을 갈릴리 가나에서 행하여 그의 영광을 나타내시고자 하는데, 아직은 내 때가 이르지 아니하였지만 내 때가 되면 내가 유월절에 십자가에 죽으심으로 대속하실 것을 말씀하십니다.

이것이 지금 어린 양으로서 여호와의 오른손에 있는 두루마리(복음 또는 죄의 명세서)를 친히 취하시고 자신이 죽음으로써 여호와께서 죽음으로 구원하신다는 언약의 말씀을 이루시는 것입니다. 그래서 여호와의 오른 손에서 두루마리를 취하셔서 친히 복음이 무엇인지를 자신이 십자가의 죽음으로 속죄하고 구원하는 것입니다. 자신이 복음임을 증거하고 나를 믿어야만 새 하늘과 새 땅에 갈 수 있음을 알리십니다. 지금까지는 성전의 지성소에서 속죄의 피를 뿌리므로 죄 사함을 받았지만, 이제는 나를 통해 믿음으로 속죄함을 받는다고 직접 펴서 보이시고 확인시켜 주시면서 믿으라고 하시는 것입니다.

이것은 아버지께서 내게 하라고 주신 일을 내가 이루므로 아버지를 이 세상에서 영화롭게 하는 것이며, 아버지께서 창세에 내가 아버지와 함께 가졌던 영화로써 지금도 아버지와 한 몸으로서 영화롭게 하는 것이며, 세상 중에서 내게 주신 믿음의 성도들이 아버지 것인지 알고 그들에게 아버지를 나타내며 아버지께서 아브람과의 언약을 지키므로 아버지가 내게 주신 언약을 다 이루는 것입니다.

내가 아버지께로부터 와서 아버지의 뜻을 이루고 아버지께서 나를 보내신 줄 그들이 알고 믿게 하는 것입니다. 아브람과의 언약대로 구원을 이루어 새 하늘과 새 땅에 들어갈 수 있다는 것을 두루마리(복음)의 인을 떼고 펴서 보이므로 두루마리를 통해서 구원받는 것을 알게 하셨습니다.

"사흘째 되던 날 갈릴리 가나에 혼례가 있어 예수의 어머니도 거기 계시고 예수와 그 제자들도 혼례에 청함을 받았더니 포도주가 떨어진지라 예수의 어머니가 예수에게 이르되 저들에게 포도주가 없다 하니 예수께서 이르시되 여자여 나와 무슨 상관이 있나이까 내 때가 아직 이르지 아니하였나이다 그의 어머니가 하인들에게 이르되 너희에게 무슨 말씀을 하시든지 그대로 하라 하니라 거기에 유대인의 정결 예식을 따라 두세 통 드는 돌항아리 여섯이 놓였는지라 예수께서 그들에게 이르시되 항아리에 물을 채우라 하신즉 아귀까지 채우니 이제는 떠서 연회장에게 갖다 주라 하시매 갖다 주었더니 연회장은 물로 된 포도주를 맛보고도 어디서 났는지 알지 못하되 물 떠온 하인들은 알더라 연회장이 신랑을 불러 말하되 사람마다 먼저 좋은 포도주를 내고 취한 후에 낮은 것을 내거늘 그대는 지금까지 좋은 포도주를 두었도다 하니라 예수께서 이 첫 표적을 갈릴리 가나에서 행하여 그의 영광을 나타내시매 제자들이 그를 믿으니라 그 후에 예수께서 그 어머니와 형제들과 제자들과 함께 가버나움으로 내려가셨으나 거기에 여러 날 계시지는 아니하시니라 유대인의 유월절이 가까운지라 예수께서 예루살렘으로 올라가셨더니 성전 안에서 소와 양과 비둘기 파는 사람들과 돈 바꾸는 사람들이 앉아 있는 것을 보시고 노끈으로 채찍을 만드사 양이나 소를 다 성전에서 내쫓으시고 돈 바꾸는 사람들의 돈을 쏟으시며 상을 엎으시고 비둘기 파는 사람들에게 이르시되 이것을 여기서 가져가라 내 아버지의 집으로 장사하는 집을 만들지 말라 하시니 제자들이 성경 말씀에 주의 전을 사모하는 열심이 나를 삼키리라 한 것을 기억하더라 이에 유대인들이 대답하여 예수께 말하기를 네가 이런 일을 행하니 무슨 표적을 우리에게 보이겠느냐 예수께서 대답하여 이르시되 너희가 이 성전을 헐라 내가 사흘 동안에 일으키리라 유대인들이 이르되 이 성전은 사십육 년 동안에 지었거늘 네가 삼 일 동안에 일으키겠느냐 하더라 그러나 예수는 성전된 자기 육체를 가리켜 말씀하신 것이라 죽은 자 가운데서 살아나신 후에야 제자들이 이 말씀하신 것을 기억하고 성경과 예수께서 하신 말씀을 믿었더라 유월절에 예수께서 예루살렘에 계시니 많은 사람이 그의 행하시는 표적을 보고 그의 이름을 믿었으나 예수는 그의 몸을 그들에게 의탁하지 아니하셨으니 이는 친히 모든 사람을 아심이요 또 사람에 대하여 누구의 증언도 받으실 필요가 없었으니 이는 그가 친히 사람의 속에 있는 것을 아셨음이니라"(요 2:1-25).

"나와 아버지는 하나이니라 하신대"(요 10:30).

"나는 아노니 이는 내가 그에게서 났고 그가 나를 보내셨음이라 하시니"(요 7:29).

"그들이 예수를 잡고자 하나 손을 대는 자가 없으니 이는 그의 때가 아직 이르지 아니하였음이러라"(요 7:30).

"지금 내 마음이 괴로우니 무슨 말을 하리요 아버지여 나를 구원하여 이 때를 면하게 하여 주옵소서 그러나 내가 이를 위하여 이 때에 왔나이다"(요 12:27).

"유월절 전에 예수께서 자기가 세상을 떠나 아버지께로 돌아가실 때가 이른 줄 아시고 세상에 있는 자기 사람들을 사랑하시되 끝까지 사랑하시니라 마귀가 벌써 시몬의 아들 가룟 유다의 마음에 예수를 팔려는 생각을 넣었더라"(요 13:1-2).

요한계시록 5:6

내가 또 보니 보좌와 네 생물과 장로들 사이에 한 어린 양이 서 있는데 일찍이 죽임을 당한 것 같더라 그에게 일곱 뿔과 일곱 눈이 있으니 이 눈들은 온 땅에 보내심을 받은 하나님의 일곱 영이더라

요한계시록 5:7

그 어린 양이 나아와서 보좌에 앉으신 이의 오른손에서 두루마리를 취하시니라

"장로(복음 전도자) 중의 한 사람이 내게 말하되 울지 말라 유대 지파의 사자 다윗의 뿌리가 이겼으니 그 두루마리와 그 일곱 인을 떼시리라 하더라"(계 5:5).

벌써 복음 전도자들은 자신이 믿고 전도한 하나님의 아들 예수 그리스도가 당연히 보좌에 앉으신 하나님의 오른손에서 그 죄의 명세서(복음)를 취하실 것을 알고 있습니다. 어린 양 되시는 예수 그리스도께서는 하나님의 보좌와 복음 전도자들의 사이에 서서 "내가 벌써 믿는 모든 자들의 구원을 위해서 십자가를 지고 죽음을 당했다"고 하시면서 어린 양 예수 그리스도께서 일곱 뿔(세상의 모든 권세와 권능)과 일곱 눈(세상의 모든 것을 볼 수 있는 영)을 가지시고 세상의 왕의 권세와 권능으로, 또 일곱 눈을 가지셨으므로 모든 때를 아시고 세상의 모든 것을 보고 계시며 알고 계시므로 보좌에 앉으신 여호와 하나님으로부터 오른손에 가지고 계신 그 두루마리를 취하십니다.

"그러므로 유대인들이 서로 다투어 이르되 이 사람이 어찌 능히 자기 살을 우리에게 주어 먹게 하겠느냐 예수께서 이르시되 내가 진실로 진실로 너희에게 이르노니 인자의 살을 먹지 아니하고 인자의 피를 마시지 아니하면 너희 속에 생명이 없느니라 내 살을 먹고 내 피를 마시는 자는 영생을 가졌고 마지막 날에 내가 그를 다시 살리리니 내 살은 참된 양식이요 내 피는 참된 음료로다 내 살을 먹고 내 피를 마시는 자는 내 안에 거하고 나도 그의 안에 거하나니 살아 계신 아버지께서 나를 보내시매 내가 아버지로 말미암아 사는 것 같이 나를 먹는 그 사람도 나로 말미암아 살리라 이것은 하늘에서 내려온 떡이니 조상들이 먹고도 죽은 그것과 같지 아니하여 이 떡을 먹는 자는 영원히 살리라"(요 6:52-58).

"지금 그들은 아버지께서 내게 주신 것이 다 아버지로부터 온 것인 줄 알았나이다 나는 아버지께서 내게 주신 말씀들을 그들에게 주었사오며 그들은 이것을 받고 내가 아버지께로부터 나온 줄을 참으로 아오며 아버지께서 나를 보내신 줄도 믿었사옵나이다 내가 그들을 위하여 비옵나니 내가 비옵는 것은 세상을 위함이 아니요 내게 주신 자들을 위함이니이다 그들은 아버지의 것이로소이다 내 것은 다 아버지의 것이요 아버지의 것은 내 것이온데 내가 그들로 말미암아 영광을 받았나이다 나는 세상에 더 있지 아니하오나 그들은 세상에 있사옵고 나는 아버지께로 가옵나니 거룩하신 아버지여 내게 주신 아버지의 이름으로 그들을 보전하사 우리와 같이 그들도 하나가 되게 하옵소서 내가 그들과 함께 있을 때에 내게 주신 아버지의 이름으로 그들을 보전하고 지키었나이다 그 중의 하나도 멸망하지 않고 다만 멸망의 자식뿐이오니 이는 성경을 응하게 함이니이다"(요 17:7–12).

요한계시록 5:8

그 두루마리를 취하시매 네 생물과 이십사 장로들이 그 어린 양 앞에 엎드려 각각 거문고와 향이 가득한 금 대접을 가졌으니 이 향은 성도의 기도들이라

그 어린 양 예수 그리스도께서 하나님으로부터 죄의 명세서(복음)를 취하시니 네 생물과 이십사 장로들은 내가 세상에서 목숨을 걸고 전한 복음이 헛되지 않았음을 깨닫게 되니 감사하는 것입니다.

너무나 기뻐서 예수 그리스도 앞에 엎드려 각각의 목소리(거문고)로 예수 그리스도를 찬양합니다. 그들이 전한 복음을 믿은 성도들도 그 복음을 믿고 하나님의 말씀 안에서 늘 기도하며 신앙 생활한 것을 감사합니다. 하나님께 기도한 것이 다 이루었다고 하는 성도들의 기도가 이루어짐을 말합니다.

"옛적에 선지자들을 통하여 여러 부분과 여러 모양으로 우리 조상들에게 말씀하신 하나님이 이 모든 날 마지막에는 아들을 통하여 우리에게 말씀하셨으니

이 아들을 만유의 상속자로 세우시고 또 그로 말미암아 모든 세계를 지으셨느니라 이는 하나님의 영광의 광채시요 그 본체의 형상이시라 그의 능력의 말씀으로 만물을 붙드시며 죄를 정결하게 하는 일을 하시고 높은 곳에 계신 지극히 크신 이의 우편에 앉으셨느니라 그가 천사보다 훨씬 뛰어남은 그들보다 더욱 아름다운 이름을 기업으로 얻으심이니 하나님께서 어느 때에 천사 중 누구에게 너는 내 아들이라 오늘 내가 너를 낳았다 하셨으며 또 다시 나는 그에게 아버지가 되고 그는 내게 아들이 되리라 하셨느냐 또 그가 맏아들을 이끌어 세상에 다시 들어오게 하실 때에 하나님의 모든 천사들은 그에게 경배할지어다 말씀하시며 또 천사들에 관하여는 그는 그의 천사들을 바람으로, 그의 사역자들을 불꽃으로 삼으시느니라 하셨으되 아들에 관하여는 하나님이여 주의 보좌는 영영하며 주의 나라의 규는 공평한 규이니이다 주께서 의를 사랑하시고 불법을 미워하셨으니 그러므로 하나님 곧 주의 하나님이 즐거움의 기름을 주께 부어 주를 동류들보다 뛰어나게 하셨도다 하였고 또 주여 태초에 주께서 땅의 기초를 두셨으며 하늘도 주의 손으로 지으신 바라 그것들은 멸망할 것이나 오직 주는 영존할 것이요 그것들은 다 옷과 같이 낡아지리니 의복처럼 갈아입을 것이요 그것들은 옷과 같이 변할 것이나 주는 여전하여 연대가 다함이 없으리라 하였으나 어느 때에 천사 중 누구에게 내가 네 원수로 네 발등상이 되게 하기까지 너는 내 우편에 앉아 있으라 하셨느냐 모든 천사들은 섬기는 영으로서 구원 받을 상속자들을 위하여 섬기라고 보내심이 아니냐"(히 1:1-14).

요한계시록 5:9

그들이 새 노래를 불러 이르되 두루마리를 가지시고 그 인봉을 떼기에 합당하시도다 일찍이 죽임을 당하사 각 족속과 방언과 백성과 나라 가운데에서 사람들을 피로 사서 하나님께 드리시고 보좌에 앉으신 하나님의 오른손에 있는 두루마리를 취하신 예수 그리스도께서 우리의 모든 사람의 죄를 위하여 십자가에 죽으시고 그 인봉된 봉인을 떼시는데, 이는 예수 그리스도께서 십자가에 피 흘려 죽으심으로 우리의 죄를 다 깨끗이 사하신 것을 말합니다.

예수 그리스도께서 신실한 큰 대제사장이 되어 백성의 모든 죄를 속량하시고, 하나님의 보좌 앞에 나가십니다. 우리를 위해서 십자가에 피 흘리심으로써 모든 백성과 모든 족속과 말이 다른 모든 민족을 위해서 죄를 속량했다면서 이제 복음이 확정되고, 복음이 완성되고, 복음이 이루어졌다고 합니다.

네 생물과 장로들이 새 노래로 노래하며, 우리가 믿고 전파한 예수 그리스도가 정말 그 인봉을 떼기에 합당하다고 소리치며 하나님 앞에 노래합니다. 우리도 나중에 내가 하나님을 믿은 것이 정말 잘한 것이면 하나님의 은혜이며, 복음을 믿은 것은 정말 잘했다는 감사와 찬송과 영광을 하나님께 돌리게 될 것입니다.

“하나님이 우리가 말하는 바 장차 올 세상을 천사들에게 복종하게 하심이 아니니라 그러나 누구인가가 어디에서 증언하여 이르되 사람이 무엇이기에 주께서 그를 생각하시며 인자가 무엇이기에 주께서 그를 돌보시나이까 그를 잠시 동안 천사보다 못하게 하시며 영광과 존귀로 관을 씌우시며 만물을 그 발 아래에 복종하게 하셨느니라 하였으니 만물로 그에게 복종하게 하셨은즉 복종하지 않은 것이 하나도 없어야 하겠으나 지금 우리가 만물이 아직 그에게 복종하고 있는 것을 보지 못하고 오직 우리가 천사들보다 잠시 동안 못하게 하심을 입은 자 곧 죽음의 고난 받으심으로 말미암아 영광과 존귀로 관을 쓰신 예수를 보니 이를 행하심은 하나님의 은혜로 말미암아 모든 사람을 위하여 죽음을 맛보려 하심이라 그러므로 만물이 그를 위하고 또한 그로 말미암은 이가 많은 아들들을 이끌어 영광에 들어가게 하시는 일에 그들의 구원의 창시자를 고난을 통하여 온전하게 하심이 합당하도다 거룩하게 하시는 이와 거룩하게 함을 입은 자들이 다 한 근원에서 난지라 그러므로 형제라 부르시기를 부끄러워하지 아니하시고 이르시되 내가 주의 이름을 내 형제들에게 선포하고 내가 주를 교회 중에서 찬송하리라 하셨으며 또 다시 내가 그를 의지하리라 하시고 또 다시 볼지어다 나와 및 하나님께서 내게 주신 자녀라 하셨으니 자녀들은 혈과 육에 속하였으매 그도 또한 같은 모양으로 혈과 육을 함께 지니심은 죽음을 통하여 죽음의 세력을 잡은 자 곧 마귀를 멸하시며 또 죽기를 무서워하므로 한평생 매여 종 노릇 하는 모든 자들을 놓아 주려 하심이니 이는 확실히 천사들을 붙들어 주려 하심이 아니요 오직 아브라함의 자손을 붙들어 주려 하심이라 그러므로 그가 범사에 형제들과 같이 되심이 마땅하도다 이는 하나님의 일에 자비하고 신실한 대제사장이 되어 백성의 죄를 속량하려 하심이라 그가 시험을 받아 고난을 당하셨은즉 시험 받는 자들을 능히 도우실 수 있느니라"(히 2:5-18).

일곱 인을 떼시리라. 인봉을 떼기에 = 복음을 확정 짓는 것
복음을 개방해서 보이는 것

요한계시록 5:10
그들로 우리 하나님 앞에서 나라와 제사장들을 삼으셨으니 그들이 땅에서 왕 노릇 하리로다 하더라

"그러나 너희는 택하신 족속이요 왕 같은 제사장들이요 거룩한 나라요 그의 소유가 된 백성이니 이는 너희를 어두운 데서 불러 내어 그의 기이한 빛에 들어가게 하신 이의 아름다운 덕을 선포하게 하려 하심이라"(벧전 2:9).

우리를 구원하신 것뿐만 아니라, 우리를 세상의 제사장으로 삼으셨습니다. 이는 복음을 펴시고 보이셨으니 이제는 성전이 필요 없습니다. 즉, 예수 그리스도께서 십자가에 죽으심으로 다 이루었다 하실 때 성전의 휘장(성소와 지성소를 갈라놓고 있는)이 위에서 아래로 찢어져 둘이 되었습니다. "예수께서 큰 소리를 지르시고 숨지시니라 이에 성소 휘장이 위로부터 아래까지 찢어져 둘이 되니라"(막 15:37-38).

지성소에는 대제사장이 일 년에 한 번 들어가는 곳이며, 성소도 제사장만이 들어갈 수 있는 곳입니다. 그러나 이제는 예수 그리스도께서 십자가에 죽으시고 복음이 펴지고 공개되니 성전은 없어지고 교회가 이루어졌습니다. 제사장이나 대제사장만이 들어가는 성전(교회)을 이제는 모두가 들어가는 은혜를 받았으므로 세상에서 구원받은 성도로서의 하나님의 자녀들은 세상에서 왕 같은 제사장처럼 당당하게 교회에 들어가서 기도하며 살아가라고 당부하십니다.

"그러므로 함께 하늘의 부르심을 받은 거룩한 형제들아 우리가 믿는 도리의 사도이시며 대제사장이신 예수를 깊이 생각하라 그는 자기를 세우신 이에게 신실하시기를 모세가 하나님의 온 집에서 한 것과 같이 하셨으니 그는 모세보다 더욱 영광을 받을 만한 것이 마치 집 지은 자가 그 집보다 더욱 존귀함 같으니라 집마다 지은 이가 있으니 만물을 지으신 이는 하나님이시라 또한 모세는 장래에 말할 것을 증언하기 위하여 하나님의 온 집에서 종으로서 신실하였고 그리스도는 하나님의 집을 맡은 아들로서 그와 같이 하셨으니 우리가 소망의 확신과 자랑을 끝까지 굳게 잡고 있으면 우리는 그의 집이라 그러므로 성령이 이르신 바와 같이 오늘 너희가 그의 음성을 듣거든 광야에서 시험하던 날에 거역하던 것 같이 너희 마음을 완고하게 하지 말라 거기서 너희 열조가 나를 시험하여 증험하고 사십 년 동안 나의 행사를 보았느니라 그러므로 내가 이 세대에게 노하여 이르기를 그들이 항상 마음이 미혹되어 내 길을 알지 못하는도다 하였고 내가 노하여 맹세한 바와 같이 그들은 내 안식에 들어오지 못하리라 하였다 하였느니라 형제들아 너희는 삼가 혹 너희 중에 누가 믿지 아니하는 악한 마음을 품고 살아 계신 하나님에게서 떨어질까 조심할 것이요 오직 오늘이라 일컫는 동안에 매일 피차 권면하여 너희 중에 누구든지 죄의 유혹으로 완고하게 되지 않도록 하라 우리가 시작할 때에 확신한 것을 끝까지 견고히 잡고 있으면 그리스도와 함께 참여한 자가 되리라 성경에 일렀으되 오늘 너희가 그의 음성을 듣거든 격노하시게 하던 것 같이 너희 마음을 완고하게 하지 말라 하였으니 듣고 격노하시게 하던 자가 누구냐 모세를 따라 애굽에서 나온 모든 사람이 아니냐 또 하나님이 사십 년 동안 누구에게 노하셨느냐 그들의 시체가 광야에 엎드러진 범죄한 자들에게가 아니냐 또 하나님이 누구에게 맹세하사 그의 안식에 들어오지 못하리라 하셨느냐 곧 순종하지 아니하던 자들에게가 아니냐 이로 보건대 그들이 믿지 아니하므로 능히 들어가지 못한 것이라"(히 3:1–19).

요한계시록 5:11

내가 또 보고 들으매 보좌와 생물들과 장로들을 둘러 선 많은 천사의 음성이 있으니 그 수가 만만이요 천천이라

요한계시록 5:12

큰 음성으로 이르되 죽임을 당하신 어린 양은 능력과 부와 지혜와 힘과 존귀와 영광과 찬송을 받으시기에 합당하도다 하더라

요한계시록 5:13

내가 또 들으니 하늘 위에와 땅 위에와 땅 아래와 바다 위에와 또 그 가운데 모든 피조물이 이르되 보좌에 앉으신 이와 어린 양에게 찬송과 존귀와 영광과

권능을 세세토록 돌릴지어다 하니

요한계시록 5:14
네 생물이 이르되 아멘 하고 장로들은 엎드려 경배하더라

복음으로 구원받은 성도들의 큰 대잔치가 벌어집니다. 보좌와 네 생물과 이십사 장로들과 둘러선 모든 천사들이 다 모여 찬송합니다. "그 수가 만만이요 천천이라." 이렇게 많은 분들이 함께 큰 소리로 십자가에 죽으신 예수 그리스도의 능력과 그의 부와 그가 행하신 지혜와 힘과 존귀와 영광과 찬송을 받으시기에 합당하다고 합니다.

이런 분은 하늘 위에와 땅 위에와 땅 아래와 바다 위에와 또 그 가운데 어디에도 없으신 유일한 분입니다. "찬송과 존귀와 영광과 권능을 세세토록 돌릴지어다"라고 합니다. 네 생물도 이십사 장로들도 모두 "아멘" 하며 엎드려 경배합니다.

우리 모두도 다 하늘에 올라가 이분들과 함께 찬송과 존귀와 영광과 권능을 영원히 함께할 수 있기를 바랍니다.

여호수아를 통해서 가나안 땅에 들어가 안식을 누렸다면 우리에게 새 하늘과 새 땅과 안식은 필요 없지만, 이제 마지막으로 우리에게 주어지는 것이므로 복음(구원하는 방법)이 공개되고 누구나 보고 듣고 믿고 구원 받는 길이 열렸으니 모두 이 복음을 믿고 전하는 성도들이 되어야겠습니다.

"그러므로 우리는 두려워할지니 그의 안식에 들어갈 약속이 남아 있을지라도 너희 중에는 혹 이르지 못할 자가 있을까 함이라 그들과 같이 우리도 복음 전함을 받은 자이나 들은 바 그 말씀이 그들에게 유익하지 못한 것은 듣는 자가 믿음과 결부시키지 아니함이라 이미 믿는 우리들은 저 안식에 들어가는도다 그가

말씀하신 바와 같으니 내가 노하여 맹세한 바와 같이 그들이 내 안식에 들어오지 못하리라 하셨다 하였으나 세상을 창조할 때부터 그 일이 이루어졌느니라 제칠일에 관하여는 어딘가에 이렇게 일렀으되 하나님은 제칠일에 그의 모든 일을 쉬셨다 하였으며 또 다시 거기에 그들이 내 안식에 들어오지 못하리라 하였으니 그러면 거기에 들어갈 자들이 남아 있거니와 복음 전함을 먼저 받은 자들은 순종하지 아니함으로 말미암아 들어가지 못하였으므로 오랜 후에 다윗의 글에 다시 어느 날을 정하여 오늘이라고 미리 이같이 일렀으되 오늘 너희가 그의 음성을 듣거든 너희 마음을 완고하게 하지 말라 하였나니 만일 여호수아가 그들에게 안식을 주었더라면 그 후에 다른 날을 말씀하지 아니하셨으리라 그런즉 안식할 때가 하나님의 백성에게 남아 있도다 이미 그의 안식에 들어간 자는 하나님이 자기의 일을 쉬심과 같이 그도 자기의 일을 쉬느니라 그러므로 우리가 저 안식에 들어가기를 힘쓸지니 이는 누구든지 저 순종하지 아니하는 본에 빠지지 않게 하려 함이라 하나님의 말씀은 살아 있고 활력이 있어 좌우에 날선 어떤 검보다도 예리하여 혼과 영과 및 관절과 골수를 찔러 쪼개기까지 하며 또 마음의 생각과 뜻을 판단하나니 지으신 것이 하나도 그 앞에 나타나지 않음이 없고 우리의 결산을 받으실 이의 눈 앞에 만물이 벌거벗은 것 같이 드러나느니라 그러므로 우리에게 큰 대제사장이 계시니 승천하신 이 곧 하나님의 아들 예수시라 우리가 믿는 도리를 굳게 잡을지어다 우리에게 있는 대제사장은 우리의 연약함을 동정하지 못하실 이가 아니요 모든 일에 우리와 똑같이 시험을 받으신 이로되 죄는 없으시니라 그러므로 우리는 긍휼하심을 받고 때를 따라 돕는 은혜를 얻기 위하여 은혜의 보좌 앞에 담대히 나아갈 것이니라"(히 4:1-16).

"대제사장마다 사람 가운데서 택한 자이므로 하나님께 속한 일에 사람을 위하여 예물과 속죄하는 제사를 드리게 하나니 그가 무식하고 미혹된 자를 능히 용납할 수 있는 것은 자기도 연약에 휩싸여 있음이라 그러므로 백성을 위하여 속죄제를 드림과 같이 또한 자신을 위하여도 드리는 것이 마땅하니라 이 존귀는 아무도 스스로 취하지 못하고 오직 아론과 같이 하나님의 부르심을 받은 자라야 할 것이니라 또한 이와 같이 그리스도께서 대제사장 되심도 스스로 영광을 취하심이 아니요 오직 말씀하신 이가 그에게 이르시되 너는 내 아들이니 내가 오늘 너를 낳았다 하셨고 또한 이와 같이 다른 데서 말씀하시되 네가 영원히 멜기세덱의 반차를 따르는 제사장이라 하셨으니 그는 육체에 계실 때에 자기를 죽음에서 능히 구원하실 이에게 심한 통곡과 눈물로 간구와 소원을 올렸고 그의 경건하심으로 말미암아 들으심을 얻었느니라 그가 아들이시면서도 받으신 고난으로 순종함을 배워서 온전하게 되셨은즉 자기에게 순종하는 모든 자에게 영원한 구원의 근원이 되시고 하나님께 멜기세덱의 반차를 따른 대제사장이라 칭하심을 받으셨느니라 멜기세덱에 관하여는 우리가 할 말이 많으나 너희가 듣는 것이 둔하므로 설명하기 어려우니라 때가 오래 되었으므로 너희가 마땅히 선생이 되었을 터인데 너희가 다시 하나님의 말씀의 초보에 대하여 누구에게서 가르침을 받아야 할 처지이니 단단한 음식은 못 먹고 젖이나 먹어야 할 자가 되었도다 이는 젖을 먹는 자마다 어린 아이니 의의 말씀을 경험하지 못한 자요 단단한 음식은 장성한 자의 것이니 그들은 지각을 사용함으로 연단을 받아 선악을 분별하는 자들이니라"(히 5:1-14).

"그러므로 우리가 그리스도의 도의 초보를 버리고 죽은 행실을 회개함과 하나님께 대한 신앙과 세례들과 안수와 죽은 자의 부활과 영원한 심판에 관한 교훈의 터를 다시 닦지 말고 완전한 데로 나아갈지니라 하나님께서 허락하시면 우리가 이것을 하리라 한 번 빛을 받고 하늘의 은사를 맛보고 성령에 참여한 바 되고 하나님의 선한 말씀과 내세의 능력을 맛보고도 타락한 자들은 다시 새롭게 하여 회개하게 할 수 없나니 이는 그들이 하나님의 아들을 다시 십자가에 못 박아 드러내 놓고 욕되게 함이라 땅이 그 위에 자주 내리는 비를 흡수하여 밭 가는 자들이 쓰기에 합당한 채소를 내면 하나님께 복을 받고 만일 가시와 엉겅퀴를 내면 버림을 당하고 저주함에 가까워 그 마지막은 불사름이 되리라 사랑하는 자들아 우리가 이같이 말하나 너희에게는 이보다 더 좋은 것 곧 구원에 속한 것이 있음을 확신하노라 하나님은 불의하지 아니하사 너희 행위와 그의 이름을 위하여 나타낸 사랑으로 이미 성도를 섬긴 것과 이제도 섬기고 있는 것을 잊어버리지 아니하시느니라 우리가 간절히 원하는 것은 너희 각 사람이 동일한 부지런함을 나타내어 끝까지 소망의 풍성함에 이르러 게으르지 아니하고 믿음과 오래 참음으로 말미암아 약속들을 기업으로 받는 자들을 본받는 자 되게 하려는 것이니라 하나님이 아브라함에게 약속하실 때에 가리켜 맹세할 자가 자기보다 더 큰 이가 없으므로 자기를 가리켜 맹세하여 이르시되 내가 반드시 너에게 복 주고 복 주며 너를 번성하게 하고 번성하게 하리라 하셨더니 그가 이같이 오래 참아 약속을 받았느니라 사람들은 자기보다 더 큰 자를 가리켜 맹세하나니 맹세는 그들이 다투는 모든 일의 최후 확정이니라 하나님은 약속을 기업으로 받는 자들에게 그 뜻이 변하지 아니함을 충분히 나타내시려고 그 일을 맹세로 보증하셨나니 이는 하나님이 거짓말을 하실 수 없는 이 두 가지 변하지 못할 사실로 말미암아 앞에 있는 소망을 얻으려고 피난처를 찾은 우리에게 큰 안위를 받게 하려 하심이라 우리가 이 소망을 가지고 있는 것은 영혼의 닻 같아서 튼튼하고 견고하여 휘장 안에 들어 가나니 그리로 앞서 가신 예수께서 멜기세덱의 반차를 따라 영원히 대제사장이 되어 우리를 위하여 들어가셨느니라"(히 6:1–20).

"이 멜기세덱은 살렘 왕이요 지극히 높으신 하나님의 제사장이라 여러 왕을 쳐서 죽이고 돌아오는 아브라함을 만나 복을 빈 자라 아브라함이 모든 것의 십분의 일을 그에게 나누어 주니라 그 이름을 해석하면 먼저는 의의 왕이요 그 다음은 살렘 왕이니 곧 평강의 왕이요 아버지도 없고 어머니도 없고 족보도 없고 시작한 날도 없고 생명의 끝도 없어 하나님의 아들과 닮아서 항상 제사장으로 있느니라 이 사람이 얼마나 높은가를 생각해 보라 조상 아브라함도 노략물 중 십분의 일을 그에게 주었느니라 레위의 아들들 가운데 제사장의 직분을 받은 자들은 율법을 따라 아브라함의 허리에서 난 자라도 자기 형제인 백성에게서 십분의 일을 취하라는 명령을 받았으나 레위 족보에 들지 아니한 멜기세덱은 아브라함에게서 십분의 일을 취하고 약속을 받은 그를 위하여 복을 빌었나니 논란의 여지 없이 낮은 자가 높은 자에게서 축복을 받느니라 또 여기는 죽을 자들이 십분의 일을 받으나 저기는 산다고 증거를 얻은 자가 받았느니라 또한 십분의 일을 받는 레위도 아브라함으로 말미암아 십분의 일을 바쳤다고 할 수 있나니 이는 멜기세덱이 아브라함을 만날 때에 레위는 이미 자기 조상의 허리에 있었음이라 레위 계통의 제사 직분으로 말미암아 온전함을 얻을 수 있었으면 (백성이 그 아래에서 율법을 받았으니) 어찌하여 아론의 반차를 따르지 않고 멜기세덱의 반차를 따르는 다른 한 제사장을 세울 필요가 있느냐 제사 직분이 바꾸어졌은즉 율법도 반드시 바꾸어지리니 이것은 한 사람도 제단 일을 받들지 않는 다른 지파에 속한 자를 가리켜 말한 것이라 우리 주께서는 유다로부터 나신 것이 분명하도다 이 지파에는 모세가 제사장들에 관하여 말한 것이 하나도 없고 멜기세덱과 같은 별다른 한 제사장이 일어난 것을 보니 더욱 분명하도다 그는 육신에 속한 한 계명의 법을 따르지 아니하고 오직 불멸의 생명의 능력을 따라 되었으니 증언하기를 네가 영원히 멜기세덱의 반차를 따르는 제사장이라 하였도다 전에 있던 계명은 연약하고 무익하므로 폐하고 (율법은 아무것도 온전하게 못할지라) 이에 더 좋은 소망이 생기니 이것으로 우리가 하나님께 가까이 가느니라 또 예수께서 제사장이 되신 것은 맹세 없이 된 것이 아니니 (그들은 맹세 없이 제사장이 되었으되 오직 예수는 자기에게 말씀하신 이로 말미암아 맹세로 되신 것이라 주께서 맹세하시고 뉘우치지 아니하시리니 네가 영원히 제사장이라 하셨도다) 이와 같이 예수는 더 좋은 언약의 보증이 되셨느니라 제사장 된 그들의 수효가 많은 것은 죽음으로 말미암아 항상 있지 못함이로되 예수는 영원히 계시므로 그 제사장 직분도 갈리지 아니하느니라 그러므로 자기를 힘입어 하나님께 나아가는 자들을 온전히 구원하실 수 있으니 이는 그가 항상 살아 계셔서 그들을 위하여 간구하심이라 이러한 대제사장은 우리에게 합당하니 거룩하고 악이 없고 더러움이 없고 죄인에게서 떠나 계시고 하늘보다 높이 되신 이라 그는 저 대제사장들이 먼저 자기 죄를 위하고 다음에 백성의 죄를 위하여 날마다 제사 드리는 것과 같이 할 필요가 없으니 이는 그가 단번에 자기를 드려 이루셨음이라 율법은 약점을 가진 사람들을 제사장으로 세웠거니와 율법 후에 하신 맹세의 말씀은 영원히 온전하게 되신 아들을 세우셨느니라"(히 7:1-28).

복음은 제1장에서 제5장까지의 말씀을 요약한 것입니다. 교회를 통해서 전해지는 복음으로 이기고, 하늘의 총지휘 통제소에서 지휘하고 통제하는 것에 순종하는 것으로써 특히 두루마리(죄 사함을 받는 길과 우리가 구원받는 길)인 예수 그리스도를 말합니다.

제5장을 통해서 예수 그리스도가 십자가에 죽으심으로 복음이 확정되고 오픈되어 모든 사람이 들을 수 있고 볼 수 있습니다. 이것을 모든 사람이 믿을 수 있는 길이 열린 것입니다. 이것을 믿고 죄 사함을 받고 구원받는 것을 나타낸 것입니다.

제2부

복음으로 구원 받다

제6장 복음을 전파함(인 떼시기)

요한계시록 (복음)

복음원	복음 전파	예언
계 1장 ~ 5장	계 6장 ~ 9장	계 10장 ~ 22장
복음원(계 1:2) 일곱 교회(2~3장) 하늘의 보좌(지휘통제소, 4장) 복음의 확정(두루마리, 5장)	네 생물(6장) 순교자(6장) 배교자(7장) 핍박자(8장~9장)	작은 두루마리(예언, 10장) 두 증인(11장) 성도(14~15, 19~22장) 불신자(16장~18장)

요한계시록 6:1

내가 보매 어린 양이 일곱 인 중의 하나를 떼시는데 그 때에 내가 들으니 네 생물 중의 하나가 우렛소리 같이 말하되 오라 하기로

요한계시록 6:2

이에 내가 보니 흰 말이 있는데 그 탄 자가 활을 가졌고 면류관을 받고 나아가서 이기고 또 이기려고 하더라

하늘 보좌(고정식 총지휘 통제소)에서 예수 그리스도가 이 땅에 오셔서 믿음의 성도들의 죄를 대속하시기 위하여 십자가를 지시고 죽으심으로 두루마리(복음)가 인봉된 것을 떼십니다. 일곱 번에 걸쳐서 차례로 떼는 것이 아니라 복음은 복음의 실체이신 예수 그리스도께서 십자가상에서 피 흘려 돌아가심으로 단번에 이루어지는 것으로써 두루마리(복음)의 봉인을 떼고 말씀합니다. "두루마리를 가지시고 그 인봉을 떼기에 합당하시도다"(계 5:9상). 이처럼 모든 것이 즉시 일어납니다.

그래서 복음이 공개되고 확정됨으로써 제6장에서는 그 복음이 전파되는데, 이 복음이 전파되는 것이 두려운 악한 마귀 사탄은 인을 뗀 후 복음 전파를 방해하고자 총공격합니다. 이것을 일곱 번에 걸쳐서 인터뷰를 통해서 설명하고 있습니다.

첫 번째로 목숨을 걸고 복음을 전파하는 사람인 네 생물 중의 하나를 인터뷰합니다. 그는 마귀 사탄이 흰 말(승리를 상징)이 있는데 그 탄 자(핍박자)가 활(죽이고자)을 가졌고, 면류관(예수님을 죽인 자로서 승리함을 상징)을 받고 나가서 이기고(예수님을 십자가에 못 박음으로 이기고) 또 이기려고(부활하신 주님을 전파하는 자들을 또 죽이려고 함) 합니다. 첫 번째 네 생물 중에 하나가 우렛소리 같은 큰 소리로 "오라"고 소리칩니다.

이는 제6장부터 복음이 전파되고 증거되므로 복음 전하는 자들을 핍박하는 자들의 내용을 기록하고 있습니다. 네 생물은 대표적인 복음 전파자이고, 말 탄 자들은 복음 전파자들을 핍박하는 악한 사탄 마귀들을 말합니다.

"나를 핍박하는 자들과 나의 대적들이 많으나 나는 주의 증거들에서 떠나지 아니하였나이다 주의 말씀을 지키지 아니하는 거짓된 자들을 내가 보고 슬퍼하였나이다 내가 주의 법도들을 사랑함을 보옵소서 여호와여 주의 인자하심을 따라 나를 살리소서 주의 말씀의 강령은 진리이오니 주의 의로운 모든 규례들은 영원하리이다 고관들이 거짓으로 나를 핍박하오나 나의 마음은 주의 말씀만 경외하나이다"(시 119:157–161).

요한계시록 6:3

둘째 인을 떼실 때에 내가 들으니 둘째 생물이 말하되 오라 하니

요한계시록 6:4

이에 다른 붉은 말이 나오더라 그 탄 자가 허락을 받아 땅에서 화평을 제하여 버리며 서로 죽이게 하고 또 큰 칼을 받았더라

네 생물 중에서 "둘째 생물이 말하되 오라 하니" 핍박자가 붉은 말(붉은 말은 대대적인 살육을 상징)을 타고 나타납니다. 이것은 예수 그리스도의 십자가의 복음을 전하는 네 생물과 많은 사람들을 죽이고 핍박하기 위해서 붉은 말을 타고 오는데, 하나님의 복음을 전하는 사람들은 조금도 위축되지 않고 담대하게 하나님의 아들이 우리를 위하여 이 땅에 오셔서 우리의 구원을 위해서 죽으심을 전합니다. 그러자 믿는 자들이 많이 나오고 대대적인 살육을 행하고 핍박하는 것입니다.

그러므로 믿는 자들에게는 화평이 없어지고 서로 믿는 사람들을 잡아 죽이고 핍박하는 자들에게 성도들 간에도 서로 신고하여 서로 상대방을 죽입니다. 또 마귀 사탄들로부터 큰 칼을 받아 죽이는데 동참하는 일들이 일어납니다.

"주의 법을 따르지 아니하는 교만한 자들이 나를 해하려고 웅덩이를 팠나이다 주의 모든 계명들은 신실하니이다 그들이 이유 없이 나를 핍박하오니 나를 도우소서 그들이 나를 세상에서 거의 멸하였으나 나는 주의 법도들을 버리지 아

니하였사오니 주의 인자하심을 따라 나를 살아나게 하소서 그리하시면 주의 입의 교훈들을 내가 지키리이다"(시 119:85-88).

요한계시록 6:5

셋째 인을 떼실 때에 내가 들으니 셋째 생물이 말하되 오라 하기로 내가 보니 검은 말이 나오는데 그 탄 자가 손에 저울을 가졌더라

요한계시록 6:6

내가 네 생물 사이로부터 나는 듯한 음성을 들으니 이르되 한 데나리온에 밀 한 되요 한 데나리온에 보리 석 되로다 또 감람유와 포도주는 해치지 말라 하더라

네 생물 중에서 셋째 생물이 핍박하는 자들을 "오라" 하니 검은 말(기근을 상징)이 나옵니다. "그 탄 자가 손에 저울을 가졌더라" 하는 것은 믿는 성도들에게는 복음을 믿는다고 음식을 저울로 달아서 파는데도 비싸게 팝니다. 밀 한 되에 한 데나리온이요 보리 석 되에 한 데나리온을 주고 사야 하는 핍박을 합니다. 그리고 감람유와 포도주는 믿음의 성도들에게는 성찬과 같은 것인데 팔지도 않는다고 하는 것은 믿는 성도들에게 엄청난 핍박과 먹는 것을 통해 큰 기근이 닥치는 환난이 있을 것임을 말씀하고 있습니다.

"그 죄악을 항상 여호와 앞에 있게 하사 그들의 기억을 땅에서 끊으소서 그가 인자를 베풀 일을 생각하지 아니하고 가난하고 궁핍한 자와 마음이 상한 자를 핍박하여 죽이려 하였기 때문이니이다"(시 109:15-16).

요한계시록 6:7

넷째 인을 떼실 때에 내가 넷째 생물의 음성을 들으니 말하되 오라 하기로

요한계시록 6:8

내가 보매 청황색 말이 나오는데 그 탄 자의 이름은 사망이니 음부가 그 뒤를 따르더라 그들이 땅 사분의 일의 권세를 얻어 검과 흉년과 사망과 땅의 짐승들로써 죽이더라

네 생물 중에서 넷째 생물에게도 핍박자 악한 마귀 사탄인데 피하는 것이 아니라 "오라" 하매 청황색(전쟁과 흉년과 짐승의 공격으로 죽임을 상징) 말 탄 자가 '사망'이라는 이름을 가진 마귀 사탄의 세력으로부터 공격을 당합니다. 믿음의 성도들을 무참하게 죽이며, 그 땅의 사분의 일의 권세를 얻어서 검과 흉년과 사망과 기근으로 죽입니다. 또 사나운 짐승을 가두는 곳에 믿음의 성도들을 집어 던져 그 짐승들을 통해서 죽이는 일을 행하는 것입니다.

"다니엘이 이 조서에 왕의 도장이 찍힌 것을 알고도 자기 집에 돌아가서는 윗방에 올라가 예루살렘으로 향한 창문을 열고 전에 하던 대로 하루 세 번씩 무릎을 꿇고 기도하며 그의 하나님께 감사하였더라 그 무리들이 모여서 다니엘이 자기 하나님 앞에 기도하며 간구하는 것을 발견하고 이에 그들이 나아가서 왕의 금령에 관하여 왕께 아뢰되 왕이여 왕이 이미 금령에 왕의 도장을 찍어서 이제부터 삼십 일 동안에는 누구든지 왕 외의 어떤 신에게나 사람에게 구하면 사자 굴에 던져 넣기로 하지 아니하였나이까 하니 왕이 대답하여 이르되 이 일이 확실하니 메대와 바사의 고치지 못하는 규례니라 하는지라 그들이 왕 앞에서 말하여 이르되 왕이여 사로잡혀 온 유다 자손 중에 다니엘이 왕과 왕의 도장이 찍힌 금령을 존중하지 아니하고 하루 세 번씩 기도하나이다 하니 왕이 이 말을 듣고 그로 말미암아 심히 근심하여 다니엘을 구원하려고 마음을 쓰며 그를 건져내려고 힘을 다하다가 해가 질 때에 이르렀더라 그 무리들이 또 모여 왕에게로 나아

와서 왕께 말하되 왕이여 메대와 바사의 규례를 아시거니와 왕께서 세우신 금령과 법도는 고치지 못할 것이니이다 하니 이에 왕이 명령하매 다니엘을 끌어다가 사자 굴에 던져 넣는지라 왕이 다니엘에게 이르되 네가 항상 섬기는 너의 하나님이 너를 구원하시리라 하니라 이에 돌을 굴려다가 굴 어귀를 막으매 왕이 그의 도장과 귀족들의 도장으로 봉하였으니 이는 다니엘에 대한 조치를 고치지 못하게 하려 함이었더라 왕이 궁에 돌아가서는 밤이 새도록 금식하고 그 앞에 오락을 그치고 잠자기를 마다하니라"(단 6:10-18).

인을 떼실 때에 = 복음을 전파하는 것.

요한계시록 6:9

다섯째 인을 떼실 때에 내가 보니 하나님의 말씀과 그들이 가진 증거로 말미암아 죽임을 당한 영혼들이 제단 아래에 있어

요한계시록 6:10

큰 소리로 불러 이르되 거룩하고 참되신 대주재여 땅에 거하는 자들을 심판하여 우리 피를 갚아 주지 아니하시기를 어느 때까지 하시려 하나이까 하니

요한계시록 6:11

각각 그들에게 흰 두루마기를 주시며 이르시되 아직 잠시 동안 쉬되 그들의 동무 종들과 형제들도 자기처럼 죽임을 당하여 그 수가 차기까지 하라 하시더라

이제는 하늘 보좌 앞에서 봉인된 두루마리의 인을 다 떼시고 복음이 전파되자, 핍박자들인 마귀 사탄들의 공격으로 많은 하나님의 백성과 복음을 증거합니다. 그로 말미암아 순교당한 영혼들이 제단 아래에서 큰 소리

로 호소합니다. "큰 소리로 불러 이르되 거룩하고 참되신 대주재여 땅에 거하는 자들을 심판하여 우리 피를 갚아 주지 아니하시기를 어느 때까지 하시려 하나이까."

그때 그들에게 흰 두루마기를 주시며 잠시 동안 예수님이 재림하실 때까지 기다리라고 하십니다. 너희들의 동무 종들과 형제들도 너희처럼 죽임을 당하고 올 것인데 그 수가 차기까지 기다리라는 것입니다.

그러나 이 네 생물과 이십사 장로들은 제4장에서의 하늘의 보좌가 있는 하늘의 총지휘 통제소에서 하나님의 보좌 앞에 있다가 믿음의 성도들이 올 때에 "아멘. 할렐루야"로 맞이한 후 성도들과 함께 혼인 잔치에 참석하는 것을 볼 수 있습니다(순교자들).

"이 일 후에 내가 들으니 하늘에 허다한 무리의 큰 음성 같은 것이 있어 이르되 할렐루야 구원과 영광과 능력이 우리 하나님께 있도다 그의 심판은 참되고 의로운지라 음행으로 땅을 더럽게 한 큰 음녀를 심판하사 자기 종들의 피를 그 음녀의 손에 갚으셨도다 하고 두 번째로 할렐루야 하니 그 연기가 세세토록 올라가더라 또 이십사 장로와 네 생물이 엎드려 보좌에 앉으신 하나님께 경배하여 이르되 아멘 할렐루야 하니 보좌에서 음성이 나서 이르시되 하나님의 종들 곧 그를 경외하는 너희들아 작은 자나 큰 자나 다 우리 하나님께 찬송하라 하더라 또 내가 들으니 허다한 무리의 음성과도 같고 많은 물 소리와도 같고 큰 우렛소리와도 같은 소리로 이르되 할렐루야 주 우리 하나님 곧 전능하신 이가 통치하시도다 우리가 즐거워하고 크게 기뻐하며 그에게 영광을 돌리세 어린 양의 혼인 기약이 이르렀고 그의 아내가 자신을 준비하였으므로 그에게 빛나고 깨끗한 세마포 옷을 입도록 허락하셨으니 이 세마포 옷은 성도들의 옳은 행실이로다 하더라 천사가 내게 말하기를 기록하라 어린 양의 혼인 잔치에 청함을 받은 자들은 복이 있도다 하고 또 내게 말하되 이것은 하나님의 참되신 말씀이라 하기로"(계 19:1-9).

요한계시록 6:12

내가 보니 여섯째 인을 떼실 때에 큰 지진이 나며 해가 검은 털로 짠 상복 같이 검어지고 달은 온통 피 같이 되며

요한계시록 6:13

하늘의 별들이 무화과나무가 대풍에 흔들려 설익은 열매가 떨어지는 것 같이 땅에 떨어지며

요한계시록 6:14

하늘은 두루마리가 말리는 것 같이 떠나가고 각 산과 섬이 제 자리에서 옮겨지매

요한계시록 6:15

땅의 임금들과 왕족들과 장군들과 부자들과 강한 자들과 모든 종과 자유인이 굴과 산들의 바위 틈에 숨어

요한계시록 6:16

산들과 바위에게 말하되 우리 위에 떨어져 보좌에 앉으신 이의 얼굴에서와 그 어린 양의 진노에서 우리를 가리라

요한계시록 6:17

그들의 진노의 큰 날이 이르렀으니 누가 능히 서리요 하더라

첫째부터 넷째 인터뷰 때까지는 복음을 전하는 성도들과 복음을 전하는 자들을 핍박하고 죽이고 먹을 것을 주지 않고 짐승(사자)의 굴에 넣어서 죽

이므로 많은 사람들이 순교를 당합니다.

그래서 다섯째 인터뷰 때에는 거룩하고 참되신 대주재여 땅에 거하는 자들을 심판하여 우리 피를 갚아 주지 아니하시기를 어느 때까지 하느냐고 호소했습니다.

이제 여섯째 인터뷰에서는 복음을 믿는 자들에게 핍박하므로 많은 고통을 당하여 주님을 배반한 자들에게 "큰 지진이 나며 해가 검은 털로 짠 상복 같이 검어지고 달이 온통 피 같이 되며 하늘의 별들이 무화과나무가 대풍에 흔들려 설익은 열매가 떨어지는 것 같이 땅에 떨어지며 하늘은 두루마리가 말리는 것 같이 떠나가고 각 산과 섬이 제 자리에서 옮겨지"는 무서운 지진이 일어납니다. 그러자 주님을 믿는 사람들 중에 믿음이 약한 자들이 주님을 배반하고 부인하였습니다. 하지만 이제는 무섭고 두려워서 기도합니다. "땅의 임금들과 왕족들과 장군들과 부자들과 강한 자들과 모든 종과 자유인이 굴과 산들의 바위 틈에 숨어 산들과 바위에게 말하되 우리 위에 떨어져 보좌에 앉으신 이의 얼굴에서와 그 어린 양의 진노에서 우리를 가리라." "진노의 큰 날이 이르렀다"고 우리들을 구원해 달라고 기도합니다. 그러면서 누가 구원을 얻겠느냐고 후회하며 간절히 기도를 하는 것입니다.

"너희는 지금 그로 하여금 그의 때에 나타나게 하려 하여 막는 것이 있는 것을 아나니 불법의 비밀이 이미 활동하였으나 지금은 그것을 막는 자가 있어 그 중에서 옮겨질 때까지 하리라 그 때에 불법한 자가 나타나리니 주 예수께서 그 입의 기운으로 그를 죽이시고 강림하여 나타나심으로 폐하시리라 악한 자의 나타남은 사탄의 활동을 따라 모든 능력과 표적과 거짓 기적과 불의의 모든 속임으로 멸망하는 자들에게 있으리니 이는 그들이 진리의 사랑을 받지 아니하여 구원함을 받지 못함이라 이러므로 하나님이 미혹의 역사를 그들에게 보내사 거짓

것을 믿게 하심은 진리를 믿지 않고 불의를 좋아하는 모든 자들로 하여금 심판을 받게 하려 하심이라"(살후 2:6-12).

제 7 장 복음을 받은 십사만 사천과 큰 무리

요한계시록 7:1

이 일 후에 내가 네 천사가 땅 네 모퉁이에 선 것을 보니 땅의 사방의 바람을 붙잡아 바람으로 하여금 땅에나 바다에나 각종 나무에 불지 못하게 하더라

요한계시록 7:2

또 보매 다른 천사가 살아 계신 하나님의 인을 가지고 해 돋는 데로부터 올라와서 땅과 바다를 해롭게 할 권세를 받은 네 천사를 향하여 큰 소리로 외쳐

요한계시록 7:3

이르되 우리가 우리 하나님의 종들의 이마에 인치기까지 땅이나 바다나 나무들을 해하지 말라 하더라

믿음이 있는 자들은 마귀 사탄의 말에 불순종하여 핍박으로 순교를 당합니다. 믿음이 약한 자들은 핍박이 무섭고 두려워서 믿음을 배반합니다. 살아 있는 자들은 두려워합니다. "… 큰 지진이 나며 해가 검은 털로 짠 상복 같이 검어지고 달은 온통 피 같이 되며 하늘의 별들이 무화과나무가 대풍에 흔들려 설익은 열매가 떨어지는 것 같이 땅에 떨어지며 하늘은 두루

마리가 말리는 것 같이 떠나가고 각 산과 섬이 제 자리에서 옮겨지매 땅의 임금들과 왕족들과 장군들과 부자들과 강한 자들과 모든 종과 자유인이 굴과 산들의 바위 틈에 숨어 산들과 바위에게 말하되 우리 위에 떨어져 보좌에 앉으신 이의 얼굴에서와 그 어린 양의 진노에서 우리를 가리라 그들의 진노의 큰 날이 이르렀으니 누가 능히 서리요 하더라"(계 6:12-17).

이렇게 악한 마귀 사탄의 시험을 통해서 가해지는 핍박과 죽음의 권세를 이기지 못하고 믿음을 배반하고 저버린 자들을 네 천사(하늘의 지휘 통제소에서 와서 심판을 실행하고자 하는 자)들이 땅의 네 모퉁이에 서서 땅의 사방의 바람을 붙잡아 바람으로 하여금 땅에나 바다에나 각종 나무에 불지 못하게 하여 땅과 바다를 해롭게 하며 심판하고자 합니다. 다른 천사(하늘의 보좌의 명령을 전하는 전령)가 해 돋는 데로부터 올라와서 큰 소리로 외쳐 이르되 우리가 우리 하나님의 종(믿음의 백성)들의 이마에 인치기(복음을 전하여 믿게 하기)까지 땅이나 바다나 나무들을 해하지 말라고 외치며 그들에게 다시 복음을 전파합니다.

"그의 증언을 받는 자는 하나님이 참되시다는 것을 인쳤느니라 하나님이 보내신 이는 하나님의 말씀을 하나니 이는 하나님이 성령을 한량 없이 주심이니라 아버지께서 아들을 사랑하사 만물을 다 그의 손에 주셨으니 아들을 믿는 자에게는 영생이 있고 아들에게 순종하지 아니하는 자는 영생을 보지 못하고 도리어 하나님의 진노가 그 위에 머물러 있느니라"(요 3:33-36).

이마에 인치기까지 = 머리에 복음을 받아들이다(믿음을 갖다)

요한계시록 7:4

내가 인침을 받은 자의 수를 들으니 이스라엘 자손의 각 지파 중에서 인침을

받은 자들이 십사만 사천이니

요한계시록 7:5

유다 지파 중에 인침을 받은 자가 일만 이천이요 르우벤 지파 중에 일만 이천이요 갓 지파 중에 일만 이천이요

요한계시록 7:6

아셀 지파 중에 일만 이천이요 납달리 지파 중에 일만 이천이요 므낫세 지파 중에 일만 이천이요

요한계시록 7:7

시므온 지파 중에 일만 이천이요 레위 지파 중에 일만 이천이요 잇사갈 지파 중에 일만 이천이요

요한계시록 7:8

스불론 지파 중에 일만 이천이요 요셉 지파 중에 일만 이천이요 베냐민 지파 중에 인침을 받은 자가 일만 이천이라

믿는 자들에게 핍박을 행하는 마귀 사탄이 무섭고 두려워서 주님을 배반한 자들이 다시 하나님의 복음을 받고 믿음(인침)을 받은 인원이 이스라엘 지파에만 십사만 사천입니다. 단 지파와 에브라임 지파가 제외된 것은 단 지파는 분배 받은 땅이 없으므로 단 지파의 땅에 거주하는 사람이 없어서 제외되고, 에브라임 지파는 요셉의 장남(출생의 장남이 아님)으로서 장남 대신 아버지인 요셉 지파가 들어간 것입니다. 구약에서는 제사장 아론의 지파는 빠졌지만, 신약에서는 제사장의 제도가 폐지됨으로 레위 지파가 들어

가 인치심(복음을 믿음)을 받은 사람은 열두 지파에 각각 12,000명으로서 선정한 것입니다.

이는 땅에서 빨리 인치심을 받은 사람들의 수를 채우기 위해서 그 동무 종들과 형제들에게 복음을 전파하기 위하여 급히 인치십니다. 그들을 통해서 지상에서 한 사람이라도 후회하며 구원 받지 못하는 사람이 없기 위한 것입니다.

이스라엘 백성이라고 하는 것은 야곱이 브니엘에서 어떤 사람과 날이 새도록 씨름하고 이김으로써 얻은 이름입니다. 이제 하나님이 통치하시고 하나님이 다스리신다는 뜻으로 '이스라엘'이라는 이름을 주신 것처럼, 우리도 거듭나서 우리를 다스리고 통치하시는 분이 하나님이시면 우리도 이스라엘 백성이 되므로 믿는 성도들은 모두가 하나님이 다스리고 통치하시는 하나님의 백성, 이스라엘 백성이 되는 것입니다.

불신자들은 이방인입니다. 개인적으로는 라합과 룻이 이방인이지만, 자신들의 신앙고백을 통해서 구원받고 유다 지파로 이스라엘 백성이 되고 예수 그리스도의 계보에 들어갔습니다.

사울 왕은 기브온 족속이지만, 믿음의 신앙고백을 하고 구원을 받고 이스라엘 백성으로 베냐민 지파에 들어가서 기브온 사람 사울이 왕이 되었습니다.

구원 받은 성도들은 구원을 받고 자신의 소속된 지파에 그 지파의 땅에 들어가서 이스라엘의 백성이 되어 하나님이 다스리고 통치하는 하나님의 백성이 되는 것입니다. "내가 인침을 받은 자의 수를 들으니 이스라엘 자손의 각 지파 중에서 인침을 받은 자들이 십사만 사천이니"(계 7:4).

'십사만 사천'은 (12 x 12 x 1,000 = 144,000)으로써 12는 하나님의 계획과 섭리의 완전수를 나타내므로 12지파 곱하기 12(완전수) 곱하기 1,000(하나님의 완전수)임으로 하나님은 완전수 셋을 곱한 수인 하나님의 백성을 완전하게 구원하시는 것입니다.

"밤에 일어나 두 아내와 두 여종과 열한 아들을 인도하여 얍복 나루를 건널새 그들을 인도하여 시내를 건너가게 하며 그의 소유도 건너가게 하고 야곱은 홀로 남았더니 어떤 사람이 날이 새도록 야곱과 씨름하다가 자기가 야곱을 이기지 못함을 보고 그가 야곱의 허벅지 관절을 치매 야곱의 허벅지 관절이 그 사람과 씨름할 때에 어긋났더라 그가 이르되 날이 새려하니 나로 가게 하라 야곱이 이르되 당신이 내게 축복하지 아니하면 가게 하지 아니하겠나이다 그 사람이 그에게 이르되 네 이름이 무엇이냐 그가 이르되 야곱이니이다 그가 이르되 네 이름을 다시는 야곱(발뒤꿈치를 잡았다, 거짓말쟁이)이라 부를 것이 아니요 이스라엘(하나님과 겨루어 이김, 하나님이 지배하심, 하나님이 통치하심)이라 부를 것이니 이는 네가 하나님과 및 사람들과 겨루어 이겼음이니라"(창 32:22-28).

"너희는 이 땅을 나누되 제비 뽑아 너희와 너희 가운데에 머물러 사는 타국인 곧 너희 가운데에서 자녀를 낳은 자의 기업이 되게 할지니 너희는 그 타국인을 본토에서 난 이스라엘 족속 같이 여기고 그들도 이스라엘 지파 중에서 너희와 함께 기업을 얻게 하되 타국인이 머물러 사는 그 지파에서 그 기업을 줄지니라 주 여호와의 말씀이니라"(겔 47:22-23).

"각 사람이 돈으로 산 종은 할례를 받은 후에 먹을 것이며 거류인과 타국 품꾼은 먹지 못하리라 한 집에서 먹되 그 고기를 조금도 집 밖으로 내지 말고 뼈도 꺾지 말지며 이스라엘 회중이 다 이것을 지킬지니라 너희와 함께 거류하는 타국인이 여호와의 유월절을 지키고자 하거든 그 모든 남자는 할례를 받은 후에야 가까이 하여 지킬지니 곧 그는 본토인과 같이 될 것이나 할례 받지 못한 자는 먹지 못할 것이니라 본토인에게나 너희 중에 거류하는 이방인에게 이 법이 동일하니라 하셨으므로"(출 12:44-49).

"그러나 너희는 택하신 족속이요 왕 같은 제사장들이요 거룩한 나라요 그의 소유가 된 백성이니 이는 너희를 어두운 데서 불러 내어 그의 기이한 빛에 들어가게 하신 이의 아름다운 덕을 선포하게 하려 하심이라"(벧전 2:9).

요한계시록 7:9

이 일 후에 내가 보니 각 나라와 족속과 백성과 방언에서 아무도 능히 셀 수 없는 큰 무리가 나와 흰 옷을 입고 손에 종려 가지를 들고 보좌 앞과 어린 양 앞에 서서

요한계시록 7:10

큰 소리로 외쳐 이르되 구원하심이 보좌에 앉으신 우리 하나님과 어린 양에게 있도다 하니

이 일 후에는 즉, 다른 천사를 보내서 심판을 멈추고 인치시기를 시작합니다. 각각의 열두 지파에서 12,000명씩 선정하여 144,000명을 인치십니다. 그러고 난 후에 이방인인 각 나라와 족속과 백성과 방언(언어)이 다른 모든 믿음의 성도들을 인치니 이는 아무도 셀 수 없는 큰 무리로서 구원을 받고 흰 옷을 입고 손에 종려가지(이기다)를 들고 구원 받음을 하나님과 어린 양에게 큰 소리로 감사와 찬양과 영광을 돌립니다. 이들은 핍박 가운데서 믿음이 약하여져 하나님의 믿음을 배반하였다가 다시 인침(복음을 듣고 믿기로 한 성도)을 받고 진노의 큰 날에 누가 능히 구원을 받겠느냐고 외치던 사람들이 구원을 받고 큰 소리로 외칩니다. 그렇게 보좌에 앉으신 하나님과 어린 양을 통해서 구원 받았다고 외치고 있습니다.

이는 이방인으로서 이스라엘 자손들의 지파에 속한 땅에 이르지 못한 이방인인 우리도 복음으로 구원을 받고 기뻐해야 하는 것입니다. 우리도 주위에 있는 사람들과 우리의 형제들 모두가 구원받게 전도합시다.

"내가 보니 여섯째 인을 떼실 때에 큰 지진이 나며 해가 검은 털로 짠 상복 같이 검어지고 달은 온통 피 같이 되며 하늘의 별들이 무화과나무가 대풍에 흔들려 설익은 열매가 떨어지는 것 같이 땅에 떨어지며 하늘은 두루마리가 말리는 것 같이 떠나가고 각 산과 섬이 제 자리에서 옮겨지매 땅의 임금들과 왕족들과 장군들과 부자들과 강한 자들과 모든 종과 자유인이 굴과 산들의 바위 틈에 숨어 산들과 바위에게 말하되 우리 위에 떨어져 보좌에 앉으신 이의 얼굴에서와 그 어린 양의 진노에서 우리를 가리라 그들의 진노의 큰 날이 이르렀으니 누가 능히 서리요 하더라"(계 6:12-17).

요한계시록 7:11
모든 천사가 보좌와 장로들과 네 생물의 주위에 서 있다가 보좌 앞에 엎드려 얼굴을 대고 하나님께 경배하여

요한계시록 7:12
이르되 아멘 찬송과 영광과 지혜와 감사와 존귀와 권능과 힘이 우리 하나님께 세세토록 있을지어다 아멘 하더라

믿음이 약하여 하나님을 배반했던 믿음의 형제들이 모두 구원받는 것을 본 하늘의 모든 천사가 하늘 보좌에 계신 하나님과 주위에 있던 장로들과 네 생물의 주위에 서 있다가 너무 기쁘고 좋아서 여호와의 보좌 앞에 엎드려 얼굴을 대고 하나님께 경배합니다. "아멘 찬송과 영광과 지혜와 감사와 존귀

와 권능과 힘이 우리 하나님께 세세토록 있을지어다 아멘." 천사는 하나님의 인(복음을 전한 것)을 친 것이 이렇게 큰 구원을 이루게 되어 이 모든 것이 하나님이 이루는 것이라고 하나님께 그 하나 하나를 찬양하며 경배합니다.

지상에서 복음을 전파하다가 순교를 당한 이십사 장로들과 네 생물은 하나님과 같이 높으신 분이 자신들이 복음을 전파한 것을 알아주신 것과 또 자신이 전한 것이 정말 잘했다고 기뻐서 보좌 앞에 엎드려 하나님께 경배한 것처럼, 우리도 복음을 믿고 구원을 받아 이러한 기쁨을 누리며, 또 복음을 전해서 모든 사람들이 구원 받아 기뻐하는 것을 보며 감사하는 성도들이 되시기를 바랍니다.

요한계시록 7:13

장로 중 하나가 응답하여 나에게 이르되 이 흰 옷 입은 자들이 누구며 또 어디서 왔느냐

요한계시록 7:14

내가 말하기를 내 주여 당신이 아시나이다 하니 그가 나에게 이르되 이는 큰 환난에서 나오는 자들인데 어린 양의 피에 그 옷을 씻어 희게 하였느니라

요한계시록 7:15

그러므로 그들이 하나님의 보좌 앞에 있고 또 그의 성전에서 밤낮 하나님을 섬기매 보좌에 앉으신 이가 그들 위에 장막을 치시리니

요한계시록 7:16

그들이 다시는 주리지도 아니하며 목마르지도 아니하고 해나 아무 뜨거운 기운에 상하지도 아니하리니

요한계시록 7:17

이는 보좌 가운데에 계신 어린 양이 그들의 목자가 되사 생명수 샘으로 인도하시고 하나님께서 그들의 눈에서 모든 눈물을 씻어 주실 것임이라

장로 중 한 사람이 이 흰 옷 입은 자들이 누구이며, 또 어디서 왔느냐고 묻습니다. 장로는 모든 것을 다 알고 있으면서 자랑하고 싶고 기뻐서 너무 감격하여 묻습니다.

그가 대답하되 그들은 큰 환난에서 나오는 자들인데, 핍박자들이 죽이므로 무섭고 두려워서 주님을 배반했다가 다시 주님을 믿고 어린 양의 피에 그 옷을 씻어 희게 하고 인침(구원의 확정)을 받은 자들입니다. 하나님의 보좌 앞에서 그의 성전에서 밤낮 하나님을 섬기며 하나님이 그들에게 장막이 되셔서 그들을 보호하시며 그들이 필요한 것과 있어야 할 것을 필요한 때, 있어야 할 때 채워 주십니다. 이제는 주리지도 아니하며 목마르지도 아니하고 해나 아무 뜨거운 것에도 상하지도 아니하니 이는 하나님이 장막을 치시고 보호하시기 때문입니다. 보좌 가운데 계신 어린 양이 그들의 목자가 되셔서 안전하고 평안히 쉴 수 있는 곳으로 인도하시며 영원한 생명수 샘물을 마십니다. 이제는 눈물 날 것이 없으며, 또한 눈물이 난다 해도 그들의 눈에서 모든 눈물을 씻어 주신다는 것입니다.

이 기쁨은 믿음을 통해서 우리가 구원을 확신하고 성령 안에서 오는 기쁨입니다. 그러나 성령을 받은 사람은 성령을 받고 성령 안에서 마귀 사탄을 이겨야만 우리의 구원이 완전하게 이루어지는 것입니다.

결론은 제6장에서 복음을 전파한 네 생물은 어떠한 핍박이나 죽음의 어려움이 닥친다고 해도 순교를 각오하고 복음을 전파하고 믿음 안에서 순교한 사람들입니다. 그리고 믿음이 약해서 무섭고 두려움과 죽음의 공포의 큰 환난에서 주님을 배반했다가 회개하고 주님의 복음을 믿어 구원 받은

자로서 너희는 배반하는 사람이 되지 말라는 것입니다.

"… 큰 지진이 나며 해가 검은 털로 짠 상복 같이 검어지고 달은 온통 피 같이 되며 하늘의 별들이 무화과나무가 대풍에 흔들려 설익은 열매가 떨어지는 것 같이 땅에 떨어지며 하늘은 두루마리가 말리는 것 같이 떠나가고 각 산과 섬이 제자리에서 옮겨지매 땅의 임금들과 왕족들과 장군들과 부자들과 강한 자들과 모든 종과 자유인이 굴과 산들의 바위 틈에 숨어 산들과 바위에게 말하되 우리 위에 떨어져 보좌에 앉으신 이의 얼굴에서와 그 어린 양의 진노에서 우리를 가리라 그들의 진노의 큰 날이 이르렀으니 누가 능히 서리요 하더라"(계 6:12-17).

제 8 장 일곱 나팔

요한계시록 8:1

일곱째 인을 떼실 때에 하늘이 반 시간쯤 고요하더니

요한계시록 8:2

내가 보매 하나님 앞에 일곱 천사가 서 있어 일곱 나팔을 받았더라

하늘 보좌(고정 총지휘 본부)에서 복음의 봉인된 것이 다 해체되어 복음이 이제 다 열린 상태에서 마지막 인터뷰도 끝나고 하늘이 반 시간쯤 고요했습니다. 그런데 계시록 6장에서 세 분류의 사람들이 나타납니다.

한 분류는 순교한 사람(계 6:9-11)이고, 또 한 분류는 복음을 믿었지만 주님을 배반한 사람들(계 6:12−7:17)입니다. 또 한 분류의 사람들은 예수님을 죽이고 믿는 사람들을 핍박하고 고통을 주고, 사나운 짐승의 굴에 던져 넣어 짐승의 밥으로 죽게 하고 칼로 죽인 악한 마귀 사탄으로서 성도들을 핍박한 자(계 6:1-8)들입니다.

그들을 어떻게 할 것인가를 생각하시며 일정한 시간이 지난 후에 바로 심판하지 아니하시고 이제 세상에 재앙이 임할 것을 알리는 경고의 나팔을 불게 된다는 것입니다. 그것을 위해 하늘 보좌(하늘의 지휘통제소)에서 하

나님 앞에 서 있는 일곱 천사가 일곱 나팔을 받아 가지고 언제든지 나팔을 불기 위해 대기 상태로 서 있습니다.

요한계시록 8:3

또 다른 천사가 와서 제단 곁에 서서 금 향로를 가지고 많은 향을 받았으니 이는 모든 성도의 기도와 합하여 보좌 앞 금 제단에 드리고자 함이라

요한계시록 8:4

향연이 성도의 기도와 함께 천사의 손으로부터 하나님 앞으로 올라가는지라

요한계시록 8:5

천사가 향로를 가지고 제단의 불을 담아다가 땅에 쏟으매 우레와 음성과 번개와 지진이 나더라

하늘 보좌(하늘의 지휘 통제소)에서는 다른 천사(하나님의 명령을 전하는 전령)가 와서 제단 곁에 서서 자신은 이스라엘 사람 십사만 사천 명과 각 나라와 족속들과 방언이 다른 많은 이방 사람들 중에서 아무도 셀 수 없는 큰 무리를 인치고 왔는데(예수 그리스도의 복음을 전하고 왔음), 순교당한 성도들(계 6:9-11)이 이렇게 간절히 기도하고 있는 것입니다. 이들이 금 향로에 성도들의 기도를 담아 가지고 하나님의 보좌 앞 금 제단에 드리고, 또 믿음이 약한 자들이 예수님을 배반하게 만든 악한 마귀 사탄들을 심판하기 위해서 천사가 향로를 가지고 제단의 불을 담아다가 땅에 쏟자 우레와 음성과 번개와 지진으로 그들을 심판한다는 것을 경고하시고 있습니다.

"대답하여 이르시되 너희는 이 갈릴리 사람들이 이같이 해 받으므로 다른 모

든 갈릴리 사람보다 죄가 더 있는 줄 아느냐 너희에게 이르노니 아니라 너희도 만일 회개하지 아니하면 다 이와 같이 망하리라 또 실로암에서 망대가 무너져 치어 죽은 열여덟 사람이 예루살렘에 거한 다른 모든 사람보다 죄가 더 있는 줄 아느냐 너희에게 이르노니 아니라 너희도 만일 회개하지 아니하면 다 이와 같이 망하리라"(눅 13:2-5).

"인자야 너는 네 민족에게 말하여 이르라 가령 내가 칼을 한 땅에 임하게 한다 하자 그 땅 백성이 자기들 가운데의 하나를 택하여 파수꾼을 삼은 그 사람이 그 땅에 칼이 임함을 보고 나팔을 불어 백성에게 경고하되 그들이 나팔 소리를 듣고도 정신차리지 아니하므로 그 임하는 칼에 제거함을 당하면 그 피가 자기의 머리로 돌아갈 것이라 그가 경고를 받았던들 자기 생명을 보전하였을 것이나 나팔 소리를 듣고도 경고를 받지 아니하였으니 그 피가 자기에게로 돌아가리라 그러나 칼이 임함을 파수꾼이 보고도 나팔을 불지 아니하여 백성에게 경고하지 아니하므로 그 중의 한 사람이 그 임하는 칼에 제거 당하면 그는 자기 죄악으로 말미암아 제거되려니와 그 죄는 내가 파수꾼의 손에서 찾으리라 인자야 내가 너를 이스라엘 족속의 파수꾼으로 삼음이 이와 같으니라 그런즉 너는 내 입의 말을 듣고 나를 대신하여 그들에게 경고할지어다 가령 내가 악인에게 이르기를 악인아 너는 반드시 죽으리라 하였다 하자 네가 그 악인에게 말로 경고하여 그의 길에서 떠나게 하지 아니하면 그 악인은 자기 죄악으로 말미암아 죽으려니와 내가 그의 피를 네 손에서 찾으리라 그러나 너는 악인에게 경고하여 돌이켜 그의 길에서 떠나라고 하되 그가 돌이켜 그의 길에서 떠나지 아니하면 그는 자기 죄악으로 말미암아 죽으려니와 너는 네 생명을 보전하리라 그런즉 인자야 너는 이스라엘 족속에게 이르기를 너희가 말하여 이르되 우리의 허물과 죄가 이미 우리에게 있어 우리로 그 가운데에서 쇠퇴하게 하니 어찌 능히 살리요 하거니와 너는 그들에게 말하라 주 여호와의 말씀이니라 나의 삶을 두고 맹세하노니 나는 악인이 죽는 것을 기뻐하지 아니하고 악인이 그의 길에서 돌이켜 떠나 사는 것을 기뻐하노라 이스라엘 족속아 돌이키고 돌이키라 너희 악한 길에서 떠나라 어찌 죽고자 하느냐 하셨다 하라 인자야 너는 네 민족에게 이르기를 의인이 범죄하는 날에는 그 공의가 구원하지 못할 것이요 악인이 돌이켜 그 악에서 떠나는 날에는 그 악이 그를 엎드러뜨리지 못할 것인즉 의인이 범죄하는 날에는 그 의로 말미암아 살지 못하리라 가령 내가 의인에게 말하기를 너는 살리라 하였다 하자 그가 그 공의를 스스로 믿고 죄악을 행하면 그 모든 의로운 행위가 하나도 기억되지 아니하리니 그가 그 지은 죄악으로 말미암아 곧 그 안에서 죽으리라 가령 내가 악인에게 말하기를 너는 죽으리라 하였다 하자 그가 돌이켜 자기의 죄에서 떠나서 정의와 공의로 행하여 저당물을 도로 주며 강탈한 물건을 돌려 보내고 생명의 율례를 지켜 행하여 죄악을 범하지 아니하면 그가 반드시 살고 죽지 아니할지라 그가 본래 범한 모든 죄가 기억되지 아니하리니 그가 반드시 살리라 이는 정의와 공의를 행하였음이라 하라"(겔 33:2-16).

요한계시록 8:6

일곱 나팔을 가진 일곱 천사가 나팔 불기를 준비하더라

"다섯째 인을 떼실 때에 내가 보니 하나님의 말씀과 그들이 가진 증거로 말미암아 죽임을 당한 영혼들이 제단 아래에 있어 큰 소리로 불러 이르되 거룩하고 참되신 대주재여 땅에 거하는 자들을 심판하여 우리 피를 갚아 주지 아니하시기를 어느 때까지 하시려 하나이까 하니 각각 그들에게 흰 두루마기를 주시며 이르시되 아직 잠시 동안 쉬되 그들의 동무 종들과 형제들도 자기처럼 죽임을 당하여 그 수가 차기까지 하라 하시더라"(계 6:9-11). 이 모든 순교자의 기도를 다 합하여 보좌 앞 금 제단에 드립니다. "천사가 향로를 가지고 제단의 불을 담아다가 땅에 쏟으매 우레와 음성과 번개와 지진이 나더라"(계 8:5)고 하신 말씀처럼, 일곱 나팔을 가진 일곱 천사가 나팔을 불기 위해서 대기하고 있다가 일제히 동시에 일곱 나팔을 붑니다. 이는 천사가 제단의 불을 담아다가 땅에 쏟자 우레와 음성과 번개와 지진이 일어나는 일들을 보고 나팔을 분 것입니다.

그러므로 심판은 차례대로 하는 것이 아니라 일시에 일어난 것이었습니다. 나팔도 일곱 천사가 불기를 대기하고 있다가 한 천사씩 한 천사씩 부는 것이 아니라 일시에 분 것이었습니다. 일곱 천사들의 나팔을 분 상황이 다 다르기에 천사들을 각각 인터뷰해야 하는 것입니다.

요한계시록 8:7

첫째 천사가 나팔을 부니 피 섞인 우박과 불이 나와서 땅에 쏟아지매 땅의 삼분의 일이 타 버리고 수목의 삼분의 일도 타 버리고 각종 푸른 풀도 타 버렸더라

위 계시록 8:5 말씀 같은 일이 일어나는 것을 보고 경고 나팔을 불었습니다. 첫째 나팔수는 피 섞인 우박과 불이 나와서 땅에 쏟아지므로 땅의 삼분의 일이 타 버리고, 수목과 각종 푸른 풀도 삼분의 일이 타 버리는 일을 보고 하늘에서 경고의 메시지를 담은 나팔을 불어서 전달했습니다.

이는 6장에서 성도들을 핍박하고 죽이던 악한 핍박자들이 삼분의 일이고, 또 순교자들이 삼분의 일이고, 핍박하고 죽이는 것이 무섭고 두려워서 배교한 사람들이 삼분의 일입니다. 이 배교했던 삼분의 일은 7장에 나오는 것처럼 그들이 회개하고 하나님 앞으로 돌아왔는데 악한 핍박자들인 삼분의 일에게도 하나님 앞으로 회개하고 돌아오게 하고자 피 섞인 우박과 불이 나와서 땅에 쏟아지는데 땅의 삼분의 일이 타 버리고 수목의 삼분의 일도 타 버리고 각종 푸른 풀도 타 버리는 재앙을 내립니다. 이는 예수 그리스도를 죽이고 하나님을 믿는 성도들을 핍박하여 죽이고 또 믿음이 약한

성도들을 회유하던 죄를 회개시키고자 하는 것이므로 삼분의 일(핍박자 + 순교자 + 배교자)의 핍박자에게 재앙을 내리시기 위해서 그들이 깨닫고 회개하고 돌아오기를 바라고 경고의 나팔을 불었던 것입니다. 하지만 그들은 깨닫지 못하고 회개하지 않았습니다.

요한계시록 8:8

둘째 천사가 나팔을 부니 불 붙는 큰 산과 같은 것이 바다에 던져지매 바다의 삼분의 일이 피가 되고

요한계시록 8:9

바다 가운데 생명 가진 피조물들의 삼분의 일이 죽고 배들의 삼분의 일이 깨지더라

둘째 천사도 동시에 경고 나팔을 불었습니다. 둘째 천사는 불 붙는 큰 산과 같은 것이 바다에 던져짐으로 바다의 삼분의 일이 피가 되고, 바다 가운데 생명을 가진 피조물의 삼분의 일이 죽고, 바다의 배들이 삼분의 일이 깨지는 재앙을 보고 경고의 나팔을 불어서 하늘의 메시지를 전달하는 것입니다.

이는 예수 그리스도를 죽이고 하나님을 믿는 성도들을 핍박하여 죽이고 또 믿음이 약한 성도들을 회유하던 죄를 회개시키고자 하시는 것입니다.

요한계시록 8:10

셋째 천사가 나팔을 부니 횃불 같이 타는 큰 별이 하늘에서 떨어져 강들의 삼분의 일과 여러 물샘에 떨어지니

요한계시록 8:11

이 별 이름은 쓴 쑥이라 물의 삼분의 일이 쓴 쑥이 되매 그 물이 쓴 물이 되므로 많은 사람이 죽더라

셋째 천사가 경고 나팔을 분 것은 횃불 같이 타는 큰 별이 하늘에서 떨어져 강들의 삼분의 일과 여러 물샘에 떨어지는데 이 별의 이름이 쓴 쑥입니다. 그래서 모든 물의 삼분의 일이 쓴 물이 되어 그 물로 말미암아 많은 사람들이 죽는 것을 보고 그들에게 하나님이 내리는 재앙인 줄 깨닫고 경고의 나팔을 분 것이었습니다. 이제 재앙이 내린 물을 마시는 사람에게도 재앙이 내리는데, 그럼에도 그들은 깨닫지 못합니다. 첫 번째와 두 번째에는 사람이 아닌 자연에 재앙을 내린 것이라면, 세 번째에는 자연과 아울러 거기에 거주하는 사람들에게도 재앙이 임했었습니다. 그렇게 해도 그들은 알지 못하고 회개하지를 않습니다.

요한계시록 8:12

넷째 천사가 나팔을 부니 해 삼분의 일과 달 삼분의 일과 별들의 삼분의 일이 타격을 받아 그 삼분의 일이 어두워지니 낮 삼분의 일은 비추임이 없고 밤도 그러하더라

요한계시록 8:13

내가 또 보고 들으니 공중에 날아가는 독수리가 큰 소리로 이르되 땅에 사는 자들에게 화, 화, 화가 있으리니 이는 세 천사들이 불어야 할 나팔 소리가 남아 있음이로다 하더라

넷째 천사가 경고 나팔을 분 것은 해의 삼분의 일과 달의 삼분의 일과 별

의 삼분의 일이 타격을 받아 그 삼분의 일이 어두워지는데, 낮의 삼분의 일은 비추임이 없고 밤도 그리하여 어둠의 재앙이 올 것을 보고 이렇게 경고 나팔을 불어 재앙이 임할 것을 알리고 있습니다. 이제는 너희가 회개할 수도 없고, 아무 소망도 없는 일이 일어날 것을 보여주는데도 악한 사람들은 돌아서지 않고 회개하지 않습니다. 이제는 공중에 날아가는 독수리가 큰 소리로 땅에 사는 사람들에게 이렇게 알려줍니다. "화, 화, 화가 있으리라." 그러면서 앞으로 임할 화를 세 천사가 또 전할 것이라고 말합니다.

제 9 장 회개하지 아니함(칠 년 대환난 끝남)

요한계시록 9:1

다섯째 천사가 나팔을 불매 내가 보니 하늘에서 땅에 떨어진 별 하나가 있는데 그가 무저갱의 열쇠를 받았더라

요한계시록 9:2

그가 무저갱을 여니 그 구멍에서 큰 화덕의 연기 같은 연기가 올라오매 해와 공기가 그 구멍의 연기로 말미암아 어두워지며

요한계시록 9:3

또 황충이 연기 가운데로부터 땅 위에 나오매 그들이 땅에 있는 전갈의 권세와 같은 권세를 받았더라

요한계시록 9:4

그들에게 이르시되 땅의 풀이나 푸른 것이나 각종 수목은 해하지 말고 오직 이마에 하나님의 인침을 받지 아니한 사람들만 해하라 하시더라

하늘의 지휘 통제소에서 떨어진 별 하나가 무저갱의 열쇠를 갖고 무저갱

을 여는데 여기에서 별 하나가 무저갱의 열쇠를 받습니다. 무저갱은 불신자(악한 자)들이 들어가 있는 곳입니다. 그러므로 열쇠를 악한 천사나 마귀 사탄에게 맡길 수 있는 것이 아닙니다. 또 그가 각종 수목과 하나님의 인침을 받은 자는 해하지 말라고 하는 것을 보면 선한 천사라고 할 수 있습니다.

무저갱은 바닥이 없는 곳을 말합니다. 무저갱을 여는데 거기서 큰 화덕의 연기 같은 것이 올라와서 그 때문에 해와 공기가 어두워졌습니다. 또 무저갱으로부터 연기와 함께 올라온 황충이 땅에서 전갈의 권세와 같은 권세를 받았는데, 전갈은 독충이어서 꼬리에 한 번 쏘이면 심한 고통을 당하게 됩니다. 이 황충을 무수한 무리로 표현하는 것은 무저갱에서 나온 무리들이 악한 마귀 사탄의 집단으로 황충 같은 무리라는 것입니다. 그들에게 전갈과 같은 독충의 권세를 줌으로써 그들에게 황충 같은 권세로 하나님을 믿는 성도들을 대적한 핍박자들에게 독충인 전갈에 쏘이는 고통을 줌으로 회개시키고자 하는 것입니다.

그래서 별이 "그들에게 이르시되 땅의 풀이나 푸른 것이나 각종 수목은 해하지 말라 오직 이마에 하나님의 인침을 받지 아니한 사람들만 해하라"고 합니다. 이는 무저갱에서 나온 황충이 군대 집단의 세력을 이용해서 악한 마귀 사탄과 같은 세력들을 회개시키려는 것입니다.

"이르되 우리가 우리 하나님의 종들의 이마에 인치기까지 땅이나 바다나 나무들을 해하지 말라 하더라 내가 인침을 받은 자의 수를 들으니 이스라엘 자손의 각 지파 중에서 인침을 받은 자들이 십사만 사천이니"(계 7:3-4).

"또 내가 보매 천사가 무저갱의 열쇠와 큰 쇠사슬을 그의 손에 가지고 하늘로부터 내려와서 용을 잡으니 곧 옛 뱀이요 마귀요 사탄이라 잡아서 천 년 동안 결박하여 무저갱에 던져 넣어 잠그고 그 위에 인봉하여 천 년이 차도록 다시는 만국을 미혹하지 못하게 하였는데 그 후에는 반드시 잠깐 놓이리라"(계 20:1-3).

요한계시록 9:5

그러나 그들을 죽이지는 못하게 하시고 다섯 달 동안 괴롭게만 하게 하시는데 그 괴롭게 함은 전갈이 사람을 쏠 때에 괴롭게 함과 같더라

요한계시록 9:6

그 날에는 사람들이 죽기를 구하여도 죽지 못하고 죽고 싶으나 죽음이 그들을 피하리로다

많은 군대와 같은 황충을 이용하여 그들에게 전갈의 권세를 줘서 핍박자들에게 고통을 줌으로 회개시키려고 죽이지 못하게 하는데 다섯 달 동안을 괴롭게 합니다. 그 괴롭게 하는 것이 전갈이 사람을 꼬리로 쏠 때 그 독침에 쏘여 괴로워하는 것 같이 괴롭게 함으로써 회개하고 돌아오기를 바라십니다.

그러나 그들은 그 괴로움이 얼마나 괴로운지 죽기를 구해도 죽지 못하고 죽고 싶어도 죽음이 그들을 피해가는 그 괴로움을 다섯 달 동안 당해도 회개하지 않는 것입니다.

요한계시록 9:7

황충들의 모양은 전쟁을 위하여 준비한 말들 같고 그 머리에 금 같은 관 비슷한 것을 썼으며 그 얼굴은 사람의 얼굴 같고

요한계시록 9:8

또 여자의 머리털 같은 머리털이 있고 그 이빨은 사자의 이빨 같으며

요한계시록 9:9

또 철 호심경 같은 호심경이 있고 그 날개들의 소리는 병거와 많은 말들이 전쟁터로 달려 들어가는 소리 같으며

요한계시록 9:10

또 전갈과 같은 꼬리와 쏘는 살이 있어 그 꼬리에는 다섯 달 동안 사람들을 해하는 권세가 있더라

무저갱에서 올라온 황충은 무리를 지어 날아가는 것이 마치 군대처럼 사람들을 괴롭게 하는데 다섯 달 동안 합니다. 그런데 얼마나 괴로운지 죽기를 구하여도 죽지 못하고 죽고 싶으나 죽음이 그들을 피해가는 그 괴로움과 고통을 당한다고 말하면서 7~10절에서는 황충의 무리에 대하여 설명하고 있습니다.

황충의 모양(직무)

1. 모양은 전쟁을 위하여 준비한 말들 같고

전쟁을 위해서 준비한 말이며, 이들은 전쟁을 좋아하는 무리입니다.

"말의 힘을 네가 주었느냐 그 목에 흩날리는 갈기를 네가 입혔느냐 네가 그것으로 메뚜기처럼 뛰게 하였느냐 그 위엄스러운 콧소리가 두려우니라 그것이 골짜기에서 발굽질하고 힘 있음을 기뻐하며 앞으로 나아가서 군사들을 맞되 두려움을 모르고 겁내지 아니하며 칼을 대할지라도 물러나지 아니하니 그의 머리 위에서는 화살통과 빛나는 창과 투창이 번쩍이며 땅을 삼킬 듯이 맹렬히 성내며

나팔 소리에 머물러 서지 아니하고 나팔 소리가 날 때마다 힝힝 울며 멀리서 싸움 냄새를 맡고 지휘관들의 호령과 외치는 소리를 듣느니라"(욥 39:19-25).

2. 머리에 금 같은 관 비슷한 것을 썼으며

자신은 황충에 불과하지만, 높은 관직을 가진 사람처럼 권력을 남용합니다.

3. 얼굴은 사람의 얼굴 같고

무저갱에서 나온 악한 마귀 사탄에 불과하지만, 선한 사람 같이 행합니다.

4. 여자의 머리털 같은 머리털이 있고

여자같이 순하고 온순하지만, 어쩔 수 없이 한다고 하면서 온갖 악을 다 행하는 것입니다.

5. 이빨은 사자의 이빨 같으며

여자 같이 온순한 것 같지만, 더 악한 자 사자같이 무섭게 하는 것입니다.

6. 철 호심경 같은 호심경이 있고

못된 짓은 다하면서도 자기 욕심만 차리고 자신의 호황을 누리면서 자신만 방어하고 자신의 안전만 추구하는 것입니다.

"그러므로 하나님의 전신 갑주를 취하라 이는 악한 날에 너희가 능히 대적하고 모든 일을 행한 후에 서기 위함이라 그런즉 서서 진리로 너희 허리 띠를 띠고 의의 호심경을 붙이고"(엡 6:13-14).

"우리는 낮에 속하였으니 정신을 차리고 믿음과 사랑의 호심경을 붙이고 구원의 소망의 투구를 쓰자 하나님이 우리를 세우심은 노하심에 이르게 하심이 아니요 오직 우리 주 예수 그리스도로 말미암아 구원을 받게 하심이라"(살전 5:8–9).

7. 날개들의 소리는 병거와 많은 말들이 전쟁터로 달려 들어가는 소리 같으며

그러나 그들은 전쟁이 나면 목숨을 걸고 싸우면서 물러서지 않습니다.

8. 전갈과 같은 꼬리와 쏘는 살이 있어 그 꼬리에는 다섯 달 동안 사람들을 해하는 권세가 있더라

잔인하게 다섯 달 동안 핍박합니다.

요한계시록 9:11

그들에게 왕이 있으니 무저갱의 사자라 히브리어로는 그 이름이 아바돈이요 헬라어로는 그 이름이 아볼루온이더라

요한계시록 9:12

첫째 화는 지나갔으나 보라 아직도 이 후에 화 둘이 이르리로다

황충이 무저갱에서 올라오듯, 그들을 다스리는 왕을 무저갱의 사자라 합니다. 그가 무저갱을 다스리는데, 히브리어와 헬라어로 이름이 지어지듯 널리 알려진 악한 마귀 사탄이며 "내가 또 보고 들으니 공중에 날아가는 독수리가 큰 소리로 이르되 땅에 사는 자들에게 화, 화, 화가 있으리니 이는 세 천사들이 불어야 할 나팔 소리가 남아 있음이로다 하더라"(계 8:13)라고 합니다.

이제 남은 세 나팔은 화를 상징하는 것으로써 다섯째 천사가 나팔을 불

게 된 것은 첫 번째에서 네 번째에 이루는 것은 재앙이 일어나는 것이라고 하면, 다섯 번째부터 일곱 번째까지는 화가 임하는 것으로써 하늘의 지휘 통제소로부터 떨어진 별이 아무도 열 수 없는 무저갱을 엽니다. 결국 악한 자들이 가는 곳이 무저갱입니다. 이 무저갱에는 악한 자들뿐인데 무저갱을 열어서 이들을 통해 믿지 않는 핍박자들과 악한 자들을 괴롭게 하며 고통을 받게 합니다. 회개하게 하려고 무저갱을 여는데 무저갱으로부터 큰 화덕의 연기가 올라와서 어둡게 하고 황충이 연기 가운데 땅 위로 나옵니다. 그들이 땅에 있는 전갈의 권세로 하나님의 복음을 믿지 않고 핍박하고 죽이고 배교하게 하는 핍박자들을 다섯 달 동안 많은 고통을 당할 것과 죽기를 구하여도 죽지 못하고 죽고 싶으나 죽음이 그들을 피해가는 그러한 기간이 올 것이라고 합니다.

그리고 황충이 떼와 같은 무수한 군대가 전쟁을 준비하고 싸우는 것같이 몰려오는데 여자의 머리털 같이 유순하게 보이는 것입니다. 하지만 결국 많은 사람들을 유혹하며 멸망의 길로 인도하는 것입니다. 그런데 많은 황충이 떼가 지나가면 그 모든 것이 황폐해지는 것처럼, 그들은 사자의 이빨 같은 날카로운 병기로 전쟁에서 철 호심경과 날 샌 병거와 많은 말을 거느리고 전갈과 같이 쏘는 꼬리로 다섯 달 동안 해하는 권세를 가지고 나가서 괴롭게 할 것입니다. 그렇지만 그들은 그렇게 할 것을 알고 나팔을 불어도 깨닫지 못합니다. 그들에게는 왕이 있으니 무저갱의 사자요 하면서 이것이 첫째 화이며, 이것이 지나가도 화가 두 개나 더 나타날 것을 알고 다섯 번째 천사가 나팔을 부는 것입니다.

요한계시록 9:13

여섯째 천사가 나팔을 불매 내가 들으니 하나님 앞 금 제단 네 뿔에서 한 음성이 나서

요한계시록 9:14

나팔 가진 여섯째 천사에게 말하기를 큰 강 유브라데에 결박한 네 천사를 놓아 주라 하매

요한계시록 9:15

네 천사가 놓였으니 그들은 그 년 월 일 시에 이르러 사람 삼분의 일을 죽이기로 준비된 자들이더라

요한계시록 9:16

마병대의 수는 이만 만이니 내가 그들의 수를 들었노라

요한계시록 9:17

이 같은 환상 가운데 그 말들과 그 위에 탄 자들을 보니 불빛과 자줏빛과 유황빛 호심경이 있고 또 말들의 머리는 사자 머리 같고 그 입에서는 불과 연기와 유황이 나오더라

요한계시록 9:18

이 세 재앙 곧 자기들의 입에서 나오는 불과 연기와 유황으로 말미암아 사람 삼분의 일이 죽임을 당하니라

요한계시록 9:19

이 말들의 힘은 입과 꼬리에 있으니 꼬리는 뱀 같고 또 꼬리에 머리가 있어 이것으로 해하더라

여섯 번째 천사가 나팔을 불게 된 것은 하늘의 하나님 앞 금 제단 네 뿔

에서 한 음성이 나는데, 여섯째 천사에게 큰 강 유브라데에 결박한 네 천사를 놓아 주라고 하십니다.

네 천사는 사람들을 해롭게 하며 심판하는 천사(계 7:1-2)를 말합니다. 네 천사가 핍박자들을 해하지 말라고 잠시 결박하였는데, 이제 그들을 큰 강 유브라데에 놓아 주라는 것입니다. 그들이 그 년 월 일 시에 이르러 사람 삼분의 일을 죽이기로 준비된 자들라고 하면서 풀어 주라고 합니다.

그들 네 천사가 담당해야 하는 마병대의 수가 환상적인 이만 만이라고 하는 소리를 들었습니다. 이들은 여기서 삼분의 일이라는 수는 제6장에서 복음을 믿는 자들을 핍박하고 죽이고 또 믿음이 약한 자들을 복음을 배반하게 한 악한 마귀 사탄과 같은 자들을 말하는 것이며, 이들을 죽이는 사람도 결국 무저갱에서 나온 악한 마귀 사탄 같은 황충들입니다.

이제 서로 싸우는데 말들을 타고 불빛과 자줏빛과 유황빛 호심경이 있고 또 말들의 머리는 사자의 머리 같고 그 입에서는 세 재앙, 곧 불과 연기와 유황이 나옵니다. 이 불(불같은 명령)과 연기(연기 같은 집단행동)와 유황(유황 같은 못에 넣어 죽이는 재앙)으로 말미암아 사람들이 삼분의 일이 죽임을 당합니다. 이들은 요한계시록 6:1−8까지의 말씀에서 하나님의 말씀과 그들이 가진 증거로 말미암아 하나님과 그의 어린 양 예수 그리스도를 믿고 그 복음을 전파한다고 죽인 자들이요(계 6:9-11), 또 그들은 믿음이 약한 자들을 하나님의 말씀과 예수 그리스도를 배반하게 한 자들로서 그 죄를 회개하지 않고 하나님의 인침을 받지 못한 자들입니다. 이 말들의 입과 꼬리에서 힘이 나오는데, 꼬리는 뱀 같고 또 꼬리(유혹)에는 머리가 있어 이것들이 사람들을 해하는 자들인 것입니다.

"이 일 후에 내가 네 천사가 땅 네 모퉁이에 선 것을 보니 땅의 사방의 바람을 붙잡아 바람으로 하여금 땅에나 바다에나 각종 나무에 불지 못하게 하더라 또 보매 다른 천사가 살아 계신 하나님의 인을 가지고 해 돋는 데로부터 올라와서 땅과 바다를 해롭게 할 권세를 받은 네 천사를 향하여 큰 소리로 외쳐 이르되 우리가 우리 하나님의 종들의 이마에 인치기까지 땅이나 바다나 나무들을 해하지 말라 하더라"(계 7:1-3).

요한계시록 9:20

이 재앙에 죽지 않고 남은 사람들은 손으로 행한 일을 회개하지 아니하고 오히려 여러 귀신과 또는 보거나 듣거나 다니거나 하지 못하는 금, 은, 동과 목석의 우상에게 절하고

요한계시록 9:21

또 그 살인과 복술과 음행과 도둑질을 회개하지 아니하더라

이렇게 여섯 개의 나팔의 경고를 통해서 수목의 삼분의 일이 타 버리고, 수풀의 삼분의 일이 타 버리고, 바다의 생명 가진 피조물의 삼분의 일이 죽고, 배들의 삼분의 일이 깨지는 재앙과 강들의 삼분의 일과 샘물의 삼분의 일이 쓴 물이 되어 그 물을 먹은 많은 사람이 죽고, 해와 달과 별들의 삼분의 일이 타격을 받아 빛을 잃어 어두워지고, 낮과 밤의 삼분의 일이 비추임이 없는 재앙이 임하는 것입니다. 그런다 해도 무저갱에서 악한 자들이 황충이 떼가 몰려오듯 몰려와서 하나님의 복음을 믿지 아니함으로 다섯 달 동안 고통 중에 죽기를 구해도 죽지 못하고 죽고 싶으나 죽음이 피해가는 것입니다. 화가 닥쳐도 심판하는 네 천사가 그 년 월 일 시에 사람의 삼분의 일을 심판하기 위해서 수많은 말들의 머리를 사자머리 같이 하고 그 입에서 불과 연기와 유황을 갖고 나타나서 삼분의 일이 죽임을 당할 거라고 합니다. 그 말들의 힘은 입과 꼬리에 있는데, 꼬리는 뱀 같고 또 꼬

리에 머리가 있어 이것으로 사람들을 해한다고 해도 그들은 회개하지 않습니다. 오히려 여러 귀신과 또 금이나 은이나 동이나 나무나 돌로 보지도 못하고 듣지도 못하고 다니지도 못하는 우상을 섬기는 것입니다. 또 세상에서 자신들이 행한 살인과 복술과 음행과 도둑질을 회개하지 않는 것입니다.

제3부

작은 두루마리 (급박한 마지막 복음)

이러한 재앙이 닥칠 것을 경고의 나팔을 불어서 전하지만 자신들의 죄를 깨닫지도 못하고 회개하지도 않습니다. 오히려 "이 재앙에 죽지 않고 남은 사람들은 손으로 행한 일을 회개하지 아니하고 오히려 여러 귀신과 또는 보거나 듣거나 다니거나 하지 못하는 금, 은, 동과 목석의 우상에게 절하고 또 그 살인과 복술과 음행과 도둑질을 회개하지 아니하더라"(계 9:20-21)라고 탄식합니다.

이제는 예언의 말씀을 통해서 강력하고 두려운 마음으로 복음을 믿지 아니하면 무저갱에 들어가서 천 년 동안 고통당하다가 천 년이 차면 잠시 나와서 하나님을 믿는 사람들이 하나님과 함께 영원히 잘 살아가는 것을 보고 유황 불못에 들어가는 둘째 사망을 당해도 회개하지 않는데, 주님을 믿으면 영원한 나라에서 하나님과 함께 영원히 산다는 것을 예언하는 것입니다.

제 10 장 예언의 말씀

요한계시록 10:1

내가 또 보니 힘 센 다른 천사가 구름을 입고 하늘에서 내려오는데 그 머리 위에 무지개가 있고 그 얼굴은 해 같고 그 발은 불기둥 같으며

요한계시록 10:2

그 손에는 펴 놓인 작은 두루마리를 들고 그 오른발은 바다를 밟고 왼발은 땅을 밟고

요한계시록 10:3

사자가 부르짖는 것 같이 큰 소리로 외치니 그가 외칠 때에 일곱 우레가 그 소리를 내어 말하더라

요한계시록 10:4

일곱 우레가 말을 할 때에 내가 기록하려고 하다가 곧 들으니 하늘에서 소리가 나서 말하기를 일곱 우레가 말한 것을 인봉하고 기록하지 말라 하더라

"예수 그리스도의 계시라 이는 하나님이 그에게 주사 반드시 속히 일어날 일

들을 그 종들에게 보이시려고 그의 천사를 그 종 요한에게 보내어 알게 하신 것이라 요한은 하나님의 말씀과 예수 그리스도의 증거 곧 자기가 본 것을 다 증언하였느니라 이 예언의 말씀을 읽는 자와 듣는 자와 그 가운데에 기록한 것을 지키는 자는 복이 있나니 때가 가까움이라"(계 1:1-3).

이제 제10장에서는 하늘의 총지휘 통제소에서 힘 센 다른 천사(예수 그리스도)가 구름을 입고 하늘에서 내려옵니다. 그 머리 위에 무지개가 있는데, 그 얼굴은 해 같이 빛나고, 발은 불기둥 같으며, 그 손에는 펴 놓인 작은 두루마리(급박한 마지막 복음인 요한계시록(예언))를 들고, 그 오른발은 바다를 밟고, 왼발은 땅을 밟고 사자가 부르짖는 것 같은 일곱 우레가 큰 소리로 급박하게 외칩니다. 그 소리를 듣고 기록하려 하다가 들으니 하늘에서 소리가 나서 말합니다. "인봉하고 기록하지 말라."

요한계시록 1:12-19에 나오신 예수님은 복음을 바로 잘 전하는지 점검하시던 예수님과 10장에서는 복음을 전해도(6장부터 9장까지) 복음을 믿지 않는 자들에게 구원 받지 못하면 영원히 멸망당한다고 예언을 하여도 믿지 않고 우상들을 섬기며 회개하지 않는 자들에게 작은 두루마리(급박한 마지막 복음인 요한계시록(예언))를 주신다는 것입니다. 이것은 너희가 회개하지 않으면 결국 꺼지지 않는 유황 불못에 들어가서 영원히 고통을 당한다는 것입니다. 하지만 하나님의 어린 양을 통해서 속량함을 받아 하나님과 어린 양에게 속한 자들로서 그들의 이마에 어린 양의 이름과 그 아버지의 이름을 쓴 것이 있는 자들만 구원을 받고, 새 하늘과 새 땅 거룩한 성, 새 예루살렘에서 영원히 살 수 있다는 것을 강조합니다. 이 증거를 남기기 위해서 10장부터는 예언의 말씀을 주시면서 앞으로 믿는 자들과 믿지 않는 자들에게 일어날 모든 일을 자세히 기록하여 주십니다.

힘 센 다른 천사(예수 그리스도)

1. 구름을 입고 하늘에서 내려오는데(임재의 상징)

"내가 또 밤 환상 중에 보니 인자 같은 이가 하늘 구름을 타고 와서 옛적부터 항상 계신 이에게 나아가 그 앞으로 인도되매 그에게 권세와 영광과 나라를 주고 모든 백성과 나라들과 다른 언어를 말하는 모든 자들이 그를 섬기게 하였으니 그의 권세는 소멸되지 아니하는 영원한 권세요 그의 나라는 멸망하지 아니할 것이니라"(단 7:13-14).

2. 그 머리 위에 무지개가 있고

"내가 너희와 언약을 세우리니 다시는 모든 생물을 홍수로 멸하지 아니할 것이라 땅을 멸할 홍수가 다시 있지 아니하리라 하나님이 이르시되 내가 나와 너희와 및 너희와 함께 하는 모든 생물 사이에 대대로 영원히 세우는 언약의 증거는 이것이니라 내가 내 무지개를 구름 속에 두었나니 이것이 나와 세상 사이의 언약의 증거니라 내가 구름으로 땅을 덮을 때에 무지개가 구름 속에 나타나면 내가 나와 너희와 및 육체를 가진 모든 생물 사이의 내 언약을 기억하리니 다시는 물이 모든 육체를 멸하는 홍수가 되지 아니할지라 무지개가 구름 사이에 있으리니 내가 보고 나 하나님과 모든 육체를 가진 땅의 모든 생물 사이의 영원한 언약을 기억하리라"(창 9:11-16).

"그 사방 광채의 모양은 비 오는 날 구름에 있는 무지개 같으니 이는 여호와의 영광의 형상의 모양이라 내가 보고 엎드려 말씀하시는 이의 음성을 들으니라"(겔 1:28).

3. 그 얼굴은 해 같고

"그의 오른손에 일곱 별이 있고 그의 입에서 좌우에 날선 검이 나오고 그 얼굴은 해가 힘있게 비치는 것 같더라"(계 1:16).

4. 발은 불기둥 같으며

"그의 발은 풀무불에 단련한 빛난 주석 같고 그의 음성은 많은 물 소리와 같으며"(계 1:15).

5. 그 손에는 펴 놓인 작은 두루마리(급박한 마지막 복음인 요한계시록(예언))를 들고

"그러므로 네가 본 것과 지금 있는 일과 장차 될 일을 기록하라"(계 1:19).

6. 사자가 부르짖는 것 같이 큰 소리로 외치니 그가 외칠 때에 일곱 우레가 그 소리를 내어 말하더라

"아마샤가 또 아모스에게 이르되 선견자야 너는 유다 땅으로 도망하여 가서 거기에서나 떡을 먹으며 거기에서나 예언하고 다시는 벧엘에서 예언하지 말라 이는 왕의 성소요 나라의 궁궐임이니라 아모스가 아마샤에게 대답하여 이르되 나는 선지자가 아니며 선지자의 아들도 아니라 나는 목자요 뽕나무를 재배하는 자로서 양 떼를 따를 때에 여호와께서 나를 데려다가 여호와께서 내게 이르시기를 가서 내 백성 이스라엘에게 예언하라 하셨나니 이제 너는 여호와의 말씀을 들을지니라 네가 이르기를 이스라엘에 대하여 예언하지 말며 이삭의 집을 향하여 경고하지 말라 하므로 여호와께서 이와 같이 말씀하시기를 네 아내는 성읍 가운데서 창녀가 될 것이요 네 자녀들은 칼에 엎드러지며 네 땅은 측량하여 나누어질 것이며 너는 더러운 땅에서 죽을 것이요 이스라엘은 반드시 사로잡혀 그의 땅에서 떠나리라 하셨느니라"(암 7:12-17).

1. 하나님이 하늘의 지휘 통제소에서 통제하심

요한에게 올라오라 하시면서 하늘의 보좌를 보여주신 것은 민수기에서 이스라엘 백성들이 시내 산에서 가나안 땅으로 갈 때에 여호와 하나님이 회막에서 이스라엘 백성들을 지휘 통제하신 것처럼, 계시록에서는 이 세상에서 저 세상 새 하늘과 새 땅으로 인도하시는 것을 하늘의 보좌(총지휘 통제소)에서 모든 것을 지휘 통제하신다는 것을 보여주십니다. 실제로 그곳에서 그때 그때 매 장마다 필요한 천사와 필요한 모든 것을 지휘 통제하신다는 것입니다.

"이 일 후에 내가 보니 하늘에 열린 문이 있는데 내가 들은 바 처음에 내게 말하던 나팔 소리 같은 그 음성이 이르되 이리로 올라오라 이 후에 마땅히 일어날 일들을 내가 네게 보이리라 하시더라 내가 곧 성령에 감동되었더니 보라 하늘에 보좌를 베풀었고 그 보좌 위에 앉으신 이가 있는데 앉으신 이의 모양이 벽옥과 홍보석 같고 또 무지개가 있어 보좌에 둘렸는데 그 모양이 녹보석 같더라 또 보좌에 둘려 이십사 보좌들이 있고 그 보좌들 위에 이십사 장로들이 흰 옷을 입고 머리에 금관을 쓰고 앉았더라 보좌로부터 번개와 음성과 우렛소리가 나고 보좌 앞에 켠 등불 일곱이 있으니 이는 하나님의 일곱 영이라"(계 4:1–5).

2. 두루마리(복음)로 구원을 말씀하심

5장에서의 두루마리는 복음을 말하면서 이 두루마리의 봉인을 떼실 분은 오직 어린 양 되신 예수 그리스도이심을 말합니다.

"… 두루마리를 가지시고 그 인봉을 떼기에 합당하시도다 일찍이 죽임을 당하사 각 족속과 방언과 백성과 나라 가운데에서 사람들을 피로 사서 하나님께 드리시고"(계 5:9하).

이 복음은 이방인에게 전해서 하나님께 드린다고 하시고, 6장에서는 네 생물이 복음을 증거하자 핍박자들이 말을 타고 와서 핍박하고 죽였지만, 8장과 9장을 통해서 그들에게 복음을 전해도 주님을 믿지 않고 우상을 섬기고 회개하지 아니함으로 10장에서는 작은 두루마리(예언)인 급박한 마지막 복음인 요한계시록을 주신 것이므로 5장에서의 두루마리(성경, 복음)이고, 10장에서의 작은 두루마리(요한계시록, 예언)인 것입니다.

"내가 보매 보좌에 앉으신 이의 오른손에 두루마리가 있으니 안팎으로 썼고 일곱 인으로 봉하였더라 또 보매 힘있는 천사가 큰 음성으로 외치기를 누가 그 두루마리를 펴며 그 인을 떼기에 합당하냐 하나 하늘 위에나 땅 위에나 땅 아래에 능히 그 두루마리를 펴거나 보거나 할 자가 없더라 그 두루마리를 펴거나 보거나 하기에 합당한 자가 보이지 아니하기로 내가 크게 울었더니 장로 중의 한 사람이 내게 말하되 울지 말라 유대 지파의 사자 다윗의 뿌리가 이겼으니 그 두루마리와 그 일곱 인을 떼시리라 하더라 내가 또 보니 보좌와 네 생물과 장로들 사이에 한 어린 양이 서 있는데 일찍이 죽임을 당한 것 같더라 그에게 일곱 뿔과 일곱 눈이 있으니 이 눈들은 온 땅에 보내심을 받은 하나님의 일곱 영이더라 그 어린 양이 나아와서 보좌에 앉으신 이의 오른손에서 두루마리를 취하시니라 그 두루마리를 취하시매 네 생물과 이십사 장로들이 그 어린 양 앞에 엎드려 각각 거문고와 향이 가득한 금 대접을 가졌으니 이 향은 성도의 기도들이라"(계 5:1-8).

3. 작은 두루마리(앞으로 일어날 일들을 예언하심)

6장부터 9장까지는 두루마리(복음)를 통해서 복음을 전해도 믿지 않고 우상을 섬기며 회개하지 않는 사람들은 두려움과 무서운 재앙으로 멸망당하고, 믿는 자들은 영원한 하늘나라에서 영원히 산다는 것을 예언하고 있습니다.

요한계시록 10:5

내가 본 바 바다와 땅을 밟고 서 있는 천사가 하늘을 향하여 오른손을 들고

요한계시록 10:6

세세토록 살아 계신 이 곧 하늘과 그 가운데에 있는 물건이며 땅과 그 가운데에 있는 물건이며 바다와 그 가운데에 있는 물건을 창조하신 이를 가리켜 맹세하여 이르되 지체하지 아니하리니

힘 센 다른 천사(예수님)는 바다와 땅을 밟고 서서 하늘을 향하여 오른손을 들고 세세토록 살아 계신 이, 곧 하늘과 그 가운데 모든 것을 창조하신 하나님께 이 작은 두루마리의 급박한 예언의 말씀을 다 전했다고 합니다.

예수님이 오른손을 들고 맹세하시는데

1. 세상에 언약하시는 것이다

2. 세세토록 살아 계신 이(하나님과 예수 그리스도)가 하시는 것이다
1) 하늘과 그 가운데에 있는 물건이며
2) 땅과 그 가운데에 있는 물건이며
3) 바다와 그 가운데에 있는 물건을 창조하신 이를 가리켜 맹세하여 이르되 지체하지 아니하리니 그 오른발은 바다를 밟고 왼발은 땅을 밟고 하늘을 향하여 오른손을 들고 맹세하시면서 지체하지 아니하고 속히 전하겠다고 맹세하십니다.

"아버지께서 아무도 심판하지 아니하시고 심판을 다 아들에게 맡기셨으니"(요 5:22).

"또 인자됨으로 말미암아 심판하는 권한을 주셨느니라 이를 놀랍게 여기지 말라 무덤 속에 있는 자가 다 그의 음성을 들을 때가 오나니 선한 일을 행한 자는 생명의 부활로, 악한 일을 행한 자는 심판의 부활로 나오리라 내가 아무것도 스스로 할 수 없노라 듣는 대로 심판하노니 나는 나의 뜻대로 하려 하지 않고 나를 보내신 이의 뜻대로 하려 하므로 내 심판은 의로우니라"(요 5:27-30).

요한계시록 10:7

일곱째 천사가 소리 내는 날 그의 나팔을 불려고 할 때에 하나님이 그의 종 선지자들에게 전하신 복음과 같이 하나님의 그 비밀이 이루어지리라 하더라

요한계시록 10:8

하늘에서 나서 내게 들리던 음성이 또 내게 말하여 이르되 네가 가서 바다와 땅을 밟고 서 있는 천사의 손에 펴 놓인 두루마리를 가지라 하기로(신약에서의 예언은 요한계시록 10장~22장)

요한계시록 10:9

내가 천사에게 나아가 작은 두루마리를 달라 한즉 천사가 이르되 갖다 먹어 버리라 네 배에는 쓰나 네 입에는 꿀 같이 달리라 하거늘

요한계시록 10:10

내가 천사의 손에서 작은 두루마리를 갖다 먹어 버리니 내 입에는 꿀 같이 다나 먹은 후에 내 배에서는 쓰게 되더라

요한계시록 10:11

그가 내게 말하기를 네가 많은 백성과 나라와 방언과 임금에게 다시 예언하여

야 하리라 하더라

힘 센 다른 천사(예수 그리스도)는 구름을 타고 내려오시고 하늘 보좌에 계신 총지휘 통제소의 보좌에 앉으신 분, 곧 하늘과 그 가운데에 있는 물건이며 땅과 그 가운데 있는 물건이며 바다와 그 가운데 있는 물건을 창조하신 분이 자신을 보내신 분입니다. 나는 보내신 대로 작은 두루마리(급박한 마지막 복음인 요한계시록(예언))에 기록된 예언을 다 전파했노라고 오른손을 들고 맹세하십니다. 그러면서 이제는 지체하지 아니하고 심판을 하셔도 복음이 다 전해졌고, 일곱 경고의 나팔도 불었으니 재앙을 내려도 된다고 하십니다. "하나님이 그의 종 선지자들에게 전하신 복음과 같이 하나님의 그 비밀이 이루어지리라."

하늘에서 내게 들리던 음성이 또 내게 말합니다. "네(요한)가 가서 바다와 땅을 밟고 서 있는 천사의 손에 펴 놓인 두루마리를 가지라." 이는 반드시 이루어질 것이니 잘 보관하라 하시므로 기쁜 마음으로 받습니다.

힘 센 다른 천사에게 가서 그 작은 두루마리를 달라고 합니다. 그러자 천사가 이것은 극비 문서이니 "갖다 먹어 버리라 네 배에는 쓰나 네 입에는 꿀 같이 달리라" 하셔서 갖다 먹어버렸습니다.

"내 입에는 꿀 같이 다나(복음을 믿고 심판의 날이 이루어질 것을 알게 되니 내 입에서는 꿀과 같이 달지만), 먹은 후에 내 배에서는 쓰게 되더라."

내가 알게 된 하나님의 예언의 말씀을 기쁨으로 아무리 전파한다 할지라도 사람들이 믿지 않고 오히려 핍박하고 조롱하니 이 귀하고 중요한 예언을 아무에게도 말할 수 없어서 괴로워하는 것입니다.

"그가 내게 말하기를 네가 많은 백성과 나라와 방언과 임금에게 다 예언하여야 하리라" 하니 그 작은 두루마리가 너무나 쓰다고 합니다.

“그들은 패역한 족속이라 그들이 듣든지 아니 듣든지 그들 가운데에 선지자가 있음을 알지니라 인자야 너는 비록 가시와 찔레와 함께 있으며 전갈 가운데에 거주할지라도 그들을 두려워하지 말고 그들의 말을 두려워하지 말지어다 그들은 패역한 족속이라도 그 말을 두려워하지 말며 그 얼굴을 무서워하지 말지어다 그들은 심히 패역한 자라 그들이 듣든지 아니 듣든지 너는 내 말로 고할지어다 너 인자야 내가 네게 이르는 말을 듣고 그 패역한 족속 같이 패역하지 말고 네 입을 벌리고 내가 네게 주는 것을 먹으라 하시기로 내가 보니 보라 한 손이 나를 향하여 펴지고 보라 그 안에 두루마리 책이 있더라 그가 그것을 내 앞에 펴시니 그 안팎에 글이 있는데 그 위에 애가와 애곡과 재앙의 말이 기록되었더라”(겔 2:5–10).

“또 그가 내게 이르시되 인자야 너는 발견한 것을 먹으라 너는 이 두루마리를 먹고 가서 이스라엘 족속에게 말하라 하시기로 내가 입을 벌리니 그가 그 두루마리를 내게 먹이시며 내게 이르시되 인자야 내가 네게 주는 이 두루마리를 네 배에 넣으며 네 창자에 채우라 하시기에 내가 먹으니 그것이 내 입에서 달기가 꿀 같더라 그가 또 내게 이르시되 인자야 이스라엘 족속에게 가서 내 말로 그들에게 고하라 너를 언어가 다르거나 말이 어려운 백성에게 보내는 것이 아니요 이스라엘 족속에게 보내는 것이라 너를 언어가 다르거나 말이 어려워 네가 그들의 말을 알아 듣지 못할 나라들에게 보내는 것이 아니니라 내가 너를 그들에게 보냈다면 그들은 정녕 네 말을 들었으리라 그러나 이스라엘 족속은 이마가 굳고 마음이 굳어 네 말을 듣고자 아니하리니 이는 내 말을 듣고자 아니함이니라 보라 내가 그들의 얼굴을 마주보도록 네 얼굴을 굳게 하였고 그들의 이마를 마주보도록 네 이마를 굳게 하였으되 네 이마를 화석보다 굳은 금강석 같이 하였으니 그들이 비록 반역하는 족속이라도 두려워하지 말며 그들의 얼굴을 무서워하지 말라 하시니라 또 내게 이르시되 인자야 내가 네게 이를 모든 말을 너는 마음으로 받으며 귀로 듣고 사로잡힌 네 민족에게로 가서 그들이 듣든지 아니 듣든지 그들에게 고하여 이르기를 주 여호와의 말씀이 이러하시다 하라"(겔 3:1-11).

"십자가의 도가 멸망하는 자들에게는 미련한 것이요 구원을 받는 우리에게는 하나님의 능력이라 기록된 바 내가 지혜 있는 자들의 지혜를 멸하고 총명한 자들의 총명을 폐하리라 하였으니 지혜 있는 자가 어디 있느냐 선비가 어디 있느냐 이 세대에 변론가가 어디 있느냐 하나님께서 이 세상의 지혜를 미련하게 하신 것이 아니냐 하나님의 지혜에 있어서는 이 세상이 자기 지혜로 하나님을 알지 못하므로 하나님께서 전도의 미련한 것으로 믿는 자들을 구원하시기를 기뻐하셨도다 유대인은 표적을 구하고 헬라인은 지혜를 찾으나 우리는 십자가에 못 박힌 그리스도를 전하니 유대인에게는 거리끼는 것이요 이방인에게는 미련한 것이로되 오직 부르심을 받은 자들에게는 유대인이나 헬라인이나 그리스도는 하나님의 능력이요 하나님의 지혜니라 하나님의 어리석음이 사람보다 지혜롭고 하나님의 약하심이 사람보다 강하니라 형제들아 너희를 부르심을 보라 육체를 따라 지혜로운 자가 많지 아니하며 능한 자가 많지 아니하며 문벌 좋은 자가 많지 아니하도다 그러나 하나님께서 세상의 미련한 것들을 택하사 지혜 있는 자들을 부끄럽게 하려 하시고 세상의 약한 것들을 택하사 강한 것들을 부끄럽게 하려 하시며 하나님께서 세상의 천한 것들과 멸시 받는 것들과 없는 것들을 택하사 있는 것들을 폐하려 하시나니 이는 아무 육체도 하나님 앞에서 자랑하지 못하게 하려 하심이라"(고전 1:18-29).

"만군의 하나님 여호와시여 나는 주의 이름으로 일컬음을 받는 자라 내가 주의 말씀을 얻어 먹었사오니 주의 말씀은 내게 기쁨과 내 마음의 즐거움이오나 내가 기뻐하는 자의 모임 가운데 앉지 아니하며 즐거워하지도 아니하고 주의 손에 붙들려 홀로 앉았사오니 이는 주께서 분노로 내게 채우셨음이니이다 나의 고통이 계속하며 상처가 중하여 낫지 아니함은 어찌 됨이니이까 주께서는 내게 대하여 물이 말라서 속이는 시내 같으시리이까 여호와께서 이와 같이 말씀하시되 네가 만일 돌아오면 내가 너를 다시 이끌어 내 앞에 세울 것이며 네가 만일 헛된 것을 버리고 귀한 것을 말한다면 너는 나의 입이 될 것이라 그들은 네게로 돌아오려니와 너는 그들에게로 돌아가지 말지니라 내가 너로 이 백성 앞에 견고한 놋 성벽이 되게 하리니 그들이 너를 칠지라도 이기지 못할 것은 내가 너와 함께 하여 너를 구하여 건짐이라 여호와의 말씀이니라 내가 너를 악한 자의 손에서 건지며 무서운 자의 손에서 구원하리라"(렘 15:16-21).

제 11 장 두 증인과 두 분류, 두 촛대

1. 전반기(삼 년 반의 시작)

요한계시록 11:1

또 내게 지팡이 같은 갈대를 주며 말하기를 일어나서 하나님의 성전과 제단과 그 안에서 경배하는 자들을 측량하되

요한계시록 11:2

성전 바깥 마당은 측량하지 말고 그냥 두라 이것은 이방인에게 주었은즉 그들이 거룩한 성을 마흔 두 달 동안 짓밟으리라

요한계시록 11:3

내가 나의 두 증인에게 권세를 주리니 그들이 굵은 베옷을 입고 천이백육십 일을 예언하리라

요한계시록 11:4

그들은 이 땅의 주 앞에 서 있는 두 감람나무와 두 촛대니

"내가 천사의 손에서 작은 두루마리를 갖다 먹어 버리니 내 입에는 꿀 같이 다나 먹은 후에 내 배에서는 쓰게 되더라 그가 내게 말하기를 네가 많은 백성과 나라와 방언과 임금에게 다시 예언하여야 하리라 하더라"(계 10:10-11).

힘 센 다른 천사(예수)가 오른발은 바다를 밟고 왼발은 땅을 밟고 손에는 작은 두루마리(급박한 마지막 복음 요한계시록(예언))를 갖고 하늘을 향하여 오른손을 들고 큰 소리로 외칩니다. 창조주 하나님을 향하여 지체하지 않고 예언을 합니다. 요한이 또 이 작은 두루마리를 갖고 네(요한)가 많은 백성과 나라와 방언과 임금에게 다시 예언(복음)을 전하라 하여 증언한 것입니다.

이제는 성전 안과 바깥을 구분하라 하시는데 복음을 믿는 자(성전 안)와 불신자(성전 바깥)를 구분하라는 것입니다. 성전 바깥의 불신자들이 마흔두 달 동안 거룩한 성을 짓밟을 것이라 합니다. 결국 불신자들이 거룩한 성도들을 대적하며 조롱하며 핍박하고 죽이는 일이 있을 것이며, 또 하나님을 신성 모독하는 일이 일어날 것이라고 합니다.

그리고 두 증인들은 굵은 베옷을 입고 천이백육십 일을 예언을 증거하라고 말씀하십니다. 그들은 이 땅의 주 앞에 서 있는 두 감람나무와 두 촛대라고 합니다. 이는 한 사람은 복음을 인정하고 증거하는 증인이고, 또 한 사람은 복음을 부인하고 부정하는 증인인데, 촛대(등잔대)와 같은 그들은 촛불이 세상을 비추듯이 하나는 하나님이 없다는 주장을 하고, 하나는 하나님이 있다고 주장하는 것을 천이백육십 일 동안 예언하는 것입니다.

◈ 두 증인

두 증인은 예수님과 같이 십자가에 못 박힌 두 강도입니다. 하나님의 아들 예수 그리스도와 같이 죽으면서도 한 사람은 부인하는 증인으로, 또 한 사람은 인정하는 증인으로 마지막 죽음 직전까지 두 증인이 서로 증언합니다. 그럼으로써 세상에는 둘로 나뉘어져서 믿느냐 불신하느냐 서로 주장하는 것입니다. 그런데 이 두 증인에게 권세를 주셨습니다.

"달린 행악자 중 하나는 비방하여 이르되 네가 그리스도가 아니냐 너와 우리를 구원하라 하되 하나는 그 사람을 꾸짖어 이르되 네가 동일한 정죄를 받고서도 하나님을 두려워하지 아니하느냐 우리는 우리가 행한 일에 상당한 보응을 받는 것이니 이에 당연하거니와 이 사람이 행한 것은 옳지 않은 것이 없느니라 하고 이르되 예수여 당신의 나라에 임하실 때에 나를 기억하소서 하니 예수께서 이르시되 내가 진실로 네게 이르노니 오늘 네가 나와 함께 낙원에 있으리라 하시니라"(눅 23:39-43).

◈ 두 감람나무

주님이 십자가에 못 박힐 때에 양편 강도에게 하나님이 그들을 증인으로 세우셔서 하나님의 아들을 시인하든 부인하든 하나님의 아들 예수 그리스도의 증인이 된 것으로써 기름 부음 받은 두 증인인 것입니다.

"내가 그에게 물어 이르되 등잔대 좌우의 두 감람나무는 무슨 뜻이니이까 하고 다시 그에게 물어 이르되 금 기름을 흘리는 두 금관 옆에 있는 이 감람나무 두 가지는 무슨 뜻이니이까 하니 그가 내게 대답하여 이르되 네가 이것이 무엇인지 알지 못하느냐 하는지라 내가 대답하되 내 주여 알지 못하나이다 하니 이르되 이는 기름 부음 받은 자 둘이니 온 세상의 주 앞에 서 있는 자니라 하더라"(슥 4:11-14).

◈ 두 촛대

두 증인들은 예수님의 증인으로 한 명은 예수님이 구세주임을 증언하며 빛을 비춥니다. 다른 한 명은 예수님이 우리와 같은 죄인임을 증언하는 빛을 비추는 증인으로서, 사명을 담당해야 하는 사람들로서 그들의 빛으로 세상이 나누어지고 서로의 빛을 발한다고 합니다.

"네 온 몸이 밝아 조금도 어두운 데가 없으면 등불의 빛이 너를 비출 때와 같이 온전히 밝으리라 하시니라"(눅 11:36).

"또 우리에게는 더 확실한 예언이 있어 어두운 데를 비추는 등불과 같으니 날이 새어 샛별이 너희 마음에 떠오르기까지 너희가 이것을 주의하는 것이 옳으니라"(벧후 1:19).

요한계시록 11:5

만일 누구든지 그들을 해하고자 하면 그들의 입에서 불이 나와서 그들의 원수를 삼켜 버릴 것이요 누구든지 그들을 해하고자 하면 반드시 그와 같이 죽임을 당하리라

요한계시록 11:6

그들이 권능을 가지고 하늘을 닫아 그 예언을 하는 날 동안 비가 오지 못하게 하고 또 권능을 가지고 물을 피로 변하게 하고 아무 때든지 원하는 대로 여러 가지 재앙으로 땅을 치리로다

요한계시록 11:7

그들이 그 증언을 마칠 때에 무저갱으로부터 올라오는 짐승이 그들과 더불어

전쟁을 일으켜 그들을 이기고 그들을 죽일 터인즉

요한계시록 11:8

그들의 시체가 큰 성 길에 있으리니 그 성은 영적으로 하면 소돔이라고도 하고 애굽이라고도 하니 곧 그들의 주께서 십자가에 못 박히신 곳이라

요한계시록 11:9

백성들과 족속과 방언과 나라 중에서 사람들이 그 시체를 사흘 반 동안을 보며 무덤에 장사하지 못하게 하리로다

하나님은 이들에게 "내가 나의 두 증인에게 권세를 주리니"(계 11:3상)라고 하신 것처럼, 하나님은 그들에게 권세를 주셨습니다. 그들 중 한 명은 하나님의 나라가 있음에 증인이 되고, 다른 한 명은 하나님의 나라가 없음에 대한 증인으로 세우신 것입니다. 그러므로 예수 그리스도가 이 세상에서의 마지막 순간을 그 두 명의 증인을 통해서 증언할 수 있는 증인의 길을 허락하시고, 그들을 해하고자 하면 그들의 입에서 불이 나와서 그들의 원수들을 삼켜 버릴 것이라고 하십니다.

"누구든지 그들을 해하고자 하면 반드시 그와 같이 죽임을 당하리라"고 하십니다. 그들이 하나님이 주시는 권능을 가지고 하늘을 닫아 비도 오지 못하게 하고, 또 물을 피로 변하게 하는 권능을 가지고 하나님의 두 증인으로서의 사명을 담당할 수 있는 권능을 주셨습니다. 아무 때든지 그들이 원하는 대로 여러 가지 재앙으로 땅을 칠 수 있는 권능을 가진 것입니다. 그들이 지금은 그 권능이 미약하지만, 후반기 삼년 반에는 여러 권능을 행할 것입니다. 자신들의 능력과 이적을 행하므로 자신들의 증거하는 것이 참이라고 하는 증인임을 강조할 것입니다.

하늘을 닫아 비가 오지 못하게 하는 이적을 행하면서 아무 때든지 원하는 대로 여러 가지 재앙으로 땅을 치시는 권능을 행합니다. 하지만 마지막에는 예수님을 부인한 증인과 예수를 구세주로 인정하는 증언을 마칠 때에 무저갱으로부터 올라오는 짐승이 그들(하나님을 부인한 증인과 인정하는 증인)과 더불어 전쟁을 일으켜 그들을 이기고 그들을 죽일 것입니다.

그 두 증인을 장사하는 자들이 없어서 사흘 반 동안 그들의 시체가 큰 성 길에 방치될 것이고, 그곳은 소돔과 애굽이라고도 하는 이 세상이지만 예수님도 그곳에서 그들과 함께 십자가에 못 박히실 것이라고 합니다.

그러나 주님은 삼일 만에 부활하시고, 그들은 삼일 반 후에 주님이 부활한 후 반나절 후에 그들도 다시 살아나는 권능을 행할 것을 말씀하십니다.

요한계시록 11:10

이 두 선지자가 땅에 사는 자들을 괴롭게 한 고로 땅에 사는 자들이 그들의 죽음을 즐거워하고 기뻐하여 서로 예물을 보내리라 하더라

요한계시록 11:11

삼일 반 후에 하나님께로부터 생기가 그들 속에 들어가매 그들이 발로 일어서니 구경하는 자들이 크게 두려워하더라

요한계시록 11:12

하늘로부터 큰 음성이 있어 이리로 올라오라 함을 그들이 듣고 구름을 타고 하늘로 올라가니 그들의 원수들도 구경하더라

요한계시록 11:13

그 때에 큰 지진이 나서 성 십분의 일이 무너지고 지진에 죽은 사람이 칠천이

라 그 남은 자들이 두려워하여 영광을 하늘의 하나님께 돌리더라

하지만 두 선지자(두 증인)가 복음을 증거하니 복음을 믿으면 구원을 받는다고 하는 사람과 복음을 대적하는 자들로서 즉, 하나님의 아들이라고 하는 자들과 하나님의 아들이 아니라고 하는 자들이 서로 싸우며 땅에 사는 자들을 괴롭게 합니다. 그래서 땅에 사는 자들이 그들의 죽음을 즐거워하고 기뻐하여 이제는 그들이 다 죽으니 서로 예물을 보냈습니다. 삼일 반 동안 장사하지 못한 자들을 하나님께로부터 생기가 그들에게 들어가매 그들이 발로 일어서니 구경하는 자들이 크게 두려워합니다.

이는 창세기에서는 죄가 없는 창조 인간에게 생기를 불어넣으므로 성령을 주신 것이지만, 지금 두 증인에게 생기를 넣어 주신 것은 한 사람에게는 성령을 주신 것이고, 한 사람에게는 악령을 주신 것입니다.

그런데 이 두 사람이 생기를 받고 자기 발로 일어서니 구경하는 사람들이 크게 두려워하고 하늘로부터 큰 음성이 나서 이리로 올라오라 함을 그들이 듣고 구름을 타고 하늘로 올라갑니다. 그들의 원수들도 이것을 구경하고 있을 때에 큰 지진이 나서 성 십분의 일이 무너지고, 지진에 죽은 사람이 칠천이고, 그 남은 자들이 두려워하여 영광을 하나님께 돌립니다.

예수 그리스도께서 십자가에서 죽으실 때도 지진이 일어나고 많은 이적이 나타났습니다.

"예수께서 다시 크게 소리 지르시고 영혼이 떠나시니라 이에 성소 휘장이 위로부터 아래까지 찢어져 둘이 되고 땅이 진동하며 바위가 터지고 무덤들이 열리며 자던 성도의 몸이 많이 일어나되 예수의 부활 후에 그들이 무덤에서 나와서 거룩한 성에 들어가 많은 사람에게 보이니라 백부장과 및 함께 예수를 지키던 자들이 지진과 그 일어난 일들을 보고 심히 두려워하여 이르되 이는 진실로 하

나님의 아들이었도다 하더라 예수를 섬기며 갈릴리에서부터 따라온 많은 여자가 거기 있어 멀리서 바라보고 있으니 그 중에는 막달라 마리아와 또 야고보와 요셉의 어머니 마리아와 또 세베대의 아들들의 어머니도 있더라 저물었을 때에 아리마대의 부자 요셉이라 하는 사람이 왔으니 그도 예수의 제자라 빌라도에게 가서 예수의 시체를 달라 하니 이에 빌라도가 내주라 명령하거늘 요셉이 시체를 가져다가 깨끗한 세마포로 싸서 바위 속에 판 자기 새 무덤에 넣어 두고 큰 돌을 굴려 무덤 문에 놓고 가니 거기 막달라 마리아와 다른 마리아가 무덤을 향하여 앉았더라 그 이튿날은 준비일 다음 날이라 대제사장들과 바리새인들이 함께 빌라도에게 모여 이르되 주여 저 속이던 자가 살아 있을 때에 말하되 내가 사흘 후에 다시 살아나리라 한 것을 우리가 기억하노니 그러므로 명령하여 그 무덤을 사흘까지 굳게 지키게 하소서 그의 제자들이 와서 시체를 도둑질하여 가고 백성에게 말하되 그가 죽은 자 가운데서 살아났다 하면 후의 속임이 전보다 더 클까 하나이다 하니 빌라도가 이르되 너희에게 경비병이 있으니 가서 힘대로 굳게 지키라 하거늘 그들이 경비병과 함께 가서 돌을 인봉하고 무덤을 굳게 지키니라"(마 27:50-66).

무덤을 굳게 지켰는데 삼일 후에 예수 그리스도께서 부활하실 때도 큰 지진이 일어났습니다.

"안식일이 다 지나고 안식 후 첫날이 되려는 새벽에 막달라 마리아와 다른 마리아가 무덤을 보려고 갔더니 큰 지진이 나며 주의 천사가 하늘로부터 내려와 돌을 굴려 내고 그 위에 앉았는데 그 형상이 번개 같고 그 옷은 눈 같이 희거늘 지키던 자들이 그를 무서워하여 떨며 죽은 사람과 같이 되었더라 천사가 여자들에게 말하여 이르되 너희는 무서워하지 말라 십자가에 못 박히신 예수를 너희가 찾는 줄을 내가 아노라 그가 여기 계시지 않고 그가 말씀 하시던 대로 살아나셨느니라 와서 그가 누우셨던 곳을 보라"(마 28:1-6).

그래서 크게 두려워 떨고 있는데 "백부장이 그 된 일을 보고 하나님께 영광을 돌려 이르되 이 사람은 정녕 의인이었도다"(눅 23:47) 하고 말합니다. 불신자들은 점점 두려워 죽을 지경인데, 예수 그리스도가 부활하시고 반나절쯤 되자 또 큰 지진이 일어나고 이제는 예수님과 함께 십자가에 죽고 장사도 지내지 못한 시체들이 일어납니다. 그때 하늘로부터 큰 음성이 있어 이리로 올라오라 함을 그들이 듣고 구름을 타고 하늘로 올라가는데 그 큰 지진이 나서 성 십분의 일이 무너집니다. 불신자들은 이 지진에 죽은 사람이 칠천 명 되지만, 남은 자(믿는 자)들은 두려워하면서도 하늘의 하나님께 경배와 찬송을 드립니다.

"이 재앙에 죽지 않고 남은 사람들은 손으로 행한 일을 회개하지 아니하고 오히려 여러 귀신과 또는 보거나 듣거나 다니거나 하지 못하는 금, 은, 동과 목석의 우상에게 절하고 또 그 살인과 복술과 음행과 도둑질을 회개하지 아니하더라"(계 9:20-21).

요한계시록 11:14
둘째 화는 지나갔으나 보라 셋째 화가 속히 이르는도다

두 선지자가 죽는 것을 보고 기뻐하고 즐거워하던 그들은 선지자들이 부활 승천하는 것을 직접 보고 또 지진이 나서 성의 십분의 일이 무너지고 칠천 명이 죽음을 당하는 화로써 화가 끝난 것이 아니라, 이 둘째 화는 지나갔지만 셋째 화가 속히 이른다고 합니다.

그러나 이때 믿지 아니하는 자들이 당하는 화가 두 번째 화이며, 이것도 이제 지나갔으니 마지막 셋째 화가 속히 이른다고 합니다.

"내가 또 보고 들으니 공중에 날아가는 독수리가 큰 소리로 이르되 땅에 사는 자들에게 화, 화, 화가 있으리니 이는 세 천사들이 불어야 할 나팔 소리가 남아 있음이로다 하더라"(계 8:13).

"첫째 화는 지나갔으나 보라 아직도 이 후에 화 둘이 이르리로다"(계 9:12).

"둘째 화는 지나갔으나 보라 셋째 화가 속히 이르는도다"(계 11:14).

요한계시록 11:15
일곱째 천사가 나팔을 불매 하늘에 큰 음성들이 나서 이르되 세상 나라가 우리 주와 그의 그리스도의 나라가 되어 그가 세세토록 왕 노릇 하시리로다 하니

요한계시록 11:16
하나님 앞에서 자기 보좌에 앉아 있던 이십사 장로가 엎드려 얼굴을 땅에 대고 하나님께 경배하여

요한계시록 11:17
이르되 감사하옵나니 옛적에도 계셨고 지금도 계신 주 하나님 곧 전능하신 이여 친히 큰 권능을 잡으시고 왕 노릇 하시도다

"삼 일 반 후에 하나님께로부터 생기가 그들 속에 들어가매 그들이 발로 일어서니 구경하는 자들이 크게 두려워하더라 하늘로부터 큰 음성이 있어 이리로 올라오라 함을 그들이 듣고 구름을 타고 하늘로 올라가니 그들의 원수들도 구경하

더라"(계 11:11-12).

마지막 일곱째 천사가 나팔을 부는데 하늘의 총지휘 통제소에서 큰 음성들이 들립니다. 세상 나라가 우리 주와 그리스도의 나라가 되고 그가 왕이 되어 영원히 통치하는 나라가 이루어져 영원토록 왕 노릇 하신다는 것을 보고 부는 경고의 나팔입니다. 하늘의 총지휘 통제소에서는 믿음의 증인이 땅에서 죽었다가 하나님 앞에 올라온 것을 보고는 너무나 기뻐서 자기의 보좌에 앉아 있던 이십사 장로(세상에서 복음을 전하던 자)들이 엎드려 얼굴을 땅에 대고 하나님을 경배합니다. 옛적에도 계시고 지금도 계신 주 하나님, 곧 전능하신 분이 친히 큰 권능을 잡으시고 우리의 왕이 되셔서 통치하신다고 감사하는 것입니다. 하늘의 지휘 통제소에서는 축제가 벌어지고 하나님께 영광과 경배를 드립니다.

요한계시록 11:18

이방들이 분노하매 주의 진노가 내려 죽은 자를 심판하시며 종 선지자들과 성도들과 또 작은 자든지 큰 자든지 주의 이름을 경외하는 자들에게 상 주시며 또 땅을 망하게 하는 자들을 멸망시키실 때로소이다 하더라

요한계시록 11:19

이에 하늘에 있는 하나님의 성전이 열리니 성전 안에 하나님의 언약궤가 보이며 또 번개와 음성들과 우레와 지진과 큰 우박이 있더라

마지막 경고 나팔을 분 일곱째 천사는 하늘의 총지휘 통제소에서 그렇게 복음을 전해도 믿지 않고 조롱하고 욕하던 자가 하늘에 올라오니 세상에서 믿지 않던 이방인들이 분노합니다. 그들이 분노하는 것은 네가 세상 사람

들에게 하나님을 조롱하며 하나님이 없다고 한 것입니다. 우리도 하나님이 없는 줄 알고 하나님을 부인하고 살다 멸망의 자리에 왔는데, 네가 또 그런 증언을 했느냐고 분노합니다. 우리에게는 결국 죽은 자들까지도 진노를 내려 심판하시며, 하나님의 종 선지자들과 성도들과 또 작은 자든지 큰 자든지 주를 믿고 경외하던 자들에게는 하나님이 언약하신 대로 상 주시고, 땅을 망하게 한 불신자들은 멸망시키십니다. 그러므로 하늘나라에 있는 하나님의 성전이 열리고 언약궤를 보이시고 하나님이 언약한 언약은 언약한 대로 믿지 않는 자들을 번개와 음성들과 우레와 지진과 큰 우박으로 치심을 보이시고, 믿음의 성도들은 하나님을 경외함으로 영원함을 누리는 축복을 받을 것입니다.

요한계시록 11장과 12:7까지는 전반기 삼 년 반에 걸쳐서 기록된 것으로써 구약에서는 여호수아가 화친한 기브온 주민을 구원하고 가나안 땅 남부를 되찾은 것처럼, 11장에서는 복음의 예언이 증거됩니다. 복음을 들은 사람들의 두 증인, 즉 복음을 믿는 자의 증인과 불신자의 증인이 죽었다가 생기가 들어가 살아나 하늘에 올라갔다가 보고 내려와서도 증인으로서 촛대 같이 앞날에 이루어질 것을 바로 말해 주어야 합니다. 믿는 자나 불신자나 하나님의 언약대로 이루어질 것을 알아서 그들의 죽은 후에 이루어질 것을 전반기 삼 년 반을 통해서 준비할 것입니다.

힘 센 다른 천사(예수님)와 요한이 삼 년 반 동안 복음을 예언했는데 예수 그리스도께서 십자가에 돌아가실 때 좌우편에 있던 두 증인이 결론을 맺습니다. 촛대(여기서는 요한계시록 1:20처럼, 교회를 상징하는 것이 아니라 등불)처럼 예수 그리스도와 같이 십자가에 달려서 죽어가면서 한편 강도는 예수 그리스도를 구세주로 인정하는 증언을 하고, 다른 한편 강도는 예수 그리스도를 부인하는 증언을 함으로써 이것이 자신들의 증언의 등불과 같은 역

할을 합니다. 그럼으로써 우리는 이것을 전반기 삼 년 반을 말하지만, 이는 복음의 예언을 어떻게 받느냐 어떻게 믿느냐 하는 것이 우리의 인생의 전반기 삼 년 반에 결정해야 하는 것입니다. 복음을 전파하는 목회자들이나 복음의 예언을 듣는 성도들의 마음가짐과 믿느냐 믿지 않느냐 하는 것을 결정함으로써 우리의 앞날이 얼마나 중요한가를 다시 강조하는 것입니다.

제 12 장 칠 년 대환난

요한계시록 12:1

하늘에 큰 이적이 보이니 해를 옷 입은 한 여자가 있는데 그 발 아래에는 달이 있고 그 머리에는 열두 별의 관을 썼더라

요한계시록 12:2

이 여자가 아이를 배어 해산하게 되매 아파서 애를 쓰며 부르짖더라

이 땅에서 두 증인이 죽었다가 삼 일 반 후에 하나님이 생기를 불어넣어 주시므로 각각의 하늘에 올라가서 복음을 믿는 자들과 불신자들의 대표자격인 두 증인이 서로 장래의 일을 보았습니다. 복음을 믿는 자는 하늘에서 큰 이적으로 해(은혜와 영광)를 옷 입은 한 여자로서 발 아래에는 달(받은 복음을 전하는)이 있고, 그 머리에는 열두 별(하나님의 완전한 복음으로 구원받은 자)의 관을 쓰고 있었습니다. 이는 남자지만 태신자를 출산해야 하는 여자로 나오는 것이며, 이 여자가 태신자를 배어 출산하게 된 것을 표현한 것입니다. 자신은 구원을 받을 자격도, 구원 받을 만한 아무것도 한 것이 없는데 구원 받았음에 너무나 기뻤습니다. 그래서 만나는 한 사람 한 사람 한 생명이라도 더 전도하려고 열심히 복음을 전해서 한 생명의 태신자를

잉태하고 해산하기 위해 아파서 고통하며 애쓰며 부르짖는 것을 말하고 있습니다.

"내가 나의 두 증인에게 권세를 주리니 그들이 굵은 베옷을 입고 천이백육십일을 예언하리라 그들은 이 땅의 주 앞에 서 있는 두 감람나무와 두 촛대니"(계 11:3-4).

"삼 일 반 후에 하나님께로부터 생기가 그들 속에 들어가매 그들이 발로 일어서니 구경하는 자들이 크게 두려워하더라 하늘로부터 큰 음성이 있어 이리로 올라오라 함을 그들이 듣고 구름을 타고 하늘로 올라가니 그들의 원수들도 구경하더라"(계 11:11-12).

요한계시록 12:3

하늘에 또 다른 이적이 보이니 보라 한 큰 붉은 용이 있어 머리가 일곱이요 뿔이 열이라 그 여러 머리에 일곱 왕관이 있는데

두 증인 중에서 예수 그리스도를 부인하는 증인도 하늘에 올라갔다가 내려왔는데 하늘나라에서 본 것은 마귀 사탄의 두목인 큰 붉은 용으로, 그의 머리는 일곱이요 뿔이 열이었습니다.

여기서 머리가 일곱이라고 하는 것은 하나님의 완전한 수를 상징하는 것으로 자신도 하늘나라에서 완전한 자임을 말합니다. 또 열 뿔이 있다고 하는 것은 열이라는 수는 지상에서 세상 사람들이 좋아하는 세상의 만수를 나타내는 것으로 자신도 하늘나라와 이 세상에서 모두 완전한 자임을 과시하는 것입니다. 여러 머리에 왕관이 있다고 하는 것은 자신이 세상에서도 왕으로 행하면서 하나님의 백성들을 유혹하여 멸망의 길로 가게 하는 것을

말합니다.

“이방들이 분노하매 주의 진노가 내려 죽은 자를 심판하시며 종 선지자들과 성도들과 또 작은 자든지 큰 자든지 주의 이름을 경외하는 자들에게 상 주시며 또 땅을 망하게 하는 자들을 멸망시키실 때로소이다 하더라”(계 11:18).

요한계시록 12:4

그 꼬리가 하늘의 별 삼분의 일을 끌어다가 땅에 던지더라 용이 해산하려는 여자 앞에서 그가 해산하면 그 아이를 삼키고자 하더니

이 땅에서 복음을 부인하고 믿지 않던 한 증인이 하늘의 모든 것을 보고 왔습니다. 하늘에서 하나님의 진노가 죽은 자들을 심판하시는 것을 알게 됐습니다. 그리고 이 땅에 내려왔는데 하늘에서 다른 이적을 통해서 보니 한 붉은 용이 있어 머리가 일곱(완전한 권력을 상징)이요 뿔이 열(세상적인 완전수로 세상을 모두 장악했다는 것을 과시)이라, 그 머리에 일곱 왕관을 쓴 것을 보고, 또 그 꼬리가 하늘의 별 삼분의 일을 끌어다가 땅에 던지는 것을 보았습니다.

자신도 하늘에 가서 보고 왔는데 그들을 따르면 죽어서도 진노를 받는 것을 알았습니다. 하지만 배반하면 이 붉은 용이 해산하려는 여자 앞에서 그가 해산하는 아이를 삼키고자 하는 것을 보고는 배반하지도 못하고 이럴 수도 없고 저럴 수도 없게 되었습니다. 어쩔 수 없이 그들도 죽으면 갈 곳은 악한 붉은 용 앞으로 가는 것밖에 없다는 것을 알았습니다. 이는 붉은 용, 마귀 사탄의 권세가 사망의 권세를 가졌으므로 내가 붉은 용에게 잘 보이지 않으면 당장 내가 죽음을 당할 줄 알기에 붉은 용에게 잘 보이기 위해서 땅으로 내려와서는 전도를 통해서 믿음의 성도들이 나타나는 것을

방해하였습니다. 또 믿음의 형제들이 출산하는데 죽이고자 하는 것입니다. 또 자신이 하나님 앞으로 가지 못하는 열등감과 마귀 사탄의 왕인 용에게 잘 보이고자 하는 것입니다. 그렇게 하지 않으면 자신이 당장에 죽게 될 것을 알고 그 일을 행하는 것입니다.

요한계시록 12:5

여자가 아들을 낳으니 이는 장차 철장으로 만국을 다스릴 남자라 그 아이를 하나님 앞과 그 보좌 앞으로 올려가더라

요한계시록 12:6

그 여자가 광야로 도망하매 거기서 천이백육십 일 동안 그를 양육하기 위하여 하나님께서 예비하신 곳이 있더라

요한에게 하늘의 총지휘 통제소를 보여 주신 것처럼, 11장에서는 예수 그리스도의 죽으심과 함께 죽임을 당한 두 증인이 죽었다가 하늘의 일을 보고 왔습니다.

이제 하나님의 나라가 되어 하나님이 세세토록 왕 노릇하는 세상이 올 것입니다. 하나님을 믿어 경배하는 자들에게는 상을 주시고, 믿지 아니하는 자들에게는 진노하고 죽은 자들까지도 심판하신다는 것을 알았습니다.

믿음의 증인은 자신은 부족하고 아무것도 한 것이 없는데도 구원해 주심을 감사했습니다. 그러므로 여기서는 남자지만 태신자를 출산해야 하는 여자로 나오는 것이며, 자신이 받은 은혜가 너무나 크고 감사해서 만나는 모든 사람에게 전하므로 여자가 임신하는 것으로 비유하는 것입니다.

그리고 본문 1~2절을 통해서 "하늘에 큰 이적이 보이니 해를 옷 입은 한 여자가 있는데 그 발 아래에는 달이 있고 그 머리에는 열두 별의 관을 썼

더라 이 여자가 아이를 배어 해산하게 되매 아파서 애를 쓰며 부르짖더라" 와 같이 하늘에 올라간 두 증인 중 한 여자는 아이를 밴 후에 용은 이 여자가 아이를 낳으면 이 아이는 믿음이 없으므로 죽이고 삼키려 하지만 아들을 낳게 됩니다. 이는 당연히 하나님의 믿음의 자녀로서 장차 철장으로 만국을 다스릴 남자입니다. 하나님 앞과 그 보좌 앞으로 올려가더라 하는 것처럼 하나님이 믿음의 자녀를 하늘의 하나님 앞과 보좌 앞으로 올려 보내시고 보호하십니다.

그 여자가 광야로 도망하매 하나님이 그를 일천이백육십 일 동안 양육하기 위하여 예비한 곳으로 보냅니다. 이는 악한 마귀 사탄들, 즉 이방인들이 믿음의 성도들을 핍박할 것을 아시고 보호하시고 더 강한 믿음으로 양육하기 위하여 준비한 곳으로 데려다가 보호하시는 것입니다.

"성전 바깥 마당은 측량하지 말고 그냥 두라 이것은 이방인에게 주었은즉 그들이 거룩한 성을 마흔두 달 동안 짓밟으리라"(계 11:2).

이것이 전반기 삼 년 반 동안 성도들이 받을 환난입니다. 또 두 증인은 이 전반기 삼 년 반 동안 열심히 굵은 베옷을 입고 예언해야 한다고 말합니다. "내가 나의 두 증인에게 권세를 주리니 그들이 굵은 베옷을 입고 천이백육십 일을 예언하리라"(계 11:3).

"내가 여호와의 명령을 전하노라 여호와께서 내게 이르시되 너는 내 아들이라 오늘 내가 너를 낳았도다 내게 구하라 내가 이방 나라를 네 유업으로 주리니 네 소유가 땅 끝까지 이르리로다 네가 철장으로 그들을 깨뜨림이여 질그릇 같이 부수리라 하시도다"(시 2:7-9).

2. 후반기(삼 년 반의 시작)

요한계시록 12:7

하늘에 전쟁이 있으니 미가엘과 그의 사자들이 용과 더불어 싸울새 용과 그의 사자들도 싸우나

요한계시록 12:8

이기지 못하여 다시 하늘에서 그들이 있을 곳을 얻지 못한지라

요한계시록 12:9

큰 용이 내쫓기니 옛 뱀 곧 마귀라고도 하고 사탄이라고도 하며 온 천하를 꾀는 자라 그가 땅으로 내쫓기니 그의 사자들도 그와 함께 내쫓기니라

"삼 일 반 후에 하나님께로부터 생기가 그들 속에 들어가매 그들이 발로 일어서니 구경하는 자들이 크게 두려워하더라 하늘로부터 큰 음성이 있어 이리로 올라오라 함을 그들이 듣고 구름을 타고 하늘로 올라가니 그들의 원수들도 구경하더라"(계 11:11-12).

두 증인이 죽고 삼 일 반 후에 하나님께로부터 생기가 그들 속에 들어가고 그들이 살아나서 구름을 타고 하늘로 올라갑니다. 세상 나라가 우리와 그의 그리스도의 나라가 되어 그가 세세토록 왕 노릇할 것을 말합니다. 죽은 후에는 주의 종 선지자들과 성도들과 또 작은 자든지 큰 자든지 주의 이름을 경외하는 자들에게는 상을 주십니다. 주를 믿지 아니하는 불신자들에게는 분노하시고 죽은 자들에게도 주의 진노로 심판하심을 알고 천국에서 믿는 자들을 참소했습니다. 이제는 그들의 정체가 다 들통나서 거기

에 있을 수도 없으므로 더욱 핍박을 합니다.

그리고 하늘에서도 전쟁이 있는데 믿는 자를 위해서 미가엘과 그의 사자들이 불신자들과 용과 그의 사자들과 더불어 싸웁니다. 그런데 붉은 용과 그의 사자들이 이기지 못하고 쫓겨나게 됩니다. 이제는 자신들이 멸망당할 것을 알게 되고 또 하늘에 있을 곳을 얻지 못하고 쫓겨나는데 큰 용이며 옛 뱀 곧 마귀 사탄이라고도 합니다. 이는 에덴동산에서 최초의 인간인 아담과 하와를 꾀던 자입니다. 이제는 구원 받은 자들을 꾈 수도 없고 믿음의 자녀들은 출산하고 더 많이 전도되고, 또 믿음의 자손들을 유혹한다 해도 당할 수 없으므로 마지막으로 발악을 하는 것입니다.

이것이 결국 7절부터 후반기 삼 년 반의 시작입니다.

요한계시록 12:10

내가 또 들으니 하늘에 큰 음성이 있어 이르되 이제 우리 하나님의 구원과 능력과 나라와 또 그의 그리스도의 권세가 나타났으니 우리 형제들을 참소하던 자 곧 우리 하나님 앞에서 밤낮 참소하던 자가 쫓겨났고

요한계시록 12:11

또 우리 형제들이 어린 양의 피와 자기들이 증언하는 말씀으로써 그를 이겼으니 그들은 죽기까지 자기들의 생명을 아끼지 아니하였도다

요한계시록 12:12

그러므로 하늘과 그 가운데에 거하는 자들은 즐거워하라 그러나 땅과 바다는 화 있을진저 이는 마귀가 자기의 때가 얼마 남지 않은 줄을 알므로 크게 분내어 너희에게 내려갔음이라 하더라

내가 또 하늘의 큰 음성을 듣는데 이제 내쫓긴다는 것입니다. "큰 용이 내쫓기니 옛 뱀 곧 마귀라고도 하고 사탄이라고도 하며 온 천하를 꾀는 자라 그가 땅으로 내쫓기니 그의 사자들도 그와 함께 내쫓기니라"(계 12:9).

1) 내쫓긴 자들

① 하늘에서 큰 용이 내쫓기니 옛 뱀입니다.

② 그는 곧 마귀 사탄입니다.

③ 에덴동산에서부터 온 천하를 꾀는 자입니다.

④ 그의 사자들도 함께 내쫓겼습니다.

2) 쫓겨난 이유

① 하나님의 구원과 능력과 나라와 그의 그리스도가 나타났기 때문에 우리를 참소하던 자들이 우리 하나님 앞에서 참소할 것이 없기 때문입니다.

② 우리 형제들이 어린 양의 피와 자기들이 믿는 믿음으로 생명을 아끼지 아니하고 죽기까지 지켜서 이겼기 때문입니다.

③ 믿음의 성도들을 하늘과 그 가운데에 거하는 자들이 즐거워하기 때문입니다.

마귀 사탄들은 자기의 때가 얼마 남지 않은 줄 알고 또 자신들이 땅과 바다에도 화가 미칠 것을 알고 내려옵니다. 그러므로 마지막으로 성도들에게 심한 환난이 있을 것을 전하는 마지막 나팔을 불게 된 것입니다. 이것이 후반기 삼 년 반의 환난의 시작입니다.

요한계시록 12:13

용이 자기가 땅으로 내쫓긴 것을 보고 남자를 낳은 여자를 박해하는지라

요한계시록 12:14

그 여자가 큰 독수리의 두 날개를 받아 광야 자기 곳으로 날아가 거기서 그 뱀의 낯을 피하여 한 때와 두 때와 반 때를 양육 받으매

요한계시록 12:15

여자의 뒤에서 뱀이 그 입으로 물을 강 같이 토하여 여자를 물에 떠내려 가게 하려 하되

요한계시록 12:16

땅이 여자를 도와 그 입을 벌려 용의 입에서 토한 강물을 삼키니

요한계시록 12:17

용이 여자에게 분노하여 돌아가서 그 여자의 남은 자손 곧 하나님의 계명을 지키며 예수의 증거를 가진 자들과 더불어 싸우려고 바다 모래 위에 서 있더라

땅으로 쫓겨난 큰 용과 그의 사자들은 우리 형제들이 어린 양의 피(복음)로 매일 매일 구원 받고 이김으로 자꾸자꾸 복음을 전합니다. 남자를 낳은 복음 전하는 여자를 박해하며 죽이려 하자, 하나님은 미리 준비하고 있던 곳으로(계 12:6) 그 여자를 큰 독수리의 두 날개로 받아 광야 자기 곳으로 날아갑니다. 거기서 그 여자를 천이백육십 일 동안 양육하기 위하여 하나님께서 예비하신 곳에 업어서 뱀의 낯을 피합니다. 거기서 한 때와 두 때와 반 때를 양육 받아서 악한 마귀 사탄을 이길 수 있는 믿음을 주셨습니

다. 뱀은 여자가 낳은 아들도 이길 수 없고 또 여자도 이길 수 없으므로 여자의 뒤에서 입으로 물을 강같이 토하여 여자를 떠내려 보내고자 합니다. 하지만 땅이 여자를 도와주려고 그 입을 벌려 용의 입에서 토한 물을 삼키듯이 삼킵니다. 이제는 용이 여자에게 분노하여 돌아가서 여자의 남은 자손, 곧 하나님의 계명을 지키며 예수의 증거를 가진 자들과 더불어 싸우려고 바다 모래 위에 서 있습니다. "여호와 하나님이 여자에게 이르시되 네가 어찌하여 이렇게 하였느냐 여자가 이르되 뱀이 나를 꾀므로 내가 먹었나이다 여호와 하나님이 뱀에게 이르시되 네가 이렇게 하였으니 네가 모든 가축과 들의 모든 짐승보다 더욱 저주를 받아 배로 다니고 살아 있는 동안 흙을 먹을지니라 내가 너로 여자와 원수가 되게 하고 네 후손도 여자의 후손과 원수가 되게 하리니 여자의 후손은 네 머리를 상하게 할 것이요 너는 그의 발꿈치를 상하게 할 것이니라 하시고"(창 3:13-15). 결국 여자의 후손이 뱀의 머리를 상하게 하여 이긴다는 것입니다.

이것은 결국 "또 내게 말씀하시되 이루었도다 나는 알파와 오메가요 처음과 마지막이라 내가 생명수 샘물을 목마른 자에게 값없이 주리니"(계 21:6)라고 하신 것처럼, 창세기에서 알파(원복음)를 우리에게 허락하시고 요한계시록을 통해서 오메가(복음원)를 주셨는데, 이것으로 창세기에서 처음에는 마귀 사탄에게 진 자가 되었습니다. 하지만 요한계시록에서는 마지막으로 이기는 자가 아니면 구원 받지 못한다고 강조하시는 것입니다. 결국 요한계시록의 이기는 자라는 것은 마지막으로 성령을 받고 구원을 받는 자가 악한 마귀 사탄을 이길 때 우리의 구원은 어린 양의 생명책에 기록되는 것임을 보여주고 있습니다.

우리는 이기는 자가 되어야 합니다. 용은 여자에게 분노하여 죽이려 하지만, 이제는 여자도 이길 수 없습니다. 그 여자의 남은 자손, 곧 하나님의 계명을 지키며 예수의 증거를 가진 자들과 더불어 싸우려고 바다 모래 위에 서 있습니다. 다시 싸움은 붙겠지만, 예수의 증거를 가지고 하나님의 계명을 지키는 자는 하나님이 함께 하시므로 결국 그들의 길은 멸망의 길인 것입니다.

"일곱째 천사가 나팔을 불매 하늘에 큰 음성들이 나서 이르되 세상 나라가 우리 주와 그의 그리스도의 나라가 되어 그가 세세토록 왕 노릇 하시리로다 하니 하나님 앞에서 자기 보좌에 앉아 있던 이십사 장로가 엎드려 얼굴을 땅에 대고 하나님께 경배하여 이르되 감사하옵나니 옛적에도 계셨고 지금도 계신 주 하나님 곧 전능하신 이여 친히 큰 권능을 잡으시고 왕 노릇 하시도다 이방들이 분노하매 주의 진노가 내려 죽은 자를 심판하시며 종 선지자들과 성도들과 또 작은 자든지 큰 자든지 주의 이름을 경외하는 자들에게 상 주시며 또 땅을 망하게 하는 자들을 멸망시키실 때로소이다 하더라"(계 11:15-18).

제 13 장 바다의 짐승과 땅의 짐승

요한계시록 13:1

내가 보니 바다에서 한 짐승이 나오는데 뿔이 열이요 머리가 일곱이라 그 뿔에는 열 왕관이 있고 그 머리들에는 신성 모독 하는 이름들이 있더라

요한계시록 13:2

내가 본 짐승은 표범과 비슷하고 그 발은 곰의 발 같고 그 입은 사자의 입 같은데 용이 자기의 능력과 보좌와 큰 권세를 그에게 주었더라

요한계시록 13:3

그의 머리 하나가 상하여 죽게 된 것 같더니 그 죽게 되었던 상처가 나으매 온 땅이 놀랍게 여겨 짐승을 따르고

요한계시록 13:4

용이 짐승에게 권세를 주므로 용에게 경배하며 짐승에게 경배하여 이르되 누가 이 짐승과 같으냐 누가 능히 이와 더불어 싸우리요 하더라

요한계시록 13:5

또 짐승이 과장되고 신성 모독을 말하는 입을 받고 또 마흔두 달 동안 일할 권세를 받으니라

요한계시록 13:6

짐승이 입을 벌려 하나님을 향하여 비방하되 그의 이름과 그의 장막 곧 하늘에 사는 자들을 비방하더라

요한계시록 13:7

또 권세를 받아 성도들과 싸워 이기게 되고 각 족속과 백성과 방언과 나라를 다스리는 권세를 받으니

요한계시록 13:8

죽임을 당한 어린 양의 생명책에 창세 이후로 이름이 기록되지 못하고 이 땅에 사는 자들은 다 그 짐승에게 경배하리라

요한계시록 13:9

누구든지 귀가 있거든 들을지어다

요한계시록 13:10

사로잡힐 자는 사로잡혀 갈 것이요 칼에 죽을 자는 마땅히 칼에 죽을 것이니 성도들의 인내와 믿음이 여기 있느니라

"귀 있는 자는 성령이 교회들에게 하시는 말씀을 들을지어다"(계 2:7, 11, 17, 29; 3:6, 13, 22). 이렇게 일곱 번에 걸쳐서 "귀 있는 자는 들을지어다"라

고 말씀하십니다. 여기서도 이 구절을 통해서 "누구든지 귀가 있거든 들을지어다" 하시는데, 이렇게 하시는 말씀이 중요한 것입니다.

이것은 "용이 여자에게 분노하여 돌아가서 그 여자의 남은 자손 곧 하나님의 계명을 지키며 예수의 증거를 가진 자들과 더불어 싸우려고 바다 모래 위에 서 있더라"(계 12:17)라고 하지만, 그는 당연히 믿음의 성도들을 이길 수 없습니다. "하늘에 또 다른 이적이 보이니 보라 한 큰 붉은 용이 있어 머리(우상들)가 일곱이요 뿔(세상의 힘들)이 열이라 그 여러 머리에 일곱 왕관이 있는데"(계 12:3) 12장에서는 머리에 일곱 개의 왕관을 썼습니다. 이제는 뿔에다 왕관을 써서 열 왕관을 쓰고 그 머리들에는 신성 모독하는 이름들을 쓰고 또 세상에서 가장 무섭고 강하고 사나우며 보기만 해도 끔찍하며 소름 돋아 보이는 짐승인 표범과 비슷하고, 그 발은 곰의 발 같고, 그 입은 사자의 입 같은데, 용이 자기의 능력과 보좌와 큰 권세를 주어서 누구라도 보면 도망합니다.

죽임을 당한 어린 양의 생명책에 기록된 사람은 담대하며 두려워하지 않는데 이제는 용이 그의 머리 하나가 상하여 죽게 된 것 같은 짐승의 상처를 고쳐서 살아나게 됩니다. 온 땅이 놀랍게 여겨 짐승에게 권세를 준 용을 경배하며 짐승을 경배합니다.

"누가 이 짐승과 같으냐 누가 능히 이와 더불어 싸우리요" 하며 짐승이 과장되고 신성 모독하는 입을 받았습니다. 마흔 두 달 동안 권세를 누리는데 짐승이 입을 벌려 하나님을 향해 비방합니다. 그의 이름과 그의 장막, 곧 하늘에 사는 자들을 비방하는데 결국 믿음의 성도들과의 싸움에서는 이길 수가 없습니다.

이는 "만일 누구든지 그들을 해하고자 하면 그들의 입에서 불이 나와서 그들의 원수를 삼켜 버릴 것이요 누구든지 그들을 해하고자 하면 반드시 그와 같이 죽임을 당하리라 그들이 권능을 가지고 하늘을 닫아 그 예언을 하는 날 동안 비가 오지 못하게 하고 또 권능을 가지고 물을 피로 변하게 하고 아무 때든지 원하는 대로 여러 가지 재앙으로 땅을 치리로다"(계 11:5-6)라는 말씀처럼, 이적과 많은 권세를 행한다 할지라도 믿음의 성도들을 도저히 이길 수 없습니다.

성도들을 유혹하기 위해서 힘 센 짐승들과 또 죽었다가 살아나는 기적으로 믿음이 약한 성도들을 이기려고 각 족속과 백성과 방언과 나라를 다스리는 권세를 받았지만, 어린 양의 생명책에 그 이름이 기록된 자들은 유혹하지 못합니다.

"죽임을 당한 어린 양의 생명책에 창세 이후로 이름이 기록되지 못하고 이 땅에 사는 자들은 다 그 짐승에게 경배하리라 누구든지 귀가 있거든 들을지어다." 믿음이 없는 자들 중에 사로잡힐 자는 사로잡혀 갈 것이고 칼에 죽을 자는 칼에 죽을 것이지만, 성도들은 믿음 안에서 인내하면 반드시 이기고 승리한다고 하십니다.

이것이 후반기 삼 년 반에 일어나는 일입니다.

"누가 우리를 그리스도의 사랑에서 끊으리요 환난이나 곤고나 박해나 기근이나 적신이나 위험이나 칼이랴 기록된 바 우리가 종일 주를 위하여 죽임을 당하게 되며 도살 당할 양 같이 여김을 받았나이다 함과 같으니라 그러나 이 모든 일에 우리를 사랑하시는 이로 말미암아 우리가 넉넉히 이기느니라"(롬 8:35-37).

"또 우리 형제들이 어린 양의 피와 자기들이 증언하는 말씀으로써 그를 이겼으니 그들은 죽기까지 자기들의 생명을 아끼지 아니하였도다"(계 12:11).

"내가 내 친구 너희에게 말하노니 몸을 죽이고 그 후에는 능히 더 못하는 자들을 두려워하지 말라 마땅히 두려워할 자를 내가 너희에게 보이리니 곧 죽인 후에 또한 지옥에 던져 넣는 권세 있는 그를 두려워하라 내가 참으로 너희에게 이르노니 그를 두려워하라"(눅 12:4-5).

요한계시록 13:11
내가 보매 또 다른 짐승이 땅에서 올라오니 어린 양 같이 두 뿔이 있고 용처럼 말을 하더라

요한계시록 13:12
그가 먼저 나온 짐승의 모든 권세를 그 앞에서 행하고 땅과 땅에 사는 자들을 처음 짐승에게 경배하게 하니 곧 죽게 되었던 상처가 나은 자니라

요한계시록 13:13
큰 이적을 행하되 심지어 사람들 앞에서 불이 하늘로부터 땅에 내려오게 하고

요한계시록 13:14
짐승 앞에서 받은 바 이적을 행함으로 땅에 거하는 자들을 미혹하며 땅에 거하는 자들에게 이르기를 칼에 상하였다가 살아난 짐승을 위하여 우상을 만들라 하더라

요한계시록 13:15
그가 권세를 받아 그 짐승의 우상에게 생기를 주어 그 짐승의 우상으로 말하게 하고 또 짐승의 우상에게 경배하지 아니하는 자는 몇이든지 다 죽이게 하더라

하늘에서는 붉은 용(마귀 사탄)이 큰 권세를 가지고 바다에서 한 짐승이 나타나 성도들을 위협하고 죽음에서 살아나는 이적을 보이면서 유혹합니

다. 성도들은 이 짐승의 유혹에 넘어가지 않자 다른 짐승이 땅에서 올라옵니다. 이 짐승은 순진한 어린 양 같고 용처럼 말을 하면서 성도들을 미혹합니다. 바다에서 나온 짐승은 머리가 일곱인데, 그 중 하나가 죽게 되었는데 상처가 나은 짐승을 섬기며 경배하기 위하여 큰 이적을 행합니다. 그리하여 땅에 거하는 자들에게 칼에 상했다가 살아난 짐승을 위하여 우상을 만들라고 요구합니다. 용의 권세를 받아 그 짐승을 우상으로 섬기게 하고 경배하게 하는데 경배하지 않는 자들은 무조건 다 죽이게 합니다.

"여호와의 말씀이니라 꿈을 꾼 선지자는 꿈을 말할 것이요 내 말을 받은 자는 성실함으로 내 말을 말할 것이라 겨가 어찌 알곡과 같겠느냐"(렘 23:28).

"미혹하는 자가 세상에 많이 나왔나니 이는 예수 그리스도께서 육체로 오심을 부인하는 자라 이런 자가 미혹하는 자요 적그리스도니 너희는 스스로 삼가 우리가 일한 것을 잃지 말고 오직 온전한 상을 받으라 지나쳐 그리스도의 교훈 안에 거하지 아니하는 자는 다 하나님을 모시지 못하되 교훈 안에 거하는 그 사람은 아버지와 아들을 모시느니라 누구든지 이 교훈을 가지지 않고 너희에게 나아가거든 그를 집에 들이지도 말고 인사도 하지 말라 그에게 인사하는 자는 그 악한 일에 참여하는 자임이라"(요이 1:7-11).

"이단에 속한 사람을 한두 번 훈계한 후에 멀리하라"(딛 3:10).

요한계시록 13:16

그가 모든 자 곧 작은 자나 큰 자나 부자나 가난한 자나 자유인이나 종들에게 그 오른손에나 이마에 표를 받게 하고

요한계시록 13:17

누구든지 이 표를 가진 자 외에는 매매를 못하게 하니 이 표는 곧 짐승의 이름이나 그 이름의 수라

요한계시록 13:18

지혜가 여기 있으니 총명한 자는 그 짐승의 수를 세어 보라 그것은 사람의 수니 그의 수는 육백육십육이니라

악한 마귀 사탄은 짐승으로 우상을 만들고 그 우상을 경배하지 않는 자들은 몇 명이든 상관없이 다 죽입니다. 또 모든 자들에게 그의 오른손에나 이마에 표를 받게 하고, 표를 받지 못한 자는 어떤 매매도 못하게 합니다.

결국 우상을 경배하게 하지만, 이 표는 곧 짐승 이름의 숫자이며, 이것은 사람의 숫자이며, 마귀 사탄의 숫자인 육백육십육입니다. 이것을 받는 것은 용을 경배하는 것이요, 짐승을 경배하는 것이요, 사람이 만든 짐승의 우상을 경배하는 자들에게 주는 표입니다.

"용이 짐승에게 권세를 주므로 용에게 경배하며 짐승에게 경배하여 이르되 누가 이 짐승과 같으냐 누가 능히 이와 더불어 싸우리요 하더라"(계 13:4).

"그가 먼저 나온 짐승의 모든 권세를 그 앞에서 행하고 땅과 땅에 사는 자들을 처음 짐승에게 경배하게 하니 곧 죽게 되었던 상처가 나은 자니라 큰 이적을 행하되 심지어 사람들 앞에서 불이 하늘로부터 땅에 내려오게 하고 짐승 앞에서 받은 바 이적을 행함으로 땅에 거하는 자들을 미혹하며 땅에 거하는 자들에게 이르기를 칼에 상하였다가 살아난 짐승을 위하여 우상을 만들라 하더라 그가 권세를 받아 그 짐승의 우상에게 생기를 주어 그 짐승의 우상으로 말하게 하고 또 짐승

의 우상에게 경배하지 아니하는 자는 몇이든지 다 죽이게 하더라"(계 13:12-15).

제 14 장 구원 받은 자를 환영함(십사만 사천)

요한계시록 14:1

또 내가 보니 보라 어린 양이 시온 산에 섰고 그와 함께 십사만 사천이 서 있는데 그들의 이마에는 어린 양의 이름과 그 아버지의 이름을 쓴 것이 있더라

요한계시록 14:2

내가 하늘에서 나는 소리를 들으니 많은 물 소리와도 같고 큰 우렛소리와도 같은데 내가 들은 소리는 거문고 타는 자들이 그 거문고를 타는 것 같더라

요한계시록 14:3

그들이 보좌 앞과 네 생물과 장로들 앞에서 새 노래를 부르니 땅에서 속량함을 받은 십사만 사천 밖에는 능히 이 노래를 배울 자가 없더라

"이르되 우리가 우리 하나님의 종들의 이마에 인치기까지 땅이나 바다나 나무들을 해하지 말라 하더라 내가 인침을 받은 자의 수를 들으니 이스라엘 자손의 각 지파 중에서 인침을 받은 자들이 십사만 사천이니"(계 7:3-4).

"이 일 후에 내가 보니 각 나라와 족속과 백성과 방언에서 아무도 능히 셀 수

없는 큰 무리가 나와 흰 옷을 입고 손에 종려 가지를 들고 보좌 앞과 어린 양 앞에 서서 큰 소리로 외쳐 이르되 구원하심이 보좌에 앉으신 우리 하나님과 어린 양에게 있도다 하니 모든 천사가 보좌와 장로들과 네 생물의 주위에 서 있다가 보좌 앞에 엎드려 얼굴을 대고 하나님께 경배하여 이르되 아멘 찬송과 영광과 지혜와 감사와 존귀와 권능과 힘이 우리 하나님께 세세토록 있을지어다 아멘 하더라"(계 7:9-12).

칠 년 대환난이 끝나자, 어린 양이 시온 산에 서서 7장을 통해서 구원받은 십사만 사천과 함께 복음을 믿고 구원받은 사람들을 환영합니다. 모든 사람이 축하하는 축하공연이 펼쳐집니다. 그곳에서 많은 물 소리와도 같고 큰 우렛소리와도 같은 거문고 소리가 들렸습니다. 그중에는 세상에서 복음을 증거하던 자들인 네 생물과 이십사 장로들도 함께 새 노래를 부릅니다. 이 노래는 속량함을 받은 사람들만이 배울 수 있는 노래이므로 어린 양과 속량함을 받은 자들이 시온 산에 나와서 믿고 시온 산에 오는 자들을 환영할 것입니다.

이렇게 예언하는 것은 너희가 믿고 속량함을 받으면 하늘에서는 어린 양과 모든 사람이 나와서 환영하며 기뻐합니다. 또 그 환영자들 중에는 너희가 핍박하고 죽이므로 배신했던 사람들이 구원을 받고 이마에 어린 양의 이름과 그의 아버지의 이름을 쓴 표를 받고 구원 받아서 자신들을 핍박하던 너희를 환영해 준다고 합니다. 그러니 너희도 이제라도 빨리 우상을 버리고 회개하고(계 9:20-21) 속량함을 받아 천국에서 어린 양과 십사만 사천과 네 생물과 이십사 장로들이 환영하는 축하를 받으라고 합니다.

"너희 생각에는 어떠하냐 만일 어떤 사람이 양 백 마리가 있는데 그 중의 하나가 길을 잃었으면 그 아흔아홉 마리를 산에 두고 가서 길 잃은 양을 찾지 않겠느냐 진실로 너희에게 이르노니 만일 찾으면 길을 잃지 아니한 아흔아홉 마리보다 이것을 더 기뻐하리라"(마 18:12-13).

요한계시록 14:4

이 사람들은 여자와 더불어 더럽히지 아니하고 순결한 자라 어린 양이 어디로 인도하든지 따라가는 자며 사람 가운데에서 속량함을 받아 처음 익은 열매로 하나님과 어린 양에게 속한 자들이니

요한계시록 14:5

그 입에 거짓말이 없고 흠이 없는 자들이더라

예언의 말씀 같이 많은 핍박과 환난 가운데서도 복음을 믿고 회개하고 하나님에 대한 순결한 신앙을 지키며 어린 양이 어디로 인도하든지 따라가는 자는 하나님과 어린 양의 속함을 받고 흠이 없고 거짓이 없는 믿음의 성도가 되는 것입니다.

"보좌에 앉으신 이가 이르시되 보라 내가 만물을 새롭게 하노라 하시고 또 이르시되 이 말은 신실하고 참되니 기록하라 하시고 또 내게 말씀하시되 이루었도다 나는 알파와 오메가요 처음과 마지막이라 내가 생명수 샘물을 목마른 자에게 값없이 주리니 이기는 자는 이것들을 상속으로 받으리라 나는 그의 하나님이 되고 그는 내 아들이 되리라 그러나 두려워하는 자들과 믿지 아니하는 자들과 흉악한 자들과 살인자들과 음행하는 자들과 점술가들과 우상 숭배자들과 거짓말하는 모든 자들은 불과 유황으로 타는 못에 던져지리니 이것이 둘째 사망이라"(계 21:5-8).

요한계시록 14:6

또 보니 다른 천사가 공중에 날아가는데 땅에 거주하는 자들 곧 모든 민족과 종족과 방언과 백성에게 전할 영원한 복음을 가졌더라

요한계시록 14:7

그가 큰 음성으로 이르되 하나님을 두려워하며 그에게 영광을 돌리라 이는 그의 심판의 시간이 이르렀음이니 하늘과 땅과 바다와 물들의 근원을 만드신 이를 경배하라 하더라

다른 천사(하늘 보좌의 전령과 같은 천사)는 급한 마음으로 날아가면서도 땅에 거주하는 자들에게 한 영혼이라도 대접의 재앙을 통해서 구원하고자 복음을 전합니다.

땅에 거주하는 하나님을 모르는 이방인인 모든 민족과 종족과 방언과 백성에게 영원한 복음을 큰 소리로 전하는데 하나님을 두려워하며 그에게 영광을 돌리고 급히 이루어지는 심판을 피하라고 하십니다. 이는 1~5절까지의 말씀처럼, 예수님을 믿고 구원을 받아 어린 양과 함께 축하하는 축전에 참여하라고, 하늘과 땅과 바다와 물의 근원을 창조하신 창조주 하나님을 경배하며 섬기라고 예언의 말씀을 전하고 있습니다.

"네가 어떤 성읍으로 나아가서 치려 할 때에는 그 성읍에 먼저 화평을 선언하라 그 성읍이 만일 화평하기로 회답하고 너를 향하여 성문을 열거든 그 모든 주민들에게 네게 조공을 바치고 너를 섬기게 할 것이요 만일 너와 화평하기를 거부하고 너를 대적하여 싸우려 하거든 너는 그 성읍을 에워쌀 것이며 네 하나님 여호와께서 그 성읍을 네 손에 넘기시거든 너는 칼날로 그 안의 남자를 다 쳐죽이고"(신 20:10-13).

요한계시록 14:8

또 다른 천사 곧 둘째가 그 뒤를 따라 말하되 무너졌도다 무너졌도다 큰 성 바벨론이여 모든 나라에게 그의 음행으로 말미암아 진노의 포도주를 먹이던 자로다 하더라

다른 천사가 그 뒤를 따라가면서 급하게 말하는데, "무너졌도다 무너졌도다 큰 성 바벨론이여!"라고 말입니다. 하나님을 대적하며 세상의 모든 권세와 권력과 재물과 치부하는 자들이 멸망하는 것이 바벨론의 멸망입니다. 또 이 세상의 모든 것들을 사랑하는 것이 음행하는 것이며, 하나님보다 더 사랑하는 것이 우상을 숭배하는 것입니다. 우상을 숭배하는 자들과 하나님을 경배하지 못하게 하는 자들과 하나님의 진노의 포도주를 먹이는 자들이 멸망할 것을 예언의 말씀을 통해서 속히 이루어질 거라고 말씀하십니다.

"그와 함께 음행하고 사치하던 땅의 왕들이 그가 불타는 연기를 보고 위하여 울고 가슴을 치며 그의 고통을 무서워하여 멀리 서서 이르되 화 있도다 화 있도다 큰 성, 견고한 성 바벨론이여 한 시간에 네 심판이 이르렀다 하리로다"(계 18:9–10).

요한계시록 14:9

또 다른 천사 곧 셋째가 그 뒤를 따라 큰 음성으로 이르되 만일 누구든지 짐승과 그의 우상에게 경배하고 이마에나 손에 표를 받으면

요한계시록 14:10

그도 하나님의 진노의 포도주를 마시리니 그 진노의 잔에 섞인 것이 없이 부은 포도주라 거룩한 천사들 앞과 어린 양 앞에서 불과 유황으로 고난을 받으리니

요한계시록 14:11

그 고난의 연기가 세세토록 올라가리로다 짐승과 그의 우상에게 경배하고 그의 이름 표를 받는 자는 누구든지 밤낮 쉼을 얻지 못하리라 하더라

셋째 다른 천사를 통해서 재차 마지막 경고를 알려줍니다. "그가 권세를 받아 그 짐승의 우상에게 생기를 주어 그 짐승의 우상으로 말하게 하고 또 짐승의 우상에게 경배하지 아니하는 자는 몇이든지 다 죽이게 하더라 그가 모든 자 곧 작은 자나 큰 자나 부자나 가난한 자나 자유인이나 종들에게 그 오른손에나 이마에 표를 받게 하고"(계 13:15-16). 즉, 짐승을 우상으로 만들고 그 짐승에게 경배하고, 경배한 자에게 증표로 이마에나 오른손에 표를 줍니다. 그 표를 받은 자는 진노의 포도주를 마시고 술 취한 사람처럼 불과 유황불에서 세세토록 고난을 당하는 것입니다.

그 고난을 천사들과 어린 양 앞에서 밤낮 쉬지 않고 당하게 됩니다. 그 고난의 연기가 세세토록 영원히 올라가며 짐승과 우상에게 경배하고 짐승의 이름의 표를 받은 모든 자도 영원히 꺼지지 않는 유황불에서 고난을 당합니다.

"천사가 낫을 땅에 휘둘러 땅의 포도를 거두어 하나님의 진노의 큰 포도주 틀에 던지매 성 밖에서 그 틀이 밟히니 틀에서 피가 나서 말 굴레에까지 닿았고 천육백 스다디온에 퍼졌더라"(계 14:19–20).

요한계시록 14:12

성도들의 인내가 여기 있나니 그들은 하나님의 계명과 예수에 대한 믿음을 지키는 자니라

우상에게 경배하지 아니하는 자는 몇이든지 다 죽이는 시험과 작은 자나 큰 자나 부자나 가난한 자나 자유인이나 종들에게 그의 오른손에나 이마에 표를 받지 아니하면 매매를 못하게 하는 모든 시험과 고통과 어려움을 이긴 자들의 믿음과 인내를 위로하시면서 이제 성도들에게 더욱 하나님의 계명과 예수 그리스도에 대한 믿음을 지키라고 위로합니다.

"도마에게 이르시되 네 손가락을 이리 내밀어 내 손을 보고 네 손을 내밀어 내 옆구리에 넣어 보라 그리하여 믿음 없는 자가 되지 말고 믿는 자가 되라 도마가 대답하여 이르되 나의 주님이시요 나의 하나님이시니이다 예수께서 이르시되 너는 나를 본 고로 믿느냐 보지 못하고 믿는 자들은 복되도다 하시니라"(요 20:27–29).

요한계시록 14:13

또 내가 들으니 하늘에서 음성이 나서 이르되 기록하라 지금 이후로 주 안에서 죽는 자들은 복이 있도다 하시매 성령이 이르시되 그러하다 그들이 수고를 그치고 쉬리니 이는 그들의 행한 일이 따름이라 하시더라

"하늘에서 음성이 나서 이르되 기록하라" 하시면서 모든 예언의 말씀을 기록으로 남겨서 누구도 못 들었다고 변명하지 못하게 합니다. 지금 이후로 예수님의 재림하시기 전에 예언의 말씀을 믿고 죽는 자가 복이 있다고 하시면서 죽고 구원을 받으니 복되다고 성령님이 확인하십니다. 이후로는 하나님의 계명과 예수에 대한 믿음 안에서 영원히 쉴 거라고 약속합니다.

"이방들이 분노하매 주의 진노가 내려 죽은 자를 심판하시며 종 선지자들과 성도들과 또 작은 자든지 큰 자든지 주의 이름을 경외하는 자들에게 상 주시며 또 땅을 망하게 하는 자들을 멸망시키실 때로소이다 하더라"(계 11:18).

1. 마지막 곡식을 수확하심

요한계시록 14:14

또 내가 보니 흰 구름이 있고 구름 위에 인자와 같은 이가 앉으셨는데 그 머리에는 금 면류관이 있고 그 손에는 예리한 낫을 가졌더라

요한계시록 14:15

또 다른 천사가 성전으로부터 나와 구름 위에 앉은 이를 향하여 큰 음성으로 외쳐 이르되 당신의 낫을 휘둘러 거두소서 땅의 곡식이 다 익어 거둘 때가 이르렀음이니이다 하니

요한계시록 14:16

구름 위에 앉으신 이가 낫을 땅에 휘두르매 땅의 곡식이 거두어지니라

- 구름 위에 앉으신(예수님)
- 다른 천사(하늘 보좌의 전령)
- 땅의 곡식(믿음의 성도)
- 땅의 곡식이 거둠(믿음의 성도들이 구원을 받음)

복음을 믿고 나오면 하늘에서 큰 축하공연을 베푸시는데 벌써 주님은 흰 구름 위에 앉으시고, 머리에는 금 면류관을 쓰시고, 다시 오실 준비를 하시면서 그 손에는 예리한 낫을 가지고 계십니다. 또 다른 천사가 주님께 곡식이 다 익어 거둘 때가 이르렀다고 하니 구름 위에 앉으신 이가 낫을 휘두르며 땅의 곡식을 추수합니다.

이제는 마지막임을 강조합니다. 지금 회개하고 하나님 앞에 나오면 죽어

도 복이며, 영원히 수고하지 아니하고 세세토록 쉼을 얻는다고 합니다. 이렇게 예언하시는 것은 아직도 하나님을 믿지 아니하는 자들을 하나님 앞에 믿음으로 나오라고 부르시는 것입니다.

"너희는 삼가라 내가 모든 일을 너희에게 미리 말하였노라 그 때에 그 환난 후 해가 어두워지며 달이 빛을 내지 아니하며 별들이 하늘에서 떨어지며 하늘에 있는 권능들이 흔들리리라 그 때에 인자가 구름을 타고 큰 권능과 영광으로 오는 것을 사람들이 보리라 또 그 때에 그가 천사들을 보내어 자기가 택하신 자들을 땅 끝으로부터 하늘 끝까지 사방에서 모으리라"(막 13:23-27).

2. 마지막 하나님의 진노

요한계시록 14:17

또 다른 천사가 하늘에 있는 성전에서 나오는데 역시 예리한 낫을 가졌더라

요한계시록 14:18

또 불을 다스리는 다른 천사가 제단으로부터 나와 예리한 낫 가진 자를 향하여 큰 음성으로 불러 이르되 네 예리한 낫을 휘둘러 땅의 포도송이를 거두라 그 포도가 익었느니라 하더라

요한계시록 14:19

천사가 낫을 땅에 휘둘러 땅의 포도를 거두어 하나님의 진노의 큰 포도주 틀에 던지매

요한계시록 14:20

성 밖에서 그 틀이 밟히니 틀에서 피가 나서 말 굴레에까지 닿았고 천육백 스다디온에 퍼졌더라

- 다른 천사(하늘 보좌의 전령)
- 불을 다스리는 다른 천사(하늘 보좌의 심판을 행하는 전령)
- 땅의 포도송이(불신자)
- 하나님의 진노의 큰 포도주 틀(심판대)

다른 천사가 하늘의 지휘 통제소에서 나와서 행하시므로 공정하고 정의롭게 행해지는 심판을 불을 다스리는 다른 천사가 믿는 자들을 추수하는 것처럼 불신자들의 심판도 이루어진다고 예언하십니다. 제단으로부터 나와서 예리한 낫을 가진 자를 향해 큰 음성으로 불러 말씀합니다. "네 예리한 낫을 휘둘러 땅의 포도송이를 거두라." 그 포도를 거두어 하나님의 진노의 큰 포도주 틀에 던지는데 성 밖에서 그 틀이 밟힙니다. 그 피가 말 굴레에까지 닿았고 천육백 스다디온에 퍼졌다고 합니다.

"둘 다 추수 때까지 함께 자라게 두라 추수 때에 내가 추수꾼들에게 말하기를 가라지는 먼저 거두어 불사르게 단으로 묶고 곡식은 모아 내 곳간에 넣으라 하리라"(마 13:30).

제 15 장 마지막 대접재앙 예고

요한계시록 15:1

또 하늘에 크고 이상한 다른 이적을 보매 일곱 천사가 일곱 재앙을 가졌으니 곧 마지막 재앙이라 하나님의 진노가 이것으로 마치리로다

또 하늘의 크고 이상한 이적을 보게 됩니다. 지금까지는 없었던 마지막으로 크고 이상한 처음 보는 심판의 이적을 볼 것이라고 말씀하시는데 이것이 하나님의 진노의 마지막 일곱 재앙을 행하신다고 하십니다.

요한계시록 15:2

또 내가 보니 불이 섞인 유리 바다 같은 것이 있고 짐승과 그의 우상과 그의 이름의 수를 이기고 벗어난 자들이 유리 바다 가에 서서 하나님의 거문고를 가지고

요한계시록 15:3

하나님의 종 모세의 노래, 어린 양의 노래를 불러 이르되 주 하나님 곧 전능하신 이시여 하시는 일이 크고 놀라우시도다 만국의 왕이시여 주의 길이 의롭고 참되시도다

요한계시록 15:4

주여 누가 주의 이름을 두려워하지 아니하며 영화롭게 하지 아니하오리이까 오직 주만 거룩하시니이다 주의 의로우신 일이 나타났으매 만국이 와서 주께 경배하리이다 하더라

지금까지는 없었던 마지막 재앙을 일곱 천사가 가졌는데 곧 이루어진다는 것입니다. 이것으로 하나님의 진노의 심판이 끝납니다. 불이 섞인 유리 바다 같은 것이 있고, 그 짐승과 그의 우상과 그의 이름의 수가 있는 곳에서 이기고 빨리 벗어나서 하늘나라 유리 바다 가에 서서 하나님의 거문고를 가지고 하나님의 종 모세의 노래와 어린 양의 노래를 부르라고 합니다.

이것은 마귀 사탄의 모든 시험을 이기고 승리하고 구원의 확정을 받는 자들이 하늘의 유리 바다 가에 서서 하나님의 거문고를 가지고 하나님의 종 모세의 노래와 어린 양의 노래를 부르며 구원 받으라고 하는 것입니다. 이는 이스라엘 백성들이 홍해를 건너 구원을 받고 부른 구원의 노래이며, 어린 양의 피를 통해서 구원을 받고 노래하는 기쁨과 감사의 노래입니다.

"주 하나님 곧 전능하신 이시여 하시는 일이 크고 놀라우시도다 만국의 왕이시여 주의 길이 의롭고 참되시도다"라고 노래를 부릅니다. "누가 주의 이름을 두려워하지 아니하오리까" 하면서 예언의 말씀을 듣고 두려워합니다. 하나님 앞으로 나오는 자들은 오직 주만 거룩하시고 주의 의로우신 일이 나타났으므로 만국이 와서 주께만 경배를 드린다고 합니다. 이 예언은 속히 이루어진다면서 빨리 회개하고 하나님의 복음을 믿고 구원을 받으라고 예언합니다.

"또 내가 새 하늘과 새 땅을 보니 처음 하늘과 처음 땅이 없어졌고 바다도 다시 있지 않더라 또 내가 보매 거룩한 성 새 예루살렘이 하나님께로부터 하늘에

서 내려오니 그 준비한 것이 신부가 남편을 위하여 단장한 것 같더라 내가 들으니 보좌에서 큰 음성이 나서 이르되 보라 하나님의 장막이 사람들과 함께 있으매 하나님이 그들과 함께 계시리니 그들은 하나님의 백성이 되고 하나님은 친히 그들과 함께 계셔서 모든 눈물을 그 눈에서 닦아 주시니 다시는 사망이 없고 애통하는 것이나 곡하는 것이나 아픈 것이 다시 있지 아니하리니 처음 것들이 다 지나갔음이러라 보좌에 앉으신 이가 이르시되 보라 내가 만물을 새롭게 하노라 하시고 또 이르시되 이 말은 신실하고 참되니 기록하라 하시고 또 내게 말씀하시되 이루었도다 나는 알파와 오메가요 처음과 마지막이라 내가 생명수 샘물을 목마른 자에게 값없이 주리니 이기는 자는 이것들을 상속으로 받으리라 나는 그의 하나님이 되고 그는 내 아들이 되리라"(계 21:1–7).

요한계시록 15:5

또 이 일 후에 내가 보니 하늘에 증거 장막의 성전이 열리며

요한계시록 15:6

일곱 재앙을 가진 일곱 천사가 성전으로부터 나와 맑고 빛난 세마포 옷을 입고 가슴에 금 띠를 띠고

요한계시록 15:7

네 생물 중의 하나가 영원토록 살아 계신 하나님의 진노를 가득히 담은 금 대접 일곱을 그 일곱 천사들에게 주니

요한계시록 15:8

하나님의 영광과 능력으로 말미암아 성전에 연기가 가득 차매 일곱 천사의 일곱 재앙이 마치기까지는 성전에 능히 들어갈 자가 없더라

2~4절에서는 예언의 말씀을 듣고 예수 믿고 성령 받아 마귀 사탄을 이긴 자들을 구원하신다고 말합니다. 그러니 빨리 회개하고 구원을 받으라고 예언하시는 것입니다.

5~8절까지는 심판의 시작을 알리고 있습니다.

11장에서 일곱째 천사가 경고 나팔을 부는데 하늘에서 큰 음성이 나서 세상 나라가 우리 주와 그리스도의 나라가 되어 우리 주가 세세토록 왕 노릇 한다고 하십니다. 하나님 앞에서 자기의 보좌에 앉아 있던 이십사 장로들이 엎드려 얼굴을 땅에 대고 하나님을 경배합니다. "옛적에도 계셨고 지금도 계신 주 하나님 곧 전능하신 이여 친히 큰 권능을 잡으시고 왕 노릇 하시도다"라고 높힙니다. "이방(불신자)들이 분노하매 주의 진노가 내려 죽은 자를 심판하시며 종 선지자들과 성도들과 또 작은 자든지 큰 자든지 주의 이름을 경외하는 자들에게 상 주시며 또 땅을 망하게 하는 자들을 멸망시키실 때로소이다"라고 알립니다. 성전 안에 하나님의 언약궤를 보여주시는데 모든 상(구원)과 멸망시키는 것이 하나님이 언약하신 대로 정의롭고 공정하게 이루어진다고 하십니다.

본 구절에서 하늘의 증거 장막의 성전이 열린 것은 모든 증거가 하나님의 언약에 기록된 대로 재앙이 임하신다는 것입니다. 일곱 재앙을 가진 일곱 천사가 성전으로부터 나와 맑고 빛난 세마포 옷을 입고 가슴에 금띠를 띠고 주님 대신 일곱 재앙의 대접을 쏟아냅니다. 이것도 정의롭고 공정하고 의롭게 행하시는 것이라고 하시는 것입니다.

복음을 전하는데 믿지 아니하면 이러한 재앙이 온다고 전한 네 생물(복음 증거자의 대표자) 중의 하나가 영원토록 살아 계신 하나님의 진노를 가득히 담은 금 대접 일곱을 일곱 천사에게 줍니다. 이것도 복음을 전하면서 믿지 아니하면 심판이 있다고 한 것입니다.

이 심판도 불의하거나 부당한 것이 없이 수차에 걸쳐서 예언하신 것입니다. 또 예언하신 것이기에 모든 심판은 언약대로 복음대로 예언대로 합당하게 의롭게 하신다고 말씀하시는 것입니다. 어느 누구도 심판을 받는다 할지라도 참되시고 의로우시다고 말할 수밖에는 없도록 많은 증거를 기록으로 남겨놓았습니다.

신약의 계시록에서도 일곱 대접재앙을 공중에 쏟으므로 세상을 심판하십니다. 새로운 믿음의 나라, 주님이 통치하는 나라가 세워질 것인데 멸망하는 자들에게는 성전에 들어올 수 없도록 하나님의 영광과 능력으로 말미암아 성전에 연기가 가득하게 됩니다. 그들은 이제는 구원의 기회를 영영 잃어버리고 심판만이 있다는 것을 예언하시는 것입니다.

"일곱째 천사가 나팔을 불매 하늘에 큰 음성들이 나서 이르되 세상 나라가 우리 주와 그의 그리스도의 나라가 되어 그가 세세토록 왕 노릇 하시리로다 하니 하나님 앞에서 자기 보좌에 앉아 있던 이십사 장로가 엎드려 얼굴을 땅에 대고 하나님께 경배하여 이르되 감사하옵나니 옛적에도 계셨고 지금도 계신 주 하나님 곧 전능하신 이여 친히 큰 권능을 잡으시고 왕 노릇 하시도다 이방들이 분노하매 주의 진노가 내려 죽은 자를 심판하시며 종 선지자들과 성도들과 또 작은 자든지 큰 자든지 주의 이름을 경외하는 자들에게 상 주시며 또 땅을 망하게 하는 자들을 멸망시키실 때로소이다 하더라 이에 하늘에 있는 하나님의 성전이 열리니 성전 안에 하나님의 언약궤가 보이며 또 번개와 음성들과 우레와 지진과 큰 우박이 있더라"(계 11:15-19).

제 16 장 일곱 대접의 심판

요한계시록 16:1

또 내가 들으니 성전에서 큰 음성이 나서 일곱 천사에게 말하되 너희는 가서 하나님의 진노의 일곱 대접을 땅에 쏟으라 하더라

하나님은 한 생명이라도 구원하고자 하십니다. 그래서 우리에게 예수 그리스도께서 친히 죽으시고 복음을 확정하시고 공포하고 여러 방법으로 여러 차례에 모든 것을 동원하여 이 복음을 믿어야 구원 받는다고 전했습니다. 하지만 사람들은 짐승을 우상으로 경배하며 그 오른손에나 이마에 짐승을 경배하고 섬겼다는 666의 표를 받고 회개하지 않습니다. 하나님 앞으로 돌아오라 돌아오라 외쳤지만 돌아오지 않았습니다.

너희가 돌아오면 하늘나라에서는 너희가 신성 모독하고 조롱하던 어린 양과 너희의 핍박을 받고 천국에 올라간 십사만 사천 명도 나와서 환영 축하하고, 너희들이 죽인 네 생물과 이십사 장로들도 하나님의 거문고를 가지고 노래하며 맞이할 것이라고 말합니다.

그러나 추수 때가 되어도 돌아오지 아니한 자들은 진노의 큰 포도주 틀에 던진다고 경고하십니다. 주님께 돌아오라고 해도 돌아오지 않는 자들에게 이제는 일곱 천사에게 말합니다. "하나님의 진노의 일곱 대접을 쏟으

라"고 말입니다. 심판을 행하실 것이라는 예언입니다.

"또 다른 천사가 하늘에 있는 성전에서 나오는데 역시 예리한 낫을 가졌더라 또 불을 다스리는 다른 천사가 제단으로부터 나와 예리한 낫 가진 자를 향하여 큰 음성으로 불러 이르되 네 예리한 낫을 휘둘러 땅의 포도송이를 거두라 그 포도가 익었느니라 하더라 천사가 낫을 땅에 휘둘러 땅의 포도를 거두어 하나님의 진노의 큰 포도주 틀에 던지매 성 밖에서 그 틀이 밟히니 틀에서 피가 나서 말 굴레에까지 닿았고 천육백 스다디온에 퍼졌더라"(계 14:17-20).

요한계시록 16:2

첫째 천사가 가서 그 대접을 땅에 쏟으매 짐승의 표를 받은 사람들과 그 우상에게 경배하는 자들에게 악하고 독한 종기가 나더라

"짐승 앞에서 받은 바 이적을 행함으로 땅에 거하는 자들을 미혹하며 땅에 거하는 자들에게 이르기를 칼에 상하였다가 살아난 짐승을 위하여 우상을 만들라 하더라 그가 권세를 받아 그 짐승의 우상에게 생기를 주어 그 짐승의 우상으로 말하게 하고 또 짐승의 우상에게 경배하지 아니하는 자는 몇이든지 다 죽이게 하더라 그가 모든 자 곧 작은 자나 큰 자나 부자나 가난한 자나 자유인이나 종들에게 그 오른손에나 이마에 표를 받게 하고 누구든지 이 표를 가진 자 외에는 매매를 못하게 하니 이 표는 곧 짐승의 이름이나 그 이름의 수라 지혜가 여기 있으니 총명한 자는 그 짐승의 수를 세어 보라 그것은 사람의 수니 그의 수는 육백육십육이니라"(계 13:14-18).

요한계시록을 통해서는 짐승의 표를 받고 짐승을 우상으로 경배하는 자들에게 악하고 독한 종기를 통해서 큰 고통을 당하는 심판을 행하십니다.

그것은 짐승의 수의 표와 그의 수의 표와 짐승을 우상으로 섬기라면서 죽이고 매매를 못하게 한 사람들을 제일 먼저 심판하실 것을 예언하십니다. 이것은 너희가 짐승을 우상으로 섬기면서도 잘 되는 것 같지만, 나중에는 이렇게 독한 종기를 통해 비참하고 큰 고통을 당한다는 것을 예언하시는 것입니다.

"그의 이마에 이름이 기록되었으니 비밀이라, 큰 바벨론이라, 땅의 음녀들과 가증한 것들의 어미라 하였더라 또 내가 보매 이 여자가 성도들의 피와 예수의 증인들의 피에 취한지라 내가 그 여자를 보고 놀랍게 여기고 크게 놀랍게 여기니 천사가 이르되 왜 놀랍게 여기느냐 내가 여자와 그가 탄 일곱 머리와 열 뿔 가진 짐승의 비밀을 네게 이르리라"(계 17:5-7).

요한계시록 16:3

둘째 천사가 그 대접을 바다에 쏟으매 바다가 곧 죽은 자의 피 같이 되니 바다 가운데 모든 생물이 죽더라

하나님을 신성 모독하며 조롱하는 자들에게 그 심판의 대접을 바다에 쏟음으로 바다가 죽은 자의 피같이 되어 바다 가운데 모든 생물이 죽임을 당합니다. 이는 그들이 하나님의 복음인 십자가의 피를 믿지 않고 바다에서 나온 짐승을 섬기라고 하므로 그 짐승을 섬기는 자들에게는 죽음의 피, 멸망의 피로써 결국 피로 말미암아 죽임을 당하게 되는 것입니다. 그 짐승은 우상이 될 수 없고 하나님이 창조하신 피조물이며 그 짐승을 심판하시는 분은 하나님이시라는 것을 보여주십니다.

너희가 행한 대로 이루어진다는 예언의 말씀을 이루시는 것입니다. 그들에게 보여주시는 것이므로 우리도 우리가 행한 대로 받을 것을 생각하여

두렵고 떨림으로 하나님을 바로 섬기는 신앙을 가져야 할 것입니다.

이것을 예언함은 하나님을 믿지 않고 우상에게 절하며 섬기는 자들을 하나님 앞으로 돌아오게 하는 것입니다.

"내가 보니 바다에서 한 짐승이 나오는데 뿔이 열이요 머리가 일곱이라 그 뿔에는 열 왕관이 있고 그 머리들에는 신성 모독 하는 이름들이 있더라 내가 본 짐승은 표범과 비슷하고 그 발은 곰의 발 같고 그 입은 사자의 입 같은데 용이 자기의 능력과 보좌와 큰 권세를 그에게 주었더라 그의 머리 하나가 상하여 죽게 된 것 같더니 그 죽게 되었던 상처가 나으매 온 땅이 놀랍게 여겨 짐승을 따르고 용이 짐승에게 권세를 주므로 용에게 경배하며 짐승에게 경배하여 이르되 누가 이 짐승과 같으냐 누가 능히 이와 더불어 싸우리요 하더라 또 짐승이 과장되고 신성 모독을 말하는 입을 받고 또 마흔두 달 동안 일할 권세를 받으니라 짐승이 입을 벌려 하나님을 향하여 비방하되 그의 이름과 그의 장막 곧 하늘에 사는 자들을 비방하더라"(계 13:1-6).

요한계시록 16:4

셋째 천사가 그 대접을 강과 물 근원에 쏟으매 피가 되더라

요한계시록 16:5

내가 들으니 물을 차지한 천사가 이르되 전에도 계셨고 지금도 계신 거룩하신 이여 이렇게 심판하시니 의로우시도다

요한계시록 16:6

그들이 성도들과 선지자들의 피를 흘렸으므로 그들에게 피를 마시게 하신 것이 합당하니이다 하더라

요한계시록 16:7

또 내가 들으니 제단이 말하기를 그러하다 주 하나님 곧 전능하신 이시여 심판하시는 것이 참되시고 의로우시도다 하더라

셋째 천사가 심판의 대접을 강과 물 근원에 쏟습니다. 이것은 복음의 근원이 되시는 어린 양의 피를 우습게 여기는 자들을 심판하시는 것으로, 거짓 복음의 근원되는 것에 대접을 쏟으므로 피가 된다는 것입니다(계 5:9).

그들이 새 노래를 불러 이르되 두루마리를 가지시고 그 인봉을 떼기에 합당하시도다 일찍이 죽임을 당하사 각 족속과 방언과 백성과 나라 가운데에서 사람들을 피로 사서 하나님께 드리시며 영광을 돌립니다. "그들로 우리 하나님 앞에서 나라와 제사장들을 삼으셨으니 그들이 땅에서 왕 노릇하리로다 하더라 내가 또 보고 들으매 보좌와 생물들과 장로들을 둘러 선 많은 천사의 음성이 있으니 그 수가 만만이요 천천이라 큰 음성으로 이르되 죽임을 당하신 어린 양은 능력과 부와 지혜와 힘과 존귀와 영광과 찬송을 받으시기에 합당하도다 하더라 내가 또 들으니 하늘 위에와 땅 위에와 땅 아래와 바다 위에와 또 그 가운데 모든 피조물이 이르되 보좌에 앉으신 이와 어린 양에게 찬송과 존귀와 영광과 권능을 세세토록 돌릴지어다 하니 네 생물이 이르되 아멘 하고 장로들은 엎드려 경배하더라"(계 5:10-14).

그들이 죽임을 당했다는 것으로 거짓 복음을 만들고 전하는 자들에게 심판이 임하게 됩니다. 결국 그들에게는 전에도 계셨고 지금도 계신 하나님이며, 그들은 심판으로 미래가 없으니 그들에게는 회개할 기회도 사라지고 영원한 죽음을 당할 것을 말씀합니다. 이것은 그들에게 복음을 전했고 또 그들에게 복음을 전한 것을 기록에 남겼으므로 심판은 정당한 것이며 의롭다고 말씀하십니다. 성도들과 선지자들을 죽였으므로 그들이 죽는 것은 합당한 것이라고 말합니다. 제단도 "주 하나님 곧 전능하신 이시여 심

판하시는 것이 참되시고 의로우시도다"라며 정의롭고 공평하게 이루어진다는 것을 재차 강조하십니다.

이렇게 행한 사람들에게 이러한 심판이 반드시 이루어지며, 이것이 공의롭고 참되시기 때문에 꼭 이루어진다고 예언하시는 것입니다.

"다섯째 인을 떼실 때에 내가 보니 하나님의 말씀과 그들이 가진 증거로 말미암아 죽임을 당한 영혼들이 제단 아래에 있어 큰 소리로 불러 이르되 거룩하고 참되신 대주재여 땅에 거하는 자들을 심판하여 우리 피를 갚아 주지 아니하시기를 어느 때까지 하시려 하나이까 하니 각각 그들에게 흰 두루마기를 주시며 이르시되 아직 잠시 동안 쉬되 그들의 동무 종들과 형제들도 자기처럼 죽임을 당하여 그 수가 차기까지 하라 하시더라"(계 6:9–11).

"또 내가 크고 흰 보좌와 그 위에 앉으신 이를 보니 땅과 하늘이 그 앞에서 피하여 간 데 없더라 또 내가 보니 죽은 자들이 큰 자나 작은 자나 그 보좌 앞에 서 있는데 책들이 펴 있고 또 다른 책이 펴졌으니 곧 생명책이라 죽은 자들이 자기 행위를 따라 책들에 기록된 대로 심판을 받으니"(계 20:11–12).

요한계시록 16:8

넷째 천사가 그 대접을 해에 쏟으매 해가 권세를 받아 불로 사람들을 태우니

요한계시록 16:9

사람들이 크게 태움에 태워진지라 이 재앙들을 행하는 권세를 가지신 하나님의 이름을 비방하며 또 회개하지 아니하고 주께 영광을 돌리지 아니하더라

넷째 천사가 심판재앙의 대접을 해에 쏟는데 해가 권세를 받아 불로 사

람들을 태워 죽입니다. 그렇게 당하여도 그들은 자신의 잘못을 깨닫고 회개하지 않습니다. 오히려 심판을 행하시는 하나님의 이름을 비방하며 하나님께 영광을 돌리지 않습니다. 저들은 이렇게 하나님을 비방하고 하나님을 믿지 않는데 나중에 심판을 당하면서도 끝까지 하나님을 비방하고 회개하지 않습니다.

그러므로 하나님께 영광을 돌리지 아니하리라는 것을 미리 예언하시는 것은 저들이 다 지금은 불평불만을 하지만, 결국 자신들이 복음을 믿는 자들을 핍박하고 복음을 믿으라고 전해도 믿지 아니하고, 또 예언을 통해 이러한 일이 있을 것임을 예언해도 믿지 않다가 나중에 고통을 당하고 무저갱에 들어가 둘째 사망을 당하게 되서야 깨닫게 된다는 것입니다.

요한계시록 16:10

또 다섯째 천사가 그 대접을 짐승의 왕좌에 쏟으니 그 나라가 곧 어두워지며 사람들이 아파서 자기 혀를 깨물고

요한계시록 16:11

아픈 것과 종기로 말미암아 하늘의 하나님을 비방하고 그들의 행위를 회개하지 아니하더라

다섯째 천사가 심판재앙의 대접을 짐승(우상)의 왕좌에 쏟습니다. 그 나라가 어두움(우상이 무력화 됨)에 빠지게 됩니다. 자신이 믿은 것이 구원도 못하는 피조물인 것을 알고 믿던 자들이 아파서 혀를 깨물면서 아픈 것과 종기로 인해 고통을 호소합니다. 그러면서도 자신들이 거짓 복음 때문에 고생하며 환난을 당하고 있다는 것을 깨닫지 못합니다. 오히려 하나님을 비방하고 원망하면서도 자신들의 죄는 회개하지 아니하고 정당하다고 말합니다.

이런 일은 너희도 하나님을 믿지 아니하고 다른 복음을 믿으면 이러한 일을 당할 거라고 예언으로 미리 말씀하시면서 그대로 이루어진다는 것을 말합니다.

"내가 보매 또 다른 짐승이 땅에서 올라오니 어린 양 같이 두 뿔이 있고 용처럼 말을 하더라 그가 먼저 나온 짐승의 모든 권세를 그 앞에서 행하고 땅과 땅에 사는 자들을 처음 짐승에게 경배하게 하니 곧 죽게 되었던 상처가 나은 자니라"(계 13:11-12).

요한계시록 16:12

또 여섯째 천사가 그 대접을 큰 강 유브라데에 쏟으매 강물이 말라서 동방에서 오는 왕들의 길이 예비되었더라

요한계시록 16:13

또 내가 보매 개구리 같은 세 더러운 영이 용의 입과 짐승의 입과 거짓 선지자의 입에서 나오니

요한계시록 16:14

그들은 귀신의 영이라 이적을 행하여 온 천하 왕들에게 가서 하나님 곧 전능하신 이의 큰 날에 있을 전쟁을 위하여 그들을 모으더라

요한계시록 16:15

보라 내가 도둑 같이 오리니 누구든지 깨어 자기 옷을 지켜 벌거벗고 다니지 아니하며 자기의 부끄러움을 보이지 아니하는 자는 복이 있도다

요한계시록 16:16

세 영이 히브리어로 아마겟돈이라 하는 곳으로 왕들을 모으더라

여섯째 천사가 심판재앙의 대접을 큰 강 유브라데에 쏟습니다. 강물이 말라서 동방에 있는 모든 개구리 같은 세 더러운 영의 왕들이 모였는데, 용(하늘의 마귀)의 입과 짐승(바다에서 나온 짐승 적그리스도)의 입과 땅에서 올라온 두 뿔을 가진 어린 양(거짓 선지자의 입)들입니다. 다 귀신의 영을 받아 이적을 행하여 온 천하에 더러운 영을 받은 모든 왕들을 모아서 전능하신 하나님의 큰 날(전쟁의 날, 심판의 날)에 하나님을 대적하기 위해 모여 있는 것입니다. 자신들이 자신의 마지막을 준비차 다 모여서 심판을 받으러 준비하는 것입니다. 자신들이 하나님을 대적한다고 하지만, 결국 이것은 멸망을 준비하는 것입니다.

하나님은 보라 내가 도둑 같이 오리니 회개하고 복음의 새로운 옷을 입지 아니하면 이들은 자신들의 죽음을 위하여 다 모여 한 번에 죽임을 당하는 것을 예언하는 것입니다. 마치 사사기에서 블레셋 사람들이 삼손의 비참함을 조롱하며 비웃기 위하여 다 모여 즐거워할 때 삼손을 불러다가 삼손의 재주 부리는 것을 보려고 모인 그들 전부를 오히려 죽임으로써 그날 죽은 자들이 삼손이 살았을 때 죽였던 자들보다 많았던 것처럼 말입니다. 그들이 이렇게 우상을 섬기고 하나님을 조롱하며 비방하지만 결국은 심판당한다는 것을 예언하는 것입니다.

요한계시록 16:17

일곱째 천사가 그 대접을 공중에 쏟으매 큰 음성이 성전에서 보좌로부터 나서 이르되 되었다 하시니

요한계시록 16:18

번개와 음성들과 우렛소리가 있고 또 큰 지진이 있어 얼마나 큰지 사람이 땅에 있어 온 이래로 이같이 큰 지진이 없었더라

요한계시록 16:19

큰 성이 세 갈래로 갈라지고 만국의 성들도 무너지니 큰 성 바벨론이 하나님 앞에 기억하신 바 되어 그의 맹렬한 진노의 포도주 잔을 받으매

요한계시록 16:20

각 섬도 없어지고 산악도 간 데 없더라

요한계시록 16:21

또 무게가 한 달란트나 되는 큰 우박이 하늘로부터 사람들에게 내리매 사람들이 그 우박의 재앙 때문에 하나님을 비방하니 그 재앙이 심히 큼이러라

일곱째 심판재앙의 대접을 공중에 쏟습니다. 성전의 보좌(총지휘 통제소)에서 큰 음성으로 되었다고 하신 것은 잘 이루어졌다는 말씀을 듣게 됩니다. 그리고 번개와 음성들과 우렛소리가 있고 또 큰 지진이 일어납니다. 얼마나 큰 지진인지 사람이 땅에 있어 온 이래로 이같이 큰 지진이 없었다고 하십니다. 이것은 이제 마지막 재앙이 끝났으며 모든 것이 다 이루어졌음을 말씀하십니다.

큰 성이 세 갈래로 갈라졌다는 것은 짐승의 수, 사람의 수, 그의 수라고 말하는 육백육십육의 심판, 즉 교회에서 복음을 잘못 전하는 자들의 심판과 일곱 인의 복음이 잘 전달되어도 믿지 아니하는 자들과 심판한다는 경고의 나팔이 아무리 울려도 회개하지 않은 자들의 심판이 잘 이루어졌다는

것입니다. 그래서 만국의 성들도 무너지고 큰 성 바벨론이 하나님 앞에 기억하신 바 되어 그 맹렬한 진노의 포도주 잔을 받게 되었다고 말합니다.

이 세상에는 섬들도 산들도 온데간데없이 사라지고, 한 달란트나 되는 우박의 재앙으로 모든 세상에 종말이 이루어졌음에도 그들은 자신의 잘못은 깨닫지 못하고 하나님을 비방하며 심판을 받고 멸망하게 됩니다. 우리는 창세기를 통해서 하나님의 천지창조가 다 이루어졌다고 말씀하신 것처럼(창 1:1; 2:1), 또한 구원(요 19:28-30)도 이루어지고, 이제 심판도 요한계시록 6:12-17 말씀처럼 복음을 믿지 않는 자들에게 다 이루어졌음을 말씀하십니다. 이렇게 일곱 심판의 재앙이 끝납니다.

또한 우리는 사사기에서 이스라엘의 마지막에 죄지은 그들을 심판하고 새로운 이스라엘 왕국시대를 맞이하게 되는 것처럼, 세상을 심판하고 새로운 하나님이 다스리는 나라를 맞이할 것을 예언하십니다. 그러는데도 하나님을 믿지 않고 종말을 맞아 이러한 심판을 당할 것이냐고 물으십니다.

"그 후에 예수께서 모든 일이 이미 이루어진 줄 아시고 성경을 응하게 하려 하사 이르시되 내가 목마르다 하시니 거기 신 포도주가 가득히 담긴 그릇이 있는지라 사람들이 신 포도주를 적신 해면을 우슬초에 매어 예수의 입에 대니 예수께서 신 포도주를 받으신 후에 이르시되 다 이루었다 하시고 머리를 숙이니 영혼이 떠나가시니라"(요 19:28-30).

"내가 보니 여섯째 인을 떼실 때에 큰 지진이 나며 해가 검은 털로 짠 상복 같이 검어지고 달은 온통 피 같이 되며 하늘의 별들이 무화과나무가 대풍에 흔들려 설익은 열매가 떨어지는 것 같이 땅에 떨어지며 하늘은 두루마리가 말리는 것 같이 떠나가고 각 산과 섬이 제 자리에서 옮겨지매 땅의 임금들과 왕족들과 장군들과 부자들과 강한 자들과 모든 종과 자유인이 굴과 산들의 바위 틈에 숨어 산들과 바위에게 말하되 우리 위에 떨어져 보좌에 앉으신 이의 얼굴에서와 그 어린 양의 진노에서 우리를 가리라 그들의 진노의 큰 날이 이르렀으니 누가 능히 서리요 하더라"(계 6:12–17).

"보라 내가 속히 오리니 내가 줄 상이 내게 있어 각 사람에게 그가 행한 대로 갚아 주리라 나는 알파와 오메가요 처음과 마지막이요 시작과 마침이라"(계 22:12–13).

제 17 장 | 많은 물 위에 앉은 음녀의 심판

요한계시록 17:1

또 일곱 대접을 가진 일곱 천사 중 하나가 와서 내게 말하여 이르되 이리로 오라 많은 물 위에 앉은 큰 음녀가 받을 심판을 네게 보이리라

창세기에서 하나님은 6일 동안에 천지 만물을 창조하시고 일곱째 날에 안식하신 후 천지를 창조할 때 사람을 창조하신 일을 자세히 말씀하신 것처럼, 본 장에서는 16장에서 여섯 천사를 통해서 세상에 심판재앙을 행하시고 그 심판을 왜 어떻게 행하였는지를 일곱 천사 중 하나를 통해서 다시 설명하시기 위해 사도 요한을 부르십니다. 많은 물(믿음의 백성 성도들) 위에 앉은 큰 음녀(우상)가 종교적으로 우상을 섬기도록 미혹하여 심판받게 한 것에 대하여 먼저 심판을 행할 것을 요한에게 보여준다고 예언합니다.

요한계시록 17:2

땅의 임금들도 그와 더불어 음행하였고 땅에 사는 자들도 그 음행의 포도주에 취하였다 하고

큰 음녀는 우상을 상징합니다. 땅의 임금(믿음의 성도)들을 유혹해서 그

들에게 새 하늘과 새 땅은 없고 이 세상 밖에 존재하지 않으므로 세상의 모든 것을 즐기며, 세상을 재미있게 누리며, 세상의 모든 것을 섬기며 경배하자고 많은 사람들을 유혹합니다. 땅에 사는 모든 성도들이 그 유혹(포도주)에 취해서 그들을 따르며 같이 짐승의 우상을 섬기며 경배합니다. 작은 자나 큰 자나 부자나 가난한 자나 자유인이나 종들에게 그 오른손에나 이마에 짐승 표(우상을 섬기며 경배한 표)를 받게 할 것이라는 것을 예언하고 있습니다.

"그러나 네게 두어 가지 책망할 것이 있나니 거기 네게 발람의 교훈을 지키는 자들이 있도다 발람이 발락을 가르쳐 이스라엘 자손 앞에 걸림돌을 놓아 우상의 제물을 먹게 하였고 또 행음하게 하였느니라 이와 같이 네게도 니골라 당의 교훈을 지키는 자들이 있도다 그러므로 회개하라 그리하지 아니하면 내가 네게 속히 가서 내 입의 검으로 그들과 싸우리라"(계 2:14-16).

요한계시록 17:3

곧 성령으로 나를 데리고 광야로 가니라 내가 보니 여자가 붉은 빛 짐승을 탔는데 그 짐승의 몸에 하나님을 모독하는 이름들이 가득하고 일곱 머리와 열 뿔이 있으며

요한계시록 17:4

그 여자는 자주 빛과 붉은 빛 옷을 입고 금과 보석과 진주로 꾸미고 손에 금잔을 가졌는데 가증한 물건과 그의 음행의 더러운 것들이 가득하더라

성령으로 인도하여 우리를 유혹하는 붉은 짐승을 탄 여자를 보여주십니다. 여자가 붉은 빛 짐승을 탔다는 것은 부귀영화와 화려함을 보이면서 이

렇게 세상에서 부귀영화를 누리며 재미있게 사는 것이 하나님을 경외하는 것보다 더 좋다는 것입니다. 하나님의 신성을 모독하는 것입니다.

만약 하나님이 계시다면 내가 하나님을 신성 모독하는 경우 죽을 것인데, 내가 죽지 않는 것은 하나님이 없고 천국도 없는 것이 아니냐고 자랑합니다. 하나님이 계시다면 내가 이렇게 하나님을 모독하는데도 살겠느냐면서 이것이 하나님이 없다는 증거라고 말합니다.

일곱 머리(일곱 가지 지혜, 우상)와 열 뿔(열 가지 권력, 인간의 욕심)을 통해서 자신의 우상과 욕심을 자랑합니다. 세상의 모든 사람을 유혹합니다. 또 자주 빛과 붉은 빛 옷을 입고 금과 보석과 진주로 지극히 호화롭고 사치스럽게 꾸밉니다. 세상 권세를 자랑하고 부귀를 자랑합니다. 믿음 약한 성도들을 유혹합니다. 결국 그들이 가진 것은 가증한 것들입니다. 하나님의 나라에 가는 데는 전혀 필요 없는 것이며, 음행의 더러운 것들입니다. 믿음의 성도들을 유혹하여 멸망의 길로 인도하고 짐승의 우상을 섬기며 경배하게 하며 짐승의 표를 오른손과 이마에 받게 하는 것입니다.

"내가 내 손자들과 딸들에게 입맞추지 못하게 하였으니 네 행위가 참으로 어리석도다 너를 해할 만한 능력이 내 손에 있으나 너희 아버지의 하나님이 어제 밤에 내게 말씀하시기를 너는 삼가 야곱에게 선악간에 말하지 말라 하셨느니라 이제 네가 네 아버지 집을 사모하여 돌아가려는 것은 옳거니와 어찌 내 신을 도둑질하였느냐 야곱이 라반에게 대답하여 이르되 내가 생각하기를 외삼촌이 외삼촌의 딸들을 내게서 억지로 빼앗으리라 하여 두려워하였음이니이다 외삼촌의 신을 누구에게서 찾든지 그는 살지 못할 것이요 우리 형제들 앞에서 무엇이든지 외삼촌의 것이 발견되거든 외삼촌에게로 가져가소서 하니 야곱은 라헬이 그것을 도둑질한 줄을 알지 못함이었더라 라반이 야곱의 장막에 들어가고 레아의 장막에 들어가고 두 여종의 장막에 들어갔으나 찾지 못하고 레아의 장막에서 나와

라헬의 장막에 들어가매 라헬이 그 드라빔을 가져 낙타 안장 아래에 넣고 그 위에 앉은지라 라반이 그 장막에서 찾다가 찾아내지 못하매 라헬이 그의 아버지에게 이르되 마침 생리가 있어 일어나서 영접할 수 없사오니 내 주는 노하지 마소서 하니라 라반이 그 드라빔을 두루 찾다가 찾아내지 못한지라"(창 31:28-35).

요한계시록 17:5

그의 이마에 이름이 기록되었으니 비밀이라, 큰 바벨론이라, 땅의 음녀들과 가증한 것들의 어미라 하였더라

요한계시록 17:6

또 내가 보매 이 여자가 성도들의 피와 예수의 증인들의 피에 취한지라 내가 그 여자를 보고 놀랍게 여기고 크게 놀랍게 여기니

그의 이마에 이름이 기록되었는데 비밀이라 합니다. 자신의 정체는 숨기면서 오직 큰 바벨론(세상에서 종교적으로 자기보다 더한 신은 없다고 하면서)이라 합니다. 땅의 음녀들과 가증한 것들(세상에서 즐거움과 향락을 누리면서 우상을 숭배하는 자들)의 어미(제일 귀한 우상)라 합니다. 세상의 모든 부귀영화와 권력과 권세를 다 가진 자라고 유혹합니다. 성도들과 예수의 증인들을 비참하게 죽이는 술에 취한 자처럼, 마귀들의 지배를 받는 미친 자들을 보는데, 요한은 가증한 음녀(우상 숭배자들)를 보고 크게 놀랍게 여깁니다.

요한계시록 17:7

천사가 이르되 왜 놀랍게 여기느냐 내가 여자와 그가 탄 일곱 머리와 열 뿔 가진 짐승의 비밀을 네게 이르리라

요한계시록 17:8

네가 본 짐승은 전에 있었다가 지금은 없으나 장차 무저갱으로부터 올라와 멸망으로 들어갈 자니 땅에 사는 자들로서 창세 이후로 그 이름이 생명책에 기록되지 못한 자들이 이전에 있었다가 지금은 없으나 장차 나올 짐승을 보고 놀랍게 여기리라

천사가 이르되 왜 놀랍게 여기느냐 내가 여자(세상의 권력과 숭배대상)와 일곱 머리(우상의 지혜)를 갖고 열 뿔(열 가지의 우상들이 누릴 권력) 가진 비밀을 말한다고 합니다. 하지만 그는 벌써 일곱 대접 심판 전에 있었다고 하며, 일곱 대접 심판의 재앙을 통해서 없어진 것이기 때문에 지금은 없다고 합니다. 심판 받아 없어진 것은 무저갱에 들어가 있다는 것입니다.

"바다가 그 가운데에서 죽은 자들을 내주고 또 사망과 음부도 그 가운데에서 죽은 자들을 내주매 각 사람이 자기의 행위대로 심판을 받고 사망과 음부도 불못에 던져지니 이것은 둘째 사망 곧 불못이라 누구든지 생명책에 기록되지 못한 자는 불못에 던져지더라"(계 20:13-15).

그들은 지금 무저갱에 들어가 있습니다. 천 년 후에 무저갱에서 올라와 성도들이 부활 승천하여 하나님의 나라에서 하나님과 함께 살아가는 것을 보고 다시 영원한 유황 불못에 들어가는 둘째 사망을 당하게 됩니다.

누가복음 16:19-31에 있는 부자와 거지 나사로처럼, 부자의 집 앞에 있던 거지 나사로가 죽어서 아브라함의 품에서 좋은 것을 누리고 사는 것을 보여 주고는 다시 유황 불못으로 가는 둘째 사망을 당하게 됩니다. 그러나 하나님을 믿는 성도들은 그 이름이 생명책에 기록되었으므로 하나님의 나라, 하나님의 품으로 가는 것입니다.

요한계시록 17:9

지혜 있는 뜻이 여기 있으니 그 일곱 머리는 여자가 앉은 일곱 산이요

요한계시록 17:10

또 일곱 왕이라 다섯은 망하였고 하나는 있고 다른 하나는 아직 이르지 아니하였으나 이르면 반드시 잠시 동안 머무르리라

"내가 보니 여자가 붉은 빛 짐승을 탔는데 그 짐승의 몸에 하나님을 모독하는 이름들이 가득하고 일곱 머리와 열 뿔이 있으며"라고 하신 말씀처럼 그 짐승의 몸에는 하나님을 신성 모독하는 이름들이 가득합니다. 또 일곱 머리가 있는데 그 머리는 우상인 것으로 사람들을 갖고 놀아나는 것같이 사람들에게 왕과 같은 신으로 섬기게 하며 여자가 그 위에 앉은 일곱 산이라 하고 또 일곱 왕이라 합니다. 이것은 여자가 그 일곱 왕을 주관하고 있다는 것입니다.

일곱 왕이란 결국 여자가 주장하는 일곱 우상입니다. 이것은 바벨론 사람들은 숙곳브놋을 만들었고, 굿 사람들은 네르갈을 만들었고, 하맛 사람들은 아시마를 만들었고, 아와 사람들은 닙하스와 다르닥을 만들었고, 스발와임 사람들은 그 자녀를 불살라 그들의 신 아드람멜렉과 아남멜렉의 우상을 북이스라엘의 사마리아 사람들이 섬겼는데 심판을 받아 망하였습니다.

예수님도 사마리아 수가 성에서 만난 여인에게 "네 남편을 불러 오라 여자가 대답하여 이르되 나는 남편이 없나이다 예수께서 이르시되 네가 남편이 없다 하는 말이 옳도다 너에게 남편 다섯이 있었고 지금 있는 자도 네 남편이 아니니 네 말이 참되도다"(요 4:16-18)라고 했던 것처럼, 그들이 섬기던 우상인 다섯 우상은 없어졌고, 다른 하나(자칭 유대인이라 하는 자들의

비방도 알거니와 실상은 유대인이 아니요 사탄의 회당이라(계 2:9하))는 있고, 다른 하나(붉은 용)는 아직 이르지 아니하였으나 이르면 반드시 잠시 동안 머무를 것이라고 말씀합니다.

"앗수르 왕이 명령하여 이르되 너희는 그 곳에서 사로잡아 온 제사장 한 사람을 그 곳으로 데려가되 그가 그 곳에 가서 거주하며 그 땅 신의 법을 무리에게 가르치게 하라 하니 이에 사마리아에서 사로잡혀 간 제사장 중 한 사람이 와서 벧엘에 살며 백성에게 어떻게 여호와 경외할지를 가르쳤더라 그러나 각 민족이 각기 자기의 신상들을 만들어 사마리아 사람이 지은 여러 산당들에 두되 각 민족이 자기들이 거주한 성읍에서 그렇게 하여 바벨론 사람들은 숙곳브놋을 만들었고 굿 사람들은 네르갈을 만들었고 하맛 사람들은 아시마를 만들었고 아와 사람들은 닙하스와 다르닥을 만들었고 스발와임 사람들은 그 자녀를 불살라 그들의 신 아드람멜렉과 아남멜렉에게 드렸으며 그들이 또 여호와를 경외하여 자기 중에서 사람을 산당의 제사장으로 택하여 그 산당들에서 자기를 위하여 제사를 드리게 하니라 이와 같이 그들이 여호와도 경외하고 또한 어디서부터 옮겨왔든지 그 민족의 풍속대로 자기의 신들도 섬겼더라"(왕하 17:27–33).

"예수께서 대답하여 이르시되 이 물을 마시는 자마다 다시 목마르려니와 내가 주는 물을 마시는 자는 영원히 목마르지 아니하리니 내가 주는 물은 그 속에서 영생하도록 솟아나는 샘물이 되리라 여자가 이르되 주여 그런 물을 내게 주사 목마르지도 않고 또 여기 물 길으러 오지도 않게 하옵소서 이르시되 가서 네 남편을 불러 오라 여자가 대답하여 이르되 나는 남편이 없나이다 예수께서 이르시되 네가 남편이 없다 하는 말이 옳도다 너에게 남편 다섯이 있었고 지금 있는 자도 네 남편이 아니니 네 말이 참되도다 여자가 이르되 주여 내가 보니 선지자로소이다 우리 조상들은 이 산에서 예배하였는데 당신들의 말은 예배할 곳이 예루살렘에 있다 하더이다 예수께서 이르시되 여자여 내 말을 믿으라 이 산에서도 말고 예루살렘에서도 말고 너희가 아버지께 예배할 때가 이르리라 너희는 알지 못하는 것을 예배하고 우리는 아는 것을 예배하노니 이는 구원이 유대인에게서 남이라"(요 4:13–22).

"용을 잡으니 곧 옛 뱀이요 마귀요 사탄이라 잡아서 천 년 동안 결박하여 무저갱에 던져 넣어 잠그고 그 위에 인봉하여 천 년이 차도록 다시는 만국을 미혹하지 못하게 하였는데 그 후에는 반드시 잠깐 놓이리라"(계 20:2–3).

요한계시록 17:11

전에 있었다가 지금 없어진 짐승은 여덟째 왕이니 일곱 중에 속한 자라 그가 멸망으로 들어가리라

"네가 본 짐승은 전에 있었다가 지금은 없으나 장차 무저갱으로부터 올라와 멸망으로 들어갈 자니 땅에 사는 자들로서 창세 이후로 그 이름이 생명책에 기록되지 못한 자들이 이전에 있었다가 지금은 없으나 장차 나올 짐승을 보고 놀랍게 여기리라"(계 17:8).

전에 있었다가 지금은 없어진 짐승이 여덟째(붉은 용) 왕이 되었습니다. 하지만 그는 잠시 동안 머무르다가 무저갱에 들어가고, 천 년 후에 나올 때는 온 천하 왕들에게 가서 하나님 곧 전능하신 이의 큰 날에 있을 전쟁 준비를 하다가 멸망하여 둘째 사망을 당하고 유황 불못에 들어갈 것을 말씀하십니다.

"천 년이 차매 사탄이 그 옥에서 놓여 나와서 땅의 사방 백성 곧 곡과 마곡을

미혹하고 모아 싸움을 붙이리니 그 수가 바다의 모래 같으리라 그들이 지면에 널리 퍼져 성도들의 진과 사랑하시는 성을 두르매 하늘에서 불이 내려와 그들을 태워버리고 또 그들을 미혹하는 마귀가 불과 유황 못에 던져지니 거기는 그 짐승과 거짓 선지자도 있어 세세토록 밤낮 괴로움을 받으리라"(계 20:7-10).

"또 내가 보매 개구리 같은 세 더러운 영이 용의 입과 짐승의 입과 거짓 선지자의 입에서 나오니 그들은 귀신의 영이라 이적을 행하여 온 천하 왕들에게 가서 하나님 곧 전능하신 이의 큰 날에 있을 전쟁을 위하여 그들을 모으더라 보라 내가 도둑 같이 오리니 누구든지 깨어 자기 옷을 지켜 벌거벗고 다니지 아니하며 자기의 부끄러움을 보이지 아니하는 자는 복이 있도다"(계 16:13-15).

요한계시록 17:12

네가 보던 열 뿔은 열 왕이니 아직 나라를 얻지 못하였으나 다만 짐승과 더불어 임금처럼 한동안 권세를 받으리라

요한계시록 17:13

그들이 한 뜻을 가지고 자기의 능력과 권세를 짐승에게 주더라

요한계시록 17:14

그들이 어린 양과 더불어 싸우려니와 어린 양은 만주의 주시요 만왕의 왕이시므로 그들을 이기실 터이요 또 그와 함께 있는 자들 곧 부르심을 받고 택하심을 받은 진실한 자들도 이기리로다

여자가 붉은 짐승을 탔는데, 일곱 머리(지혜와 우상)는 다 심판을 받고 망했습니다. 열 뿔(열 왕과 세상의 욕심)은 남아서 그 뿔이 나라를 얻지 못하고

있다가 짐승(악한 세력)과 더불어 임금처럼 한동안 권세를 받아서 열 뿔(열 왕)과 한 뜻을 가지고 자기의 능력과 권세를 짐승에게 주어 어린 양과 더불어 싸우고자 하는 것입니다.

하지만 "어린 양은 만주의 주시요 만왕의 왕"이시라 하는 것은 결국 어린 양이 모든 만물의 주인 되시고 세상의 모든 왕의 왕이 되시며 세상의 모든 것을 통치하시고 다스리시는 분이라는 것입니다. 그러므로 그와 함께 있는 자들과 그의 부르심을 받고 택하심을 받은 자들이 열 뿔(열 왕)을 이길 것이라고 합니다.

"또 여섯째 천사가 그 대접을 큰 강 유브라데에 쏟으매 강물이 말라서 동방에서 오는 왕들의 길이 예비되었더라 또 내가 보매 개구리 같은 세 더러운 영이 용의 입과 짐승의 입과 거짓 선지자의 입에서 나오니 그들은 귀신의 영이라 이적을 행하여 온 천하 왕들에게 가서 하나님 곧 전능하신 이의 큰 날에 있을 전쟁을 위하여 그들을 보라 내가 도둑 같이 오리니 누구든지 깨어 자기 옷을 지켜 벌거벗고 다니지 아니하며 자기의 부끄러움을 보이지 아니하는 자는 복이 있도다 세 영이 히브리어로 아마겟돈이라 하는 곳으로 왕들을 모으더라"(계 16:12-16).

요한계시록 17:15

또 천사가 내게 말하되 네가 본 바 음녀가 앉아 있는 물은 백성과 무리와 열국과 방언들이니라

요한계시록 17:16

네가 본 바 이 열 뿔과 짐승은 음녀를 미워하여 망하게 하고 벌거벗게 하고 그의 살을 먹고 불로 아주 사르리라

요한계시록 17:17

이는 하나님이 자기 뜻대로 할 마음을 그들에게 주사 한 뜻을 이루게 하시고 그들의 나라를 그 짐승에게 주게 하시되 하나님의 말씀이 응하기까지 하심이라

요한계시록 17:18

또 네가 본 그 여자는 땅의 왕들을 다스리는 큰 성이라 하더라

천사가 네게 보이는 것을 보니 "음녀(창녀, 유혹하는 여자)가 앉아 있는 물은 백성과 무리와 열국과 방언들이니라"라는 말씀은 하나님을 믿지 아니하는 사람들을 음녀가 자신을 우상으로 섬기게 하는 것입니다. 이들을 하나님은 열 뿔과 짐승이 이 음녀를 미워하여 망하게 하고 벌거벗게 하고(우상의 직위를 폐하고) 짐승과 열 왕이 그 살을 먹고 불로 아주 살라 버리므로 음녀는 결국 멸망해 없어진다는 것입니다.

음녀가 주관하던 백성과 무리와 열국과 방언의 많은 이들을 하나님께서 짐승과 열 왕에게 줍니다. 하나님의 말씀이 응하기까지 주신다고 하시는 말씀은 타락했던 사람들을 다스리던 음녀가 열 뿔과 짐승의 연합한 자들과의 싸움을 통해서 이제 멸망 당한다는 것입니다. 여자는 우상이고 이 여자가 땅의 왕들을 다스렸는데, 여자는 죽고 큰 성(세상)만 남았습니다.

"사울이 제사장에게 말할 때에 블레셋 사람들의 진영에 소동이 점점 더한지라 사울이 제사장에게 이르되 네 손을 거두라 하고 사울과 그와 함께 한 모든 백성이 모여 전장에 가서 본즉 블레셋 사람들이 각각 칼로 자기의 동무들을 치므로 크게 혼란하였더라 전에 블레셋 사람들과 함께 하던 히브리 사람이 사방에서 블레셋 사람들과 함께 진영에 들어왔더니 그들이 돌이켜 사울과 요나단과 함께 한 이스라엘 사람들과 합하였고 에브라임 산지에 숨었던 이스라엘 모든 사람도 블레셋

사람들이 도망함을 듣고 싸우러 나와서 그들을 추격하였더라"(삼상 14:19-22).

제 18 장 | 바벨론의 멸망

요한계시록 18:1

이 일 후에 다른 천사가 하늘에서 내려 오는 것을 보니 큰 권세를 가졌는데 그의 영광으로 땅이 환하여지더라

이 일 후(16장의 일곱 재앙의 심판)와 17장에서는 일곱 재앙 심판을 행한 천사가 붉은 용의 머리(큰 음녀)가 심판을 행했으므로 음녀는 없어지고 이제 다른 천사(하늘 보좌의 전령)가 하늘의 총지휘 통제소로부터 내려왔습니다. 큰 권세를 가지고 왔으며 그가 가지고 온 영광으로 인해 땅이 환하여졌습니다. 이제는 땅의 악한 것들이 없어지고 땅이 환하여지며 희망과 영광과 환희가 넘치게 될 것을 말씀하십니다.

요한계시록 18:2

힘찬 음성으로 외쳐 이르되 무너졌도다 무너졌도다 큰 성 바벨론이여 귀신의 처소와 각종 더러운 영이 모이는 곳과 각종 더럽고 가증한 새들이 모이는 곳이 되었도다

하늘에서 내려온 천사는 힘찬 큰 소리로 외칩니다. 큰 성 바벨론이 "무

너졌다, 무너졌다" 하면서 악한 세력들의 멸망이 이루어진다는 것입니다. 그곳은 소돔과 고모라처럼 사람들이 살지 못하는 귀신의 처소와 더러운 영들이 모이는 곳과 각종 더럽고 가증된 새들이 모이는 곳이 되었다고 합니다. 그래서 기뻐서 힘찬 소리로 외칩니다.

"열국의 영광이요 갈대아 사람의 자랑하는 노리개가 된 바벨론이 하나님께 멸망 당한 소돔과 고모라 같이 되리니 그 곳에 거주할 자가 없겠고 거처할 사람이 대대에 없을 것이며 아라비아 사람도 거기에 장막을 치지 아니하며 목자들도 그 곳에 그들의 양 떼를 쉬게 하지 아니할 것이요 오직 들짐승들이 거기에 엎드리고 부르짖는 짐승이 그들의 가옥에 가득하며 타조가 거기에 깃들이며 들양이 거기에서 뛸 것이요 그의 궁성에는 승냥이가 부르짖을 것이요 화려하던 궁전에는 들개가 울 것이라 그의 때가 가까우며 그의 날이 오래지 아니하리라"(사 13:19-22).

요한계시록 18:3

그 음행의 진노의 포도주로 말미암아 만국이 무너졌으며 또 땅의 왕들이 그와 더불어 음행하였으며 땅의 상인들도 그 사치의 세력으로 치부하였도다 하더라

하늘로부터 다른 천사가 큰 권세를 가지고 내려와서 세상의 왕들이 음행을 행하며, 땅의 상인들도 그 사치의 세력을 통해서 치부함으로 진노의 포도주에 취하게 될 것입니다. 이제 바벨론이 없어지게 되는데 이는 이 세상에서 가장 크게 생각하며 갖고자 추구하는 것이었습니다. 바벨론을 지구상에서 제일로 생각하고 취하는 것은 권력과 모든 부귀영화와 사치들을 취하는 것을 상징합니다.

그런데 이것들은 세상 종말에 심판 받고 없어질 것들입니다. 이것이 이

루어짐으로써 하나님이 다스리고 통치하는 나라가 오는 것입니다. 하나님의 심판을 피할 사람은 아무도 없습니다. 심판은 철저하고 공평하고 정의롭게 어느 누구도 불만없이 이루어집니다. 그런 후에 하나님이 통치하는 나라가 도래하니 믿음의 식구들은 "아멘 주 예수여 오시옵소서" 하는 마음으로 기쁘게 맞이할 영광의 날이 올 것을 예언하십니다.

"또 다른 천사가 하늘에 있는 성전에서 나오는데 역시 예리한 낫을 가졌더라 또 불을 다스리는 다른 천사가 제단으로부터 나와 예리한 낫 가진 자를 향하여 큰 음성으로 불러 이르되 네 예리한 낫을 휘둘러 땅의 포도송이를 거두라 그 포도가 익었느니라 하더라 천사가 낫을 땅에 휘둘러 땅의 포도를 거두어 하나님의 진노의 큰 포도주 틀에 던지매 성 밖에서 그 틀이 밟히니 틀에서 피가 나서 말 굴레에까지 닿았고 천육백 스다디온에 퍼졌더라"(계 14:17-20).

요한계시록 18:4

또 내가 들으니 하늘로부터 다른 음성이 나서 이르되 내 백성아, 거기서 나와 그의 죄에 참여하지 말고 그가 받을 재앙들을 받지 말라

하나님은 하늘로부터 다른 음성으로 하나님의 백성을 구분하여 챙기시면서 죄악된 세상의 죄의 길에서 빨리 나오라 하십니다. 거기는 죄악된 곳이고, 지금 심판할 곳입니다. 재앙을 당하지 않으려면 빨리 나오라는 것입니다. 다시는 죄악의 자리에 가지 말라고 하십니다. 이는 세상의 모든 것을 심판할 것인데 심판당할 곳에 마음을 두지 말고 하나님의 백성으로서 하늘나라에 소망을 두고 빨리 나오라 하십니다.

"회중에게 명령하여 이르기를 너희는 고라와 다단과 아비람의 장막 사방에서

떠나라 하라 모세가 일어나 다단과 아비람에게로 가니 이스라엘 장로들이 따랐더라 모세가 회중에게 말하여 이르되 이 악인들의 장막에서 떠나고 그들의 물건은 아무 것도 만지지 말라 그들의 모든 죄중에서 너희도 멸망할까 두려워하노라 하매 무리가 고라와 다단과 아비람의 장막 사방을 떠나고 다단과 아비람은 그들의 처자와 유아들과 함께 나와서 자기 장막 문에 선지라 모세가 이르되 여호와께서 나를 보내사 이 모든 일을 행하게 하신 것이요 나의 임의로 함이 아닌 줄을 이 일로 말미암아 알리라 곧 이 사람들의 죽음이 모든 사람과 같고 그들이 당하는 벌이 모든 사람이 당하는 벌과 같으면 여호와께서 나를 보내심이 아니거니와 만일 여호와께서 새 일을 행하사 땅이 입을 열어 이 사람들과 그들의 모든 소유물을 삼켜 산 채로 스올에 빠지게 하시면 이 사람들이 과연 여호와를 멸시한 것인 줄을 너희가 알리라 그가 이 모든 말을 마치자마자 그들이 섰던 땅바닥이 갈라지니라 땅이 그 입을 열어 그들과 그들의 집과 고라에게 속한 모든 사람과 그들의 재물을 삼키매 그들과 그의 모든 재물이 산 채로 스올에 빠지며 땅이 그 위에 덮이니 그들이 회중 가운데서 망하니라"(민 16:24-33).

"너희는 믿지 않는 자와 멍에를 함께 메지 말라 의와 불법이 어찌 함께 하며 빛과 어둠이 어찌 사귀며 그리스도와 벨리알이 어찌 조화되며 믿는 자와 믿지 않는 자가 어찌 상관하며 하나님의 성전과 우상이 어찌 일치가 되리요 우리는 살아 계신 하나님의 성전이라 이와 같이 하나님께서 이르시되 내가 그들 가운데 거하며 두루 행하여 나는 그들의 하나님이 되고 그들은 나의 백성이 되리라 그러므로 너희는 그들 중에서 나와서 따로 있고 부정한 것을 만지지 말라 내가 너희를 영접하여 너희에게 아버지가 되고 너희는 내게 자녀가 되리라 전능하신 주의 말씀이니라 하셨느니라"(고후 6:14-18).

요한계시록 18:5

그의 죄는 하늘에 사무쳤으며 하나님은 그의 불의한 일을 기억하신지라

요한계시록 18:6

그가 준 그대로 그에게 주고 그의 행위대로 갑절을 갚아 주고 그가 섞은 잔에도 갑절이나 섞어 그에게 주라

하나님은 그들이 행한 것, 땅의 왕들이 그와 더불어 음행하였고, 땅의 상인들도 그 사치의 세력으로 치부한 것의 모두 죄악과 불의한 일을 다 기억하십니다. 그들이 행한 그대로 그들에게 갚아 주는데, 그의 행위대로 갑절로 갚아 주십니다. 그들이 섞은 포도주 잔에도 갑절이나 섞어 준다고 하는 것은 그들에게 엄청난 고통과 마음의 괴로움을 갑절로 행하신다는 것입니다. 이것을 예언하시는 것은 이러한 일이 일어날 것이니 일이 일어나기 전에 회개하고 하나님을 믿고 구원 받으라는 것입니다.

"겁내는 자들에게 이르기를 굳세어라, 두려워하지 말라, 보라 너희 하나님이 오사 보복하시며 갚아 주실 것이라 하나님이 오사 너희를 구하시리라 하라"(사 35:4).

"또 내가 사망으로 그의 자녀를 죽이리니 모든 교회가 나는 사람의 뜻과 마음을 살피는 자인 줄 알지라 내가 너희 각 사람의 행위대로 갚아 주리라"(계 2:23).

요한계시록 18:7

그가 얼마나 자기를 영화롭게 하였으며 사치하였든지 그만큼 고통과 애통함으로 갚아 주라 그가 마음에 말하기를 나는 여왕으로 앉은 자요 과부가 아니라 결단코 애통함을 당하지 아니하리라 하니

요한계시록 18:8

그러므로 하루 동안에 그 재앙들이 이르리니 곧 사망과 애통함과 흉년이라 그가 또한 불에 살라지리니 그를 심판하시는 주 하나님은 강하신 자이심이라

하나님은 천사를 통해서 모든 귀 있는 자들에게 그 죄악된 곳에게 빨리 나오라고, 심판의 때가 이르렀다고 외치십니다. 그런데 이 여자는 자신을 영화롭게 꾸미며 모든 사치를 행하면서 자신은 여왕이고 과부가 아니라고 합니다. 결단코 애통하거나 고통을 당하지 않는다고 합니다. 자신이 사치하고 꾸미는 것이 하나님과 동등하다고 교만을 외치지만, 심판은 무한정 지연되는 것도 아니며 한순간에 임하는 것입니다. 결국 하나님의 재앙의 심판을 막지 못하고 그 재앙이 임하는데 사망과 애통과 흉년이 임하여 다 불살라져서 아무것도 자랑하지 못하고 끝나고 맙니다.

이 세상에서의 모든 것을 심판하시는데 자신이 여왕이라고 교만을 부리며 큰 소리를 쳐도, 자신이 이 세상의 모든 부귀를 누린다 해도 결국 심판이 자신에게 임하는 것입니다.

하나님은 강하시고 전지전능하시므로 아무도 대적하지 못합니다. 피조물의 멸망은 하루 동안이 아니라 한순간에 임합니다. 마지막 때를 맞이하는 것이라고 예언하십니다.

"나의 백성아 너희는 그 중에서 나와 각기 여호와의 진노를 피하라 너희 마음을 나약하게 말며 이 땅에서 들리는 소문으로 말미암아 두려워하지 말라 소문은 이 해에도 있겠고 저 해에도 있으리라 그 땅에는 강포함이 있어 다스리는 자가 다스리는 자를 서로 치리라 그러므로 보라 날이 이르리니 내가 바벨론의 우상들을 벌할 것이라 그 온 땅이 치욕을 당하겠고 그 죽임 당할 자가 모두 그 가운데에 엎드러질 것이며 하늘과 땅과 그 안에 있는 모든 것이 바벨론으로 말미암

아 기뻐 노래하리니 이는 파멸시키는 자가 북쪽에서 그에게 옴이라 여호와의 말씀이니라 바벨론이 이스라엘을 죽여 엎드러뜨림 같이 온 세상이 바벨론에서 죽임을 당하여 엎드러지리라 칼을 피한 자들이여 멈추지 말고 걸어가라 먼 곳에서 여호와를 생각하며 예루살렘을 너희 마음에 두라"(렘 51:45-50).

요한계시록 18:9

그와 함께 음행하고 사치하던 땅의 왕들이 그가 불타는 연기를 보고 위하여 울고 가슴을 치며

요한계시록 18:10

그의 고통을 무서워하여 멀리 서서 이르되 화 있도다 화 있도다 큰 성, 견고한 성 바벨론이여 한 시간에 네 심판이 이르렀다 하리로다

여왕이라 하면서 세상의 모든 부귀영화와 권력과 권세를 누리며 영원히 멸망하지 않을 것같이 세상에 매여 음행하고 사치하고 즐기며 권세를 누리며 안전하게 살던 큰 성, 견고한 성 이 세상(바벨론)이여! 그것이 세상의 제일인양 권세를 누리던 세상 왕들과 세상의 부로 말미암아 영원토록 아무 걱정 없이 모든 것을 누리며 살 것 같았지만, 모든 것이 끝나는 날이 임하자 울며 가슴을 칩니다.

우리들도 세상을 너무 의지하지 말고 교만하지 않아야 합니다. 이 세상은 나그네처럼 잠시 지나갑니다. 세상의 낙을 누리고 부귀영화와 많은 권력을 누리려 하지 마세요. 그 시간에 하나님 나라에 소망을 두고 하나님의 백성으로, 하나님의 자녀로 살아가면서 오직 천국을 소망하며 살아야 합니다.

세상을 의지하고 세상을 위해서 살아가는 사람들은 심판의 날에 내가 취하고 아끼며 사치하던 것이 아무 쓸모없는 것이 되는 날, 그것을 보고 울

며 화를 당했다고 슬퍼할 것입니다.

그들에게는 회개할 기회조차도 주어지지 않습니다. 한순간에 심판이 이루어지기 때문입니다. 우리는 늘 하나님의 말씀을 붙잡고 그 말씀 안에서 기쁨과 감사함으로 이 예언의 말씀을 두렵게 생각하며 사는 성도들이 되어야 합니다.

요한계시록 18:11

땅의 상인들이 그를 위하여 울고 애통하는 것은 다시 그들의 상품을 사는 자가 없음이라

요한계시록 18:12

그 상품은 금과 은과 보석과 진주와 세마포와 자주 옷감과 비단과 붉은 옷감이요 각종 향목과 각종 상아 그릇이요 값진 나무와 구리와 철과 대리석으로 만든 각종 그릇이요

요한계시록 18:13

계피와 향료와 향과 향유와 유향과 포도주와 감람유와 고운 밀가루와 밀이요 소와 양과 말과 수레와 종들과 사람의 영혼들이라

요한계시록 18:14

바벨론아 네 영혼이 탐하던 과일이 네게서 떠났으며 맛있는 것들과 빛난 것들이 다 없어졌으니 사람들이 결코 이것들을 다시 보지 못하리로다

요한계시록 18:15

바벨론으로 말미암아 치부한 이 상품의 상인들이 그의 고통을 무서워하여 멀

리 서서 울고 애통하여

요한계시록 18:16

이르되 화 있도다 화 있도다 큰 성이여 세마포 옷과 자주 옷과 붉은 옷을 입고 금과 보석과 진주로 꾸민 것인데

요한계시록 18:17상

그러한 부가 한 시간에 망하였도다

땅의 상인들은 부자들과 세상의 왕들에게 세상의 귀한 물건들을 팔아서 많은 부를 누립니다. 그들이 원하는 종(사람)도 사고 팔 수 있어서 많은 부뿐만 아니라 그 부를 위해서는 청부살인까지도 행하며 누렸습니다. 이제 그들이 망하니 사 줄 사람이 없어서 더 이상 세상 부귀를 누릴 수 없을 것 같아 울며 애통하는 것입니다. 실제로는 그들만 망하는 것이 아닙니다. 자신들도 이 일을 당하여 함께 망하게 될 것을 생각하고 우는 것입니다.

부를 축적하는 데는 시간이 오래 걸렸지만 망하는 것은 한순간입니다. 권력과 부와 결탁하며 온갖 부정한 일을 행하던 악한 상인들은 이 세상의 부귀영화와 재물을 하나님보다 더 사랑하는 우상처럼 섬기는 자들이었습니다. 바벨론이 멸망하여 이 세상에서 없어지는 것으로 끝나는 것이 아닙니다. 그것을 누리며 행하던 악한 무리들이 이제는 영원히 멸망하여 끝나고 마는 것입니다.

요한계시록 18:17하

모든 선장과 각처를 다니는 선객들과 선원들과 바다에서 일하는 자들이 멀리 서서

요한계시록 18:18

그가 불타는 연기를 보고 외쳐 이르되 이 큰 성과 같은 성이 어디 있느냐 하며

요한계시록 18:19

티끌을 자기 머리에 뿌리고 울며 애통하여 외쳐 이르되 화 있도다 화 있도다 이 큰 성이여 바다에서 배 부리는 모든 자들이 너의 보배로운 상품으로 치부하였더니 한 시간에 망하였도다

결국 그 크고 견고한 성, 모든 권력과 권세와 부를 누리며 안전하게 걱정 없이 잘 살 것만 같았던 바벨론도 한 시간 만에 심판을 당하고 맙니다. 세상의 부귀영화와 권력을 누리며 종을 팔고 사며 사람들의 영혼도 사고 파는 즉, 사람을 죽이는 것까지도 우습게 여기며 부를 축적하던 자들과 그들을 통해서 함께 부를 누리고자 했던 모든 자들도 "화 있도다, 화 있도다" 하며 한 시간에 망하였습니다. 그들에게 물품을 매매하려고 세상의 모든 곳을 다니며 돈 되는 것은 무엇이든 거래하던 모든 선장과 선객들과 선원들과 바다에서 일하는 자들도 바벨론이 망하는 것을 보게 됩니다.

이 세상에서 돈을 벌기 위하여 온갖 고생을 다하며 잠도 자지 못하고 고생하는데 그렇게 잘 살고 돈 많던 이 큰 성 바벨론이 불타는 연기를 보며 외칩니다. "이 큰 성과 같은 성이 어디 있느냐" 하며 "티끌을 자기 머리에 뿌리고 울며 애통하여 외쳐 이르되 화 있도다 화 있도다 이 큰 성이여 바다에서 배 부리는 모든 자들이 너의 보배로운 상품으로 치부하였더니 한 시간에 망하였도다"라고 말입니다.

큰 성에서 부귀영화를 누리며 그들과 함께 영화를 누리던 상인들과 배를 통해서 무역하여 돈을 그렇게 많이 모았다 할지라도 이제 다 망했다고 하면서 그 쌓아 둔 돈이 아무 쓸 데가 없다고 탄식하게 되는 것입니다.

"또 비유로 그들에게 말하여 이르시되 한 부자가 그 밭에 소출이 풍성하매 심중에 생각하여 이르되 내가 곡식 쌓아 둘 곳이 없으니 어찌할까 하고 또 이르되 내가 이렇게 하리라 내 곳간을 헐고 더 크게 짓고 내 모든 곡식과 물건을 거기 쌓아 두리라 또 내가 내 영혼에게 이르되 영혼아 여러 해 쓸 물건을 많이 쌓아 두었으니 평안히 쉬고 먹고 마시고 즐거워하자 하리라 하되 하나님은 이르시되 어리석은 자여 오늘 밤에 네 영혼을 도로 찾으리니 그러면 네 준비한 것이 누구의 것이 되겠느냐 하셨으니 자기를 위하여 재물을 쌓아 두고 하나님께 대하여 부요하지 못한 자가 이와 같으니라"(눅 12:16-21).

요한계시록 18:20

하늘과 성도들과 사도들과 선지자들아, 그로 말미암아 즐거워하라 하나님이 너희를 위하여 그에게 심판을 행하셨음이라 하더라

우리는 신앙생활을 하면서 물질과 권력 때문에 많은 고생과 유혹과 고통과 핍박을 받은 성도들과 예수의 복음을 전파하면서 온갖 핍박과 매 맞음과 위험에 처했던 사도들과 선지자들을 생각하게 됩니다. 본문은 하나님으로 인하여 즐거워하며 기뻐하라고 위로하십니다. 우리는 이 위로도 기쁘고 즐거운 일이지만, 그것보다도 세상에서 믿음생활하면서 온갖 모욕과 핍박과 고난을 당하면서 내가 하나님을 믿은 것과 복음을 전하며 생활했던 신앙을 끝까지 지키게 해주신 것에 더욱 감사합니다.

"내 앞에서 나를 압제하는 악인들과 나의 목숨을 노리는 원수들에게서 벗어나게 하소서 그들의 마음은 기름에 잠겼으며 그들의 입은 교만하게 말하나이다 이제 우리가 걸어가는 것을 그들이 에워싸서 노려보고 땅에 넘어뜨리려 하나이다 그는 그 움킨 것을 찢으려 하는 사자 같으며 은밀한 곳에 엎드린 젊은 사자

같으니이다 여호와여 일어나 그를 대항하여 넘어뜨리시고 주의 칼로 악인에게서 나의 영혼을 구원하소서 여호와여 이 세상에 살아 있는 동안 그들의 분깃을 받은 사람들에게서 주의 손으로 나를 구하소서 그들은 주의 재물로 배를 채우고 자녀로 만족하고 그들의 남은 산업을 그들의 어린 아이들에게 물려 주는 자니이다 나는 의로운 중에 주의 얼굴을 뵈오리니 깰 때에 주의 형상으로 만족하리이다"(시 17:9-15).

요한계시록 18:21

이에 한 힘 센 천사가 큰 맷돌 같은 돌을 들어 바다에 던져 이르되 큰 성 바벨론이 이같이 비참하게 던져져 결코 다시 보이지 아니하리로다

요한계시록 18:22

또 거문고 타는 자와 풍류하는 자와 퉁소 부는 자와 나팔 부는 자들의 소리가 결코 다시 네 안에서 들리지 아니하고 어떠한 세공업자든지 결코 다시 네 안에서 보이지 아니하고 또 맷돌 소리가 결코 다시 네 안에서 들리지 아니하고

요한계시록 18:23

등불 빛이 결코 다시 네 안에서 비치지 아니하고 신랑과 신부의 음성이 결코 다시 네 안에서 들리지 아니하리로다 너의 상인들은 땅의 왕족들이라 네 복술로 말미암아 만국이 미혹되었도다

요한계시록 18:24

선지자들과 성도들과 및 땅 위에서 죽임을 당한 모든 자의 피가 그 성 중에서 발견되었느니라 하더라

큰 성 바벨론에서 선지자들과 성도들과 땅 위에서 순교 당한 모든 자들의 피를 보면서, 또 그들이 이 세상에 살면서 물질 때문에, 권력 때문에 그들로 말미암아 얼마나 하나님의 백성들에게 혹독하게 했는지를 볼 수 있습니다.

그리고 그 핏값을 하나님이 큰 성 바벨론에 갚으시는데 큰 맷돌 같은 돌을 바다에 들어 던짐같이 비참하게 던져서 결코 다시는 보이지 아니하며, 그 큰 성에는 거문고 타는 자와 풍류하는 자와 퉁소 부는 자와 나팔 부는 자들의 소리를 결코 다시 들리지 아니하며, 금과 은과 보석을 세공하는 업자들도 결코 다시는 보이지 아니하고, 곡식을 맷돌로 가는 소리도 결코 들리지 아니하고, 등불 빛도 결코 다시는 비치지 아니하고, 신랑과 신부의 음성이 결코 다시는 이 성 안에서 들리지 아니하고 보이지 아니하고 비치지 아니하리라고 말씀하십니다.

바벨론은 이제 이 땅에서 영원히 멸망당하는 것입니다. 이는 상인들과 땅의 왕족들이 여러 가지 복술로 말미암아 세상의 모든 사람들을 미혹해서 범죄하게 함으로 소돔과 고모라 성이 멸망하여 없어진 것같이 이렇게 세상의 부귀영화와 세상의 모든 것은 끝이 나게 되는 것입니다. 그러나 우리가 믿던 믿음은 더욱 빛나고 하나님의 인정을 받으며 하나님이 통치하시는 나라에서 영원히 살게 되는 것입니다.

"예레미야가 바벨론에 닥칠 모든 재난 곧 바벨론에 대하여 기록한 이 모든 말씀을 한 책에 기록하고 스라야에게 말하기를 너는 바벨론에 이르거든 삼가 이 모든 말씀을 읽고 말하기를 여호와여 주께서 이 곳에 대하여 말씀하시기를 이 땅을 멸하여 사람이나 짐승이 거기에 살지 못하게 하고 영원한 폐허가 되리라 하셨나이다 하라 하니라 너는 이 책 읽기를 다한 후에 책에 돌을 매어 유브라데 강 속에 던지며 말하기를 바벨론이 나의 재난 때문에 이같이 몰락하여 다시 일어서지 못하리니 그들이 피폐하리라 하라 하니라 예레미야의 말이 이에 끝나니 라"(렘 51:60-64).

제 19 장 예수의 증언은 예언의 영

요한계시록 19:1

이 일 후에 내가 들으니 하늘에 허다한 무리의 큰 음성 같은 것이 있어 이르되 할렐루야 구원과 영광과 능력이 우리 하나님께 있도다

요한계시록 19:2

그의 심판은 참되고 의로운지라 음행으로 땅을 더럽게 한 큰 음녀를 심판하사 자기 종들의 피를 그 음녀의 손에 갚으셨도다 하고

요한계시록 19:3

두 번째로 할렐루야 하니 그 연기가 세세토록 올라가더라

일곱 재앙의 대접 심판과 앞의 제17장, 제18장을 통해서 이 땅에서 하나님을 대적하던 음녀와 세상 것들을 위해 취하고 즐기고 누리던 것을 하나님보다 더 사랑하던 음녀와 바벨론을 멸망시키신 것입니다.

하늘에 허다한 무리가 목숨을 걸고 복음을 전도하던 하늘 총지휘 통제소에 있는 복음 전하던 사람들이 자신들이 전한 복음이 헛되지 않았으며, 복음 전한 것이 너무나 잘했으며 보람 있고 기쁘고 좋아서 큰 음성으로 말합

니다. "할렐루야 구원과 영광과 능력이 우리 하나님께 있도다"라고 큰 소리로 외칩니다.

하나님께 "할렐루야" 영광을 돌리는 것입니다. 이뿐 아니라, 그들의 심판도 의로우시고 참되시다면서 음행으로 세상을 더럽게 한 바벨론을 심판하사 복음을 전파하다 죽은 순교자들의 피를 갚으심도 찬양합니다.

구약에서는 시편 104편에서 "할렐루야"가 처음 나오고, 신약에서는 여기서 "할렐루야"가 처음 나옵니다. 또 우리는 시편 마지막에 성소에서 궁창에서 모든 악기와 호흡이 있는 자마다 하나님을 할렐루야 찬양했던 것처럼, 우리는 시편에서 죄인과 악인과 오만한 자들이 복 있는 자로 바뀌면서 한 단계 한 단계 바뀌는 과정마다 "할렐루야" 찬양하는데 나도 구원받으면서 나도 그들과 함께 성장하는 과정마다 찬양하는 성도들이 되시기를 축원합니다.

두 번째 "할렐루야" 찬양하는 것은 땅에 있는 구원받은 성도들이 하나님께 감사기도와 함께 찬양을 올려 보내는 것입니다. 뿐만 아니라, 그들에게 복음을 전파하다가 순교하고 먼저 간 성도들에게 감사 찬양을 올려 드리는 성도들이 되어야겠습니다.

"죄인들을 땅에서 소멸하시며 악인들을 다시 있지 못하게 하시리로다 내 영혼아 여호와를 송축하라 할렐루야"(시 104:35).

"할렐루야 그의 성소에서 하나님을 찬양하며 그의 권능의 궁창에서 그를 찬양할지어다 그의 능하신 행동을 찬양하며 그의 지극히 위대하심을 따라 찬양할지어다 나팔 소리로 찬양하며 비파와 수금으로 찬양할지어다 소고 치며 춤 추어 찬양하며 현악과 통소로 찬양할지어다 큰 소리 나는 제금으로 찬양하며 높은 소리 나는 제금으로 찬양할지어다 호흡이 있는 자마다 여호와를 찬양할지어다 할렐루야"(시 150:1-6).

요한계시록 19:4

또 이십사 장로와 네 생물이 엎드려 보좌에 앉으신 하나님께 경배하여 이르되 아멘 할렐루야 하니

우리에게 요한계시록 1장에서 교회와 교회의 목회자들을 점검하시면서 복음이 정말 교회에서 잘 증거되고 있는지, 이제는 악한 마귀 사탄을 이길 수 있는지를 점검하신 분이 말씀하십니다. "네가 본 것은 내 오른손의 일곱 별의 비밀과 또 일곱 금 촛대라 일곱 별은 일곱 교회의 사자요 일곱 촛대는 일곱 교회니라"(계 1:20).

4장에서 하늘에 열린 문이 있는데, "이리로 올라오라" 하시면서 하늘의 총지휘 통제소를 보여주십니다. 그곳에서 네 생물과 이십사 장로들이 있는 것을 보여주셨는데, 이들은 세상에서 예수 그리스도의 복음을 전파하며 이 복음을 믿으면 하나님의 나라에서 영원히 살 수 있다고 전파합니다. 하나님의 총지휘 통제소에서 자신들이 전파한 복음을 믿는 자들을 위해 하늘의 보좌에서 늘 기도하는데 자신들이 전한 복음을 믿고 하늘나라에 온 성도들을 기쁘게 "아멘 할렐루야"로 맞이합니다. 이제는 어린 양의 혼인 잔치에 초청한 자들을 맞이하고 그들과 함께 잔치의 초청자들 속으로 들어가 앉기 전에 자신들의 복음을 듣고 온 자들을 확인하고는 보좌에 앉으신 하나님께 엎드려 경배합니다. 찬양과 영광을 하나님께 돌려드립니다.

자신들이 전파한 복음과 또 자신들이 믿은 복음이 얼마나 귀하고, 또 전파한 것이 얼마나 귀하고 잘 선택한 것인지 생각하면 생각할수록 하나님께 감사와 찬양을 드립니다.

우리 목회자들도 이 말씀을 깊이 생각하며 우리도 복음을 전한 것으로

끝난 것이 아니라, 우리가 전한 복음으로 그들이 다 구원을 받았는지 책임을 확인하는 목회자들이 되어야 할 것입니다.

어느 목사님이 신학대학원을 졸업하고 사은회를 한다고 할 때 이렇게 말했다고 합니다.

"여기 누가 참 스승입니까? 누구를 위해서 사은회를 합니까? 자신의 명예를 위해서 교수를 하고, 자신이 돈을 벌기 위해서 일하는데 왜 사은회를 합니까?"

그러면서 사은회에 가지 않겠다고 했답니다.

신학대학원에서까지 이런 교육이 이루어진다면 한 영혼 한 영혼을 누가 책임을 지겠습니까?

"내가 보매 어린 양이 일곱 인 중의 하나를 떼시는데 그 때에 내가 들으니 네 생물 중의 하나가 우렛소리 같이 말하되 오라 하기로 이에 내가 보니 흰 말이 있는데 그 탄 자가 활을 가졌고 면류관을 받고 나아가서 이기고 또 이기려고 하더라 둘째 인을 떼실 때에 내가 들으니 둘째 생물이 말하되 오라 하니 이에 다른 붉은 말이 나오더라 그 탄 자가 허락을 받아 땅에서 화평을 제하여 버리며 서로 죽이게 하고 또 큰 칼을 받았더라 셋째 인을 떼실 때에 내가 들으니 셋째 생물이 말하되 오라 하기로 내가 보니 검은 말이 나오는데 그 탄 자가 손에 저울을 가졌더라 내가 네 생물 사이로부터 나는 듯한 음성을 들으니 이르되 한 데나리온에 밀 한 되요 한 데나리온에 보리 석 되로다 또 감람유와 포도주는 해치지 말라 하더라 넷째 인을 떼실 때에 내가 넷째 생물의 음성을 들으니 말하되 오라 하기로 내가 보매 청황색 말이 나오는데 그 탄 자의 이름은 사망이니 음부가 그 뒤를 따르더라 그들이 땅 사분의 일의 권세를 얻어 검과 흉년과 사망과 땅의 짐승들로써 죽이더라"(계 6:1-8).

네 생물과 이십사 장로: 4장에서 하나님의 보좌에 둘려 이십사 보좌와 그 보좌 위에 이십사 장로가 있고, 하나님의 보좌와 이십사 보좌의 중간에 네 생물이 있습니다. 이것을 민수기와 비교 설명하면 네 생물은 복음을 증거한 복음 전도자들의 대표자라고 했습니다.

6장에서는 복음 전도자의 대표자 되는 네 생물이 복음을 전하자 마귀 사탄이 복음 전하는 것을 방해하고자 공격합니다. 최전선에서 오라 하면 담대하게 대항하여 싸우므로 복음 전도자의 대표자로서 나가서 싸웁니다. 하나님의 보좌 앞에서도 복음에 앞장서서 변론하며 옹호합니다. 여기에 동참하는 이십사 장로들은 19장에서는 하늘의 보좌에서 믿음의 성도들을 기쁨으로 "아멘 할렐루야"로 맞이하고 성도들과 함께 어린 양의 혼인 잔치에 함께 참여하는 것입니다.

요한계시록 19:5

보좌에서 음성이 나서 이르시되 하나님의 종들 곧 그를 경외하는 너희들아 작은 자나 큰 자나 다 우리 하나님께 찬송하라 하더라

요한계시록 19:6

또 내가 들으니 허다한 무리의 음성과도 같고 많은 물 소리와도 같고 큰 우렛소리와도 같은 소리로 이르되 할렐루야 주 우리 하나님 곧 전능하신 이가 통치하시도다

요한계시록 19:7

우리가 즐거워하고 크게 기뻐하며 그에게 영광을 돌리세 어린 양의 혼인 기약이 이르렀고 그의 아내가 자신을 준비하였으므로

요한계시록 19:8

그에게 빛나고 깨끗한 세마포 옷을 입도록 허락하셨으니 이 세마포 옷은 성도들의 옳은 행실이로다 하더라

보좌에서 하나님을 믿는 종들에게 너희는 작은 자나 큰 자나 모두 하나님을 찬양하고 경배하며 영광을 돌리라고 하십니다. 이제는 우리 하나님이 직접 통치하신다고 하니 허다한 성도들이 많은 물소리 같은 조용하고 아름다운 소리로 찬양하며 큰 우렛소리 같은 큰 소리로 찬양합니다. 온 무리도 다 같이 찬양과 감사와 영광을 하나님께 드리며 찬양합니다.

모든 성도들이 즐거워하고 크게 기뻐하며 하나님께 영광을 돌립니다. 이제 어린 양을 믿고 소망하던 예수님을 남편으로 만날 것을 준비하며 우리의 신랑 되시는 어린 양 예수님이 우리에게 빛나고 깨끗한 세마포 옷을 입도록 허락하십니다. 이는 우리의 구원의 확정이며, 우리와의 결혼을 허락하시는 것입니다. 이것은 우리와 함께하실 것을 약속하시는 큰 축복입니다. 이 세마포 옷은 성도들의 옳은 행실인 믿음의 결과입니다.

"주께서 호령과 천사장의 소리와 하나님의 나팔 소리로 친히 하늘로부터 강림하시리니 그리스도 안에서 죽은 자들이 먼저 일어나고 그 후에 우리 살아 남은 자들도 그들과 함께 구름 속으로 끌어 올려 공중에서 주를 영접하게 하시리니 그리하여 우리가 항상 주와 함께 있으리라 그러므로 이러한 말로 서로 위로하라"(살전 4:16-18).

"무릇 나 여호와는 정의를 사랑하며 불의의 강탈을 미워하여 성실히 그들에게 갚아 주고 그들과 영원한 언약을 맺을 것이라 그들의 자손을 뭇 나라 가운데에, 그들의 후손을 만민 가운데에 알리리니 무릇 이를 보는 자가 그들은 여호와

께 복 받은 자손이라 인정하리라 내가 여호와로 말미암아 크게 기뻐하며 내 영혼이 나의 하나님으로 말미암아 즐거워하리니 이는 그가 구원의 옷을 내게 입히시며 공의의 겉옷을 내게 더하심이 신랑이 사모를 쓰며 신부가 자기 보석으로 단장함 같게 하셨음이라 땅이 싹을 내며 동산이 거기 뿌린 것을 움돋게 함 같이 주 여호와께서 공의와 찬송을 모든 나라 앞에 솟아나게 하시리라"(사 61:8-11).

"그들이 보좌 앞과 네 생물과 장로들 앞에서 새 노래를 부르니 땅에서 속량함을 받은 십사만 사천 밖에는 능히 이 노래를 배울 자가 없더라 이 사람들은 여자와 더불어 더럽히지 아니하고 순결한 자라 어린 양이 어디로 인도하든지 따라가는 자며 사람 가운데에서 속량함을 받아 처음 익은 열매로 하나님과 어린 양에게 속한 자들이니 그 입에 거짓말이 없고 흠이 없는 자들이더라 또 보니 다른 천사가 공중에 날아가는데 땅에 거주하는 자들 곧 모든 민족과 종족과 방언과 백성에게 전할 영원한 복음을 가졌더라"(계 14:3-6).

요한계시록 19:9

천사가 내게 말하기를 기록하라 어린 양의 혼인 잔치에 청함을 받은 자들은 복이 있도다 하고 또 내게 말하되 이것은 하나님의 참되신 말씀이라 하기로

요한계시록 19:10

내가 그 발 앞에 엎드려 경배하려 하니 그가 나에게 말하기를 나는 너와 및 예수의 증언을 받은 네 형제들과 같이 된 종이니 삼가 그리하지 말고 오직 하나님께 경배하라 예수의 증언은 예언의 영이라 하더라

하나님의 참되신 말씀(예언, 복음)을 믿은 자들만이 어린 양의 혼인 잔치에 참여할 수 있습니다. 참여하는 자가 복이 있다고 천사가 내게 말한다면

마지막 때에 우리가 이 말씀을 듣는다면 얼마나 뿌듯하고 기뻐서 감사 찬양을 드리지 않을 수 있겠습니까? 하나님께 영광을 돌릴 수밖에 없을 것입니다.

내가 그의 발 앞에 엎드려 경배하려고 할 때 그가 말합니다. "나는 너와 및 예수의 증언을 받은 네 형제들과 같이 된 종"이라고 말입니다. 그리고 오직 하나님만을 경배하라고 말입니다. "예수의 증언은 예언의 영"이라 하십니다. 복음을 믿지 아니하고 회개하지 않는 사람들에게 마지막으로 예언의 말씀을 주시며 너희가 복음을 믿으면 이러한 일이 있을 것이라고 하십니다. 그 말씀 중에서 우리들의 구원을 이루시는 것입니다.

그래도 믿지 않으시겠습니까? 이 말씀은 하나님의 참되신 말씀이며(경배의 대상인 오직 하나님은 한 분임을 강조하는 것이며), 예수의 증언(예수님이 공관복음을 통해서 증언하신 것)은 예언의 영(성령을 통해서 우리에게 말씀하신 것)입니다.

"너희가 알거니와 너희 조상이 물려 준 헛된 행실에서 대속함을 받은 것은 은이나 금 같이 없어질 것으로 된 것이 아니요 오직 흠 없고 점 없는 어린 양 같은 그리스도의 보배로운 피로 된 것이니라"(벧전 1:18–19).

요한계시록 19:11

또 내가 하늘이 열린 것을 보니 보라 백마와 그것을 탄 자가 있으니 그 이름은 충신과 진실이라 그가 공의로 심판하며 싸우더라

요한계시록 19:12

그 눈은 불꽃 같고 그 머리에는 많은 관들이 있고 또 이름 쓴 것 하나가 있으니 자기밖에 아는 자가 없고

하늘이 열린 것을 보니 백마와 그것을 탄 자가 있는데, 그의 이름은 충신과 진실(예수)이라 하십니다. 그가 공의로 심판하시며 심판에 불만을 갖고 대항하는 악한 자들과 싸우셨습니다. 그의 눈은 불꽃 같고 그 머리에는 많은 관들이 있고 이름을 쓴 것 하나가 있는데, 본인 밖에는 아는 자가 없다고 합니다.

그분이 요한계시록 1장에서 일곱 교회가 바로 서 있는지, 복음을 바로 전하는지 일곱 교회와 일곱 교회 사자들을 붙잡고 직접 점검하신 분입니다. 이제 잘하고 잘못함을 직접 심판하십니다.

"몸을 돌이켜 나에게 말한 음성을 알아 보려고 돌이킬 때에 일곱 금 촛대를 보았는데 촛대 사이에 인자 같은 이가 발에 끌리는 옷을 입고 가슴에 금띠를 띠고 그의 머리와 털의 희기가 흰 양털 같고 눈 같으며 그의 눈은 불꽃 같고 그의 발은 풀무불에 단련한 빛난 주석 같고 그의 음성은 많은 물 소리와 같으며 그의 오른손에 일곱 별이 있고 그의 입에서 좌우에 날선 검이 나오고 그 얼굴은 해가 힘있게 비치는 것 같더라 내가 볼 때에 그의 발 앞에 엎드러져 죽은 자 같이 되매 그가 오른손을 내게 얹고 이르시되 두려워하지 말라 나는 처음이요 마지막이니 곧 살아 있는 자라 내가 전에 죽었었노라 볼지어다 이제 세세토록 살아 있어 사망과 음부의 열쇠를 가졌노니"(계 1:12-18).

요한계시록 19:13
또 그가 피 뿌린 옷을 입었는데 그 이름은 하나님의 말씀이라 칭하더라

예수님은 우리 같은 죄인을 구원하시기 위하여 십자가에서 피 흘려 죽으심으로 우리를 위하여 그 이름이 하나님의 말씀(복음, 복음은 예수)인 것입니다.

여기서 피 뿌린 옷을 입었다고 하신 것은 복음을 대적한 자들에게 그들의 죄를 사하시기 위하여 직접 피 흘리심을 보이시고, 친히 복음이 되시고 그들의 구원자가 되셨다는 것입니다. 그래도 그들이 믿지 않고, 예언을 통해서 모든 것을 전해도 믿지 않고 대적하므로 이제 심판주로 오셨음을 강조하십니다.

"에돔에서 오는 이 누구며 붉은 옷을 입고 보스라에서 오는 이 누구냐 그의 화려한 의복 큰 능력으로 걷는 이가 누구냐 그는 나이니 공의를 말하는 이요 구원하는 능력을 가진 이니라 어찌하여 네 의복이 붉으며 네 옷이 포도즙틀을 밟는 자 같으냐 만민 가운데 나와 함께 한 자가 없이 내가 홀로 포도즙틀을 밟았는데 내가 노함으로 말미암아 무리를 밟았고 분함으로 말미암아 짓밟았으므로 그들의 선혈이 내 옷에 튀어 내 의복을 다 더럽혔음이니 이는 내 원수 갚는 날이 내 마음에 있고 내가 구속할 해가 왔으나 내가 본즉 도와 주는 자도 없고 붙들어 주는 자도 없으므로 이상하게 여겨 내 팔이 나를 구원하며 내 분이 나를 붙들었음이라 내가 노함으로 말미암아 만민을 밟았으며 내가 분함으로 말미암아 그들을 취하게 하고 그들의 선혈이 땅에 쏟아지게 하였느니라"(사 63:1-6).

요한계시록 19:14

하늘에 있는 군대들이 희고 깨끗한 세마포 옷을 입고 백마를 타고 그를 따르더라

요한계시록 19:15

그의 입에서 예리한 검이 나오니 그것으로 만국을 치겠고 친히 그들을 철장으로 다스리며 또 친히 하나님 곧 전능하신 이의 맹렬한 진노의 포도주 틀을 밟겠고

요한계시록 19:16
그 옷과 그 다리에 이름을 쓴 것이 있으니 만왕의 왕이요 만주의 주라 하였더라

"이 사람들은 여자와 더불어 더럽히지 아니하고 순결한 자라 어린 양이 어디로 인도하든지 따라가는 자며 사람 가운데에서 속량함을 받아 처음 익은 열매로 하나님과 어린 양에게 속한 자들이니 그 입에 거짓말이 없고 흠이 없는 자들이더라"(계 14:4–5).

하늘에 있는 군대들(계 14:4-5)이 희고 깨끗한 세마포 옷을 입고 백마를 타고 예수님을 따르면서(고전 15:23) 승리와 환호를 지릅니다. 우리가 세상에 살 때 우리의 믿음을 방해하고 대적하고 미혹하고 핍박하던 자들에게서 우리가 승리했으며, 우리의 믿음이 참되고 승리했다는 것을 보이며 따라가면서 하나님의 복음을 믿지 않는 불신자들을 지적하면 그 누구도 부인하지 못할 것입니다. 또 예수님은 예리하고 날카로운 하나님의 말씀으로 그들을 치시고 철장으로 다스리시며 하나님이 친히 맹렬한 진노의 포도주 틀을 밟겠다고 하십니다.

12절에서는 자신의 이름을 숨겼지만, 여기서는 옷과 그 다리에 이름을 이렇게 기록하셨습니다. "만왕의 왕이요 만주의 주"라고 말입니다. 이것은 나는 우주에 절대 주권자이며 절대 통치자로서 당연히 내가 할 일을 하셨다는 것을 모든 사람들에게 선포하시는 것입니다.

그러나 그들은 복음을 믿지 아니하고 회개하지 아니하는 자들에게 이렇게 예언하십니다. "이 재앙에 죽지 않고 남은 사람들은 손으로 행한 일을 회개하지 아니하고 오히려 여러 귀신과 또는 보거나 듣거나 다니거나 하지 못하는 금, 은, 동과 목석의 우상에게 절하고 또 그 살인과 복술과 음행과 도둑질을 회개하지 아니하더라"(계 9:20-21). 이것이 예언대로 모두가 이루

어지는 것을 보여주십니다. 또 하나님은 믿음의 성도들과 함께 하심을 보이시는데, 그래도 하나님을 믿지 않고 우상을 섬기며 하나님이 없다고 하겠느냐고 하십니다.

"그런즉 이 일에 대하여 우리가 무슨 말 하리요 만일 하나님이 우리를 위하시면 누가 우리를 대적하리요 자기 아들을 아끼지 아니하시고 우리 모든 사람을 위하여 내주신 이가 어찌 그 아들과 함께 모든 것을 우리에게 주시지 아니하겠느냐 누가 능히 하나님께서 택하신 자들을 고발하리요 의롭다 하신 이는 하나님이시니 누가 정죄하리요 죽으실 뿐 아니라 다시 살아나신 이는 그리스도 예수시니 그는 하나님 우편에 계신 자요 우리를 위하여 간구하시는 자시니라"(롬 8:31-34).

"그들이 어린 양과 더불어 싸우려니와 어린 양은 만주의 주시요 만왕의 왕이시므로 그들을 이기실 터이요 또 그와 함께 있는 자들 곧 부르심을 받고 택하심을 받은 진실한 자들도 이기리로다"(계 17:14).

요한계시록 19:17

또 내가 보니 한 천사가 태양 안에 서서 공중에 나는 모든 새를 향하여 큰 음성으로 외쳐 이르되 와서 하나님의 큰 잔치에 모여

요한계시록 19:18

왕들의 살과 장군들의 살과 장사들의 살과 말들과 그것을 탄 자들의 살과 자유인들이나 종들이나 작은 자나 큰 자나 모든 자의 살을 먹으라 하더라

태양 안에(은혜 가운데서) 있는 천사는 승리를 선포하면서 공중에 나는 모든 육식의 새를 향하여 큰 음성으로 외쳐 말합니다. 와서 하나님의 큰 잔

치에 모여 왕들의 살과 장군들의 살과 장사들의 살과 말들과 그것을 탄 자들의 살과 자유인이나 종들이나 작은 자나 큰 자나 모든 자의 살을 먹으라고 합니다. 이렇게 하는 것은 이 모두가 하나님의 복음의 말씀을 많은 복음 전도자들이 외쳐도 믿지 않아서 심판 당한 저주받은 자들의 더러운 시체들을 새들이 와서 먹으므로 깨끗하게 청소하는 것입니다. 그들은 더욱 저주를 받는 것이며, 새들에게는 믿음의 성도들이 잔치를 하니 너희도 와서 먹고 즐기며 잔치를 하라고 하는 것입니다.

"주 여호와께서 이같이 말씀하셨느니라 너 인자야 너는 각종 새와 들의 각종 짐승에게 이르기를 너희는 모여 오라 내가 너희를 위한 잔치 곧 이스라엘 산 위에 예비한 큰 잔치로 너희는 사방에서 모여 살을 먹으며 피를 마실지어다 너희가 용사의 살을 먹으며 세상 왕들의 피를 마시기를 바산의 살진 짐승 곧 숫양이나 어린 양이나 염소나 수송아지를 먹듯 할지라 내가 너희를 위하여 예비한 잔치의 기름을 너희가 배불리 먹으며 그 피를 취하도록 마시되 내 상에서 말과 기병과 용사와 모든 군사를 배부르게 먹일지니라 하라 주 여호와의 말씀이니라"(겔 39:17-20).

"또 천사가 내게 말하되 네가 본 바 음녀가 앉아 있는 물은 백성과 무리와 열국과 방언들이니라 네가 본 바 이 열 뿔과 짐승은 음녀를 미워하여 망하게 하고 벌거벗게 하고 그의 살을 먹고 불로 아주 사르리라 이는 하나님이 자기 뜻대로 할 마음을 그들에게 주사 한 뜻을 이루게 하시고 그들의 나라를 그 짐승에게 주게 하시되 하나님의 말씀이 응하기까지 하심이라"(계 17:15-17).

요한계시록 19:19
또 내가 보매 그 짐승과 땅의 임금들과 그들의 군대들이 모여 그 말 탄 자와

그의 군대와 더불어 전쟁을 일으키다가

짐승에게 일곱 머리(일곱 지혜, 우상)와 열 왕들이 지혜로도 이기지 못할 주를 대적하고자 이제 여덟 번째 왕이 지혜를 모아 용의 입과 짐승의 입과 거짓 선지자의 입에서 나오니 거짓말과 미혹하는 말로 짐승과 땅의 임금들과 그들의 모든 군대들을 다 동원해서 말을 타고 더불어 전쟁을 일으킵니다. 하지만 이는 결국 주님의 작전에 빠지는 것입니다. 만왕의 왕이요 만주의 주가 되시는 분을 대적하는 것은 모든 자들을 모아서 한 번에 죽기 위해 함정에 들어가는 것이며 모두가 진멸당하는 것입니다.

"또 여섯째 천사가 그 대접을 큰 강 유브라데에 쏟으매 강물이 말라서 동방에서 오는 왕들의 길이 예비되었더라 또 내가 보매 개구리 같은 세 더러운 영이 용의 입과 짐승의 입과 거짓 선지자의 입에서 나오니 그들은 귀신의 영이라 이적을 행하여 온 천하 왕들에게 가서 하나님 곧 전능하신 이의 큰 날에 있을 전쟁을 위하여 그들을 모으더라 보라 내가 도둑 같이 오리니 누구든지 깨어 자기 옷을 지켜 벌거벗고 다니지 아니하며 자기의 부끄러움을 보이지 아니하는 자는 복이 있도다 세 영이 히브리어로 아마겟돈이라 하는 곳으로 왕들을 모으더라"(계 16:12-16).

요한계시록 19:20

짐승이 잡히고 그 앞에서 표적을 행하던 거짓 선지자도 함께 잡혔으니 이는 짐승의 표를 받고 그의 우상에게 경배하던 자들을 표적으로 미혹하던 자라 이 둘이 산 채로 유황불 붙는 못에 던져지고

짐승과 땅의 임금들과 그들의 군대들이 모여 그 말 탄 자와 그의 군대와

더불어 전쟁을 일으키려고 한 곳에 다 모입니다. 그들은 첫째 대접 심판에서 죽지 않고 모인 짐승의 표를 받은 사람들과 우상에게 경배하며, 여러 가지 용의 입과 짐승의 입과 거짓 선지자의 입에서 나오는 말로 유혹하고 표적을 행하므로 미혹하던 자들을 유황불 붙는 못에 던져버립니다.

"땅의 임금들과 왕족들과 장군들과 부자들과 강한 자들과 모든 종과 자유인이 굴과 산들의 바위 틈에 숨어 산들과 바위에게 말하되 우리 위에 떨어져 보좌에 앉으신 이의 얼굴에서와 그 어린 양의 진노에서 우리를 가리라 그들의 진노의 큰 날이 이르렀으니 누가 능히 서리요 하더라"(계 6:15–17).

"첫째 천사가 가서 그 대접을 땅에 쏟으매 짐승의 표를 받은 사람들과 그 우상에게 경배하는 자들에게 악하고 독한 종기가 나더라"(계 16:2).

요한계시록 19:21
그 나머지는 말 탄 자의 입으로부터 나오는 검에 죽으매 모든 새가 그들의 살로 배불리더라

결국 주를 대적하고자 큰 마음 먹고 모든 악한 마귀 사탄들이 다 모였지만 그들은 말 탄 자의 입에서 나오는 말씀 한마디에 죽임을 당하고 그들의 살은 새들의 먹이가 될 뿐이었습니다. 세상에서 권력이 있다고 우상같이 섬김을 받고, 경제적으로 부유하다고 해서 우상같이 존경을 받으며, 또 그렇게 존경 받기를 원했지만 결국에 그 모든 것보다는 하나님을 믿는 복이 더 중요함을 예언의 말씀을 통해서 깨닫습니다. 이런 날이 오기 전에 믿음 생활을 잘해서 천국에 가시길 원합니다.

"하늘에 또 다른 이적이 보이니 보라 한 큰 붉은 용이 있어 머리가 일곱이요 뿔이 열이라 그 여러 머리에 일곱 왕관이 있는데"(계 12:3).

"내가 보니 바다에서 한 짐승이 나오는데 뿔이 열이요 머리가 일곱이라 그 뿔에는 열 왕관이 있고 그 머리들에는 신성 모독 하는 이름들이 있더라"(계 13:1).

"내가 보매 또 다른 짐승이 땅에서 올라오니 어린 양 같이 두 뿔이 있고 용처럼 말을 하더라"(계 13:11).

"또 일곱 대접을 가진 일곱 천사 중 하나가 와서 내게 말하여 이르되 이리로 오라 많은 물 위에 앉은 큰 음녀가 받을 심판을 네게 보이리라"(계 17:1).

"그의 이마에 이름이 기록되었으니 비밀이라, 큰 바벨론이라, 땅의 음녀들과 가증한 것들의 어미라 하였더라"(계 17:5).

제 20 장 둘째 사망(불못)

요한계시록 20:1

또 내가 보매 천사가 무저갱의 열쇠와 큰 쇠사슬을 그의 손에 가지고 하늘로부터 내려와서

요한계시록 20:2

용을 잡으니 곧 옛 뱀이요 마귀요 사탄이라 잡아서 천 년 동안 결박하여

요한계시록 20:3

무저갱에 던져 넣어 잠그고 그 위에 인봉하여 천 년이 차도록 다시는 만국을 미혹하지 못하게 하였는데 그 후에는 반드시 잠깐 놓이리라

사도 요한이 본 것은 천사가 하늘 총지휘 통제소로부터 내려 와서 우리를 창세로부터 하나님과의 관계를 끊고 자기 수하에 두고 다스리고 멸망시키고자 미혹하던 마귀 사탄의 왕 붉은 용을 무저갱의 열쇠와 큰 쇠사슬을 손에 가지고 와서 용을 잡았습니다. 그 용은 곧 옛 뱀이요 마귀요 사탄인 것입니다. 용을 잡아서 쇠사슬로 결박하여 무저갱에 던져 놓고 무저갱의 열쇠로 잠그고 인봉합니다. 그것은 다시는 성도들을 미혹하지 못하게 천

년 동안 가두어놓고 천 년이 차면 잠깐 풀어 놓습니다. 성도들이 하나님과 함께 영화롭고 평화롭게 영원히 살아가는 것을 보이시고 그들을 영원한 유황 불못에 던져서 둘째 사망에 들어가게 합니다.

"천사가 이르되 왜 놀랍게 여기느냐 내가 여자와 그가 탄 일곱 머리와 열 뿔 가진 짐승의 비밀을 네게 이르리라 네가 본 짐승은 전에 있었다가 지금은 없으나 장차 무저갱으로부터 올라와 멸망으로 들어갈 자니 땅에 사는 자들로서 창세 이후로 그 이름이 생명책에 기록되지 못한 자들이 이전에 있었다가 지금은 없으나 장차 나올 짐승을 보고 놀랍게 여기리라 지혜 있는 뜻이 여기 있으니 그 일곱 머리는 여자가 앉은 일곱 산이요 또 일곱 왕이라 다섯은 망하였고 하나는 있고 다른 하나는 아직 이르지 아니하였으나 이르면 반드시 잠시 동안 머무르리라 전에 있었다가 지금 없어진 짐승은 여덟째 왕이니 일곱 중에 속한 자라 그가 멸망으로 들어가리라"(계 17:7-11).

요한계시록 20:4

또 내가 보좌들을 보니 거기에 앉은 자들이 있어 심판하는 권세를 받았더라 또 내가 보니 예수를 증언함과 하나님의 말씀 때문에 목 베임을 당한 자들의 영혼들과 또 짐승과 그의 우상에게 경배하지 아니하고 그들의 이마와 손에 그의 표를 받지 아니한 자들이 살아서 그리스도와 더불어 천 년 동안 왕 노릇 하니

요한계시록 20:5

(그 나머지 죽은 자들은 그 천 년이 차기까지 살지 못하더라) 이는 첫째 부활이라

요한계시록 20:6

이 첫째 부활에 참여하는 자들은 복이 있고 거룩하도다 둘째 사망이 그들을

다스리는 권세가 없고 도리어 그들이 하나님과 그리스도의 제사장이 되어 천 년 동안 그리스도와 더불어 왕 노릇 하리라

하늘나라 총지휘 통제소에서 보좌에 앉은 자들에게 심판하는 권세를 주셨다고 하는 것은 복음을 증거하던 자들이 하나님과 함께 하늘에 있는 네 생물과 이십사 보좌에 있는 이십사 장로들도 심판하는 권세를 주셨다는 것입니다. 우리가 너희에게 하나님의 말씀과 예수의 증거를 말하면서 이것을 믿지 않으면 심판을 받는다고 말했으니 심판 받음이 당연하다고 말하는 것입니다.

또한 하나님의 말씀과 예수의 증거를 믿고 죽음당한 자들의 영혼과 짐승(대표자는 용)과 그의 우상(마귀 사탄)에게 경배하지 아니하고 또 그들의 이마와 오른손에 표를 받지 아니한 자들은 예수 그리스도와 더불어 첫째 부활에 참여하여 천 년 동안 주님과 더불어 영원히 왕 노릇합니다.

그러나 천 년이 차기 전에 첫째 부활을 당하는 자들은 천 년을 채우지 못하고 첫째 부활을 한다고 하는 것입니다. 그들에게는 둘째 사망이 없는 거룩함을 받지만, 하나님을 믿지 않고 죽은 자들은 그 천 년이 차기까지 무저갱에 있다가 천 년 후에 나와서 성도들이 천 년 동안 그리스도와 더불어 왕 노릇하는 것을 보고 다시 죽는 것이 둘째 사망입니다.

"요한은 하나님의 말씀과 예수 그리스도의 증거 곧 자기가 본 것을 다 증언하였느니라 이 예언의 말씀을 읽는 자와 듣는 자와 그 가운데에 기록한 것을 지키는 자는 복이 있나니 때가 가까움이라 요한은 아시아에 있는 일곱 교회에 편지하노니 이제도 계시고 전에도 계셨고 장차 오실 이와 그의 보좌 앞에 있는 일곱 영과 또 충성된 증인으로 죽은 자들 가운데에서 먼저 나시고 땅의 임금들의 머리가 되신 예수 그리스도로 말미암아 은혜와 평강이 너희에게 있기를 원하노라

우리를 사랑하사 그의 피로 우리 죄에서 우리를 해방하시고 그의 아버지 하나님을 위하여 우리를 나라와 제사장으로 삼으신 그에게 영광과 능력이 세세토록 있기를 원하노라 아멘"(계 1:2-6).

"이기는 자와 끝까지 내 일을 지키는 그에게 만국을 다스리는 권세를 주리니 그가 철장을 가지고 그들을 다스려 질그릇 깨뜨리는 것과 같이 하리라 나도 내 아버지께 받은 것이 그러하니라 내가 또 그에게 새벽 별을 주리라"(계 2:26-28).

천년왕국: 우리는 요한계시록 20:1-7을 통해서 천년왕국이라 무천년 설을 말할 수 있으며, 성도들은 바로 영원히 하나님이 통치하시고 다스리시는 나라에 들어가는 것입니다. 하늘나라에서 하나님과 함께하는 삶이 이루어지는 것입니다.

오직 용(권력, 힘)에 져서 억지로 우상을 경배한 자나 옛 뱀(마귀 사탄의 꾐)에 유혹된 자 또는 죽은 자도 살리는 이적을 보이고 와서 우상을 섬기라고 해서 섬기거나, 사람이 무엇을 만들어 놓고 섬기라고 해서 섬기는 이 모든 것은 악한 마귀 사탄에게 패한 것입니다. 아담과 하와를 유혹해서 타락시키고 그들이 마귀 사탄의 사망 권세에 눌려서 사는 것을 지금까지 보았다면, 이제는 그들이 무저갱에서 천 년 동안 고통당하다가 나와서는 성도들이 천 년 동안 하나님의 품 안에서 사는 것과 앞으로 영원히 살 것을 보고 심판을 받는 둘째 사망을 통해서 불과 유황 못에 던져지는 것입니다. 그러므로 우리 믿음의 성도들은 천년왕국과 관계없이 영원히 사는 무천년 왕국을 영원히 살아가는 것입니다.

요한계시록 20:7

천 년이 차매 사탄이 그 옥에서 놓여

요한계시록 20:8

나와서 땅의 사방 백성 곧 곡과 마곡을 미혹하고 모아 싸움을 붙이리니 그 수가 바다의 모래 같으리라

요한계시록 20:9

그들이 지면에 널리 퍼져 성도들의 진과 사랑하시는 성을 두르매 하늘에서 불이 내려와 그들을 태워버리고

요한계시록 20:10

또 그들을 미혹하는 마귀가 불과 유황 못에 던져지니 거기는 그 짐승과 거짓 선지자도 있어 세세토록 밤낮 괴로움을 받으리라

용의 입과 짐승의 입과 거짓 선지자의 입: 1–3절의 말씀을 통해서 천사가 하늘에서 내려와서 용(옛 뱀, 마귀, 사탄)을 잡아 큰 쇠사슬로 결박하고 무저갱에 놓고 잠그고 인봉했지만, 천 년이 차서 잠시 잠깐 그들이 무저갱에서 나와서 전능하신 이의 큰 날에 있을 전쟁을 위하여 준비한다고 합니다.

용의 입(권세를 갖고 명령함)과 짐승의 입(죽은 자도 살리는 이적으로 유혹함)과 거짓 선지자(선지자라고 하면서 거짓말로 미혹함)를 통해서 땅의 사방 백성, 곧 곡과 마곡을 미혹하고 모아서 마지막 전쟁을 준비합니다. 그 수가 바다의 모래와 같이 많이 모여서 성도들의 진과 사랑하시는 성을 두르면서 승리하는 것 같습니다. 하지만 하나님은 도둑같이 아무도 모르는 시간에 오셔서 하늘에서 불을 내려서 그들을 다 태워버립니다. 그리고 미혹한 마귀는 불과 유황이 타는 못에 던져져서 용과 짐승과 거짓 선지자들을 영원히 세세토록 밤낮을 유황불 속에서 괴로움을 받을 거라고 예언하십니다. 모두가 정신 차리고 신앙생활을 잘하라고 말씀하십니다.

"또 여섯째 천사가 그 대접을 큰 강 유브라데에 쏟으매 강물이 말라서 동방에서 오는 왕들의 길이 예비되었더라 또 내가 보매 개구리 같은 세 더러운 영이 용의 입과 짐승의 입과 거짓 선지자의 입에서 나오니 그들은 귀신의 영이라 이적을 행하여 온 천하 왕들에게 가서 하나님 곧 전능하신 이의 큰 날에 있을 전쟁을 위하여 그들을 모으더라 보라 내가 도둑 같이 오리니 누구든지 깨어 자기 옷을 지켜 벌거벗고 다니지 아니하며 자기의 부끄러움을 보이지 아니하는 자는 복이 있도다 세 영이 히브리어로 아마겟돈이라 하는 곳으로 왕들을 모으더라"(계 16:12–16).

요한계시록 20:11

또 내가 크고 흰 보좌와 그 위에 앉으신 이를 보니 땅과 하늘이 그 앞에서 피하여 간 데 없더라

요한계시록 20:12

또 내가 보니 죽은 자들이 큰 자나 작은 자나 그 보좌 앞에 서 있는데 책들이 펴 있고 또 다른 책이 펴졌으니 곧 생명책이라 죽은 자들이 자기 행위를 따라 책들에 기록된 대로 심판을 받으니

"내가 크고 흰 보좌와 그 위에 앉으신 이를 보니 땅과 하늘이 그 앞에서 피하여 간 데 없더라." 이는 세상의 심판을 말씀하십니다. 세상이 다 없어진 후에 하나님이 성경에서 말씀하신 대로 새 하늘과 새 땅이 이루어지고 죽은 자들이 큰 자나 작은 자나 보좌 앞으로 다 나오게 됩니다.

그런데 그 보좌 앞에는 두 권의 책이 펴 있습니다. 한 권에는 자신의 행위를 다 기록한 책이고, 다른 한 권은 생명책입니다. 생명책에 기록된 사람은 심판을 행하지 않지만, 행위의 책에 기록된 사람은 그 책에 기록된

대로 심판을 받을 것을 예언하십니다.

“또 여호와의 말씀이 내게 임하여 이르시되 인자야 네가 심판하려느냐 이 피 흘린 성읍을 심판하려느냐 그리하려거든 자기의 모든 가증한 일을 그들이 알게 하라 너는 말하라 주 여호와께서 이같이 말씀하셨느니라 자기 가운데에 피를 흘려 벌 받을 때가 이르게 하며 우상을 만들어 스스로 더럽히는 성아 네가 흘린 피로 말미암아 죄가 있고 네가 만든 우상으로 말미암아 스스로 더럽혔으니 네 날이 가까웠고 네 연한이 찼도다 그러므로 내가 너로 이방의 능욕을 받으며 만국의 조롱 거리가 되게 하였노라 너 이름이 더럽고 어지러움이 많은 자여 가까운 자나 먼 자나 다 너를 조롱하리라 이스라엘 모든 고관은 각기 권세대로 피를 흘리려고 네 가운데에 있었도다 그들이 네 가운데에서 부모를 업신여겼으며 네 가운데에서 나그네를 학대하였으며 네 가운데에서 고아와 과부를 해하였도다 너는 나의 성물들을 업신여겼으며 나의 안식일을 더럽혔으며 네 가운데에 피를 흘리려고 이간을 붙이는 자도 있었으며 네 가운데에 산 위에서 제물을 먹는 자도 있었으며 네 가운데에 음행하는 자도 있었으며 네 가운데에 자기 아버지의 하체를 드러내는 자도 있었으며 네 가운데에 월경하는 부정한 여인과 관계하는 자도 있었으며 어떤 사람은 그 이웃의 아내와 가증한 일을 행하였으며 어떤 사람은 그의 며느리를 더럽혀 음행하였으며 네 가운데에 어떤 사람은 그 자매 곧 아버지의 딸과 관계하였으며 네 가운데에 피를 흘리려고 뇌물을 받는 자도 있었으며 네가 변돈과 이자를 받았으며 이익을 탐하여 이웃을 속여 빼앗았으며 나를 잊어버렸도다 주 여호와의 말씀이니라 네가 불의를 행하여 이익을 얻은 일과 네 가운데에 피 흘린 일로 말미암아 내가 손뼉을 쳤나니 내가 네게 보응하는 날에 네 마음이 견디겠느냐 네 손이 힘이 있겠느냐 나 여호와가 말하였으니 내가 이루리라 내가 너를 뭇 나라 가운데에 흩으며 각 나라에 헤치고 너의 더러운 것을 네 가운데에서 멸하리라 네가 자신 때문에 나라들의 목전에서 수치를 당하리니 내가 여호와인 줄 알리라 하셨다 하라"(겔 22:1-16).

"사람들이 만국의 영광과 존귀를 가지고 그리로 들어가겠고 무엇이든지 속된 것이나 가증한 일 또는 거짓말하는 자는 결코 그리로 들어가지 못하되 오직 어린 양의 생명책에 기록된 자들만 들어가리라"(계 21:26-27).

요한계시록 20:13

바다가 그 가운데에서 죽은 자들을 내주고 또 사망과 음부도 그 가운데에서 죽은 자들을 내주매 각 사람이 자기의 행위대로 심판을 받고

요한계시록 20:14

사망과 음부도 불못에 던져지니 이것은 둘째 사망 곧 불못이라

요한계시록 20:15

누구든지 생명책에 기록되지 못한 자는 불못에 던져지더라

믿음의 성도들은 예수 그리스도를 믿으므로 생명책에 이름이 기록되고 영원히 하나님의 품에서 하나님과 함께 살게 됩니다. 그러나 하나님을 믿지 않고 죽은 모든 자들은 천 년이 지나서 그들이 어느 곳에 있든지 다 심판을 받게 됩니다.

심판을 받으러 나와서 옛날에 아담과 하와를 유혹해서 선악을 알게 하는 나무 열매를 먹게 하고 모든 사람이 고생하며 사는 것을 보고 즐겼었지만, 이제는 그들이 천 년 동안 무저갱에서 고통을 당하다 잠시 다시 심판을 받으러 나와서는 모든 믿음의 성도들이 하나님과 함께 평안하게 즐겁게 천 년 동안 사는 것을 보고 그들은 그 행위대로 심판을 받고 다시 불못에 던

져지게 됩니다. 이들은 다시 죽음의 길로 향하는 둘째 사망을 당하는 것입니다.

생명책에 기록된 사람은 영원한 천국에서의 삶이 이루어지게 됩니다. 이것이 누가복음 16장을 통해서 세상에서 호화롭게 살며 부귀영화를 누리던 부자를 사망과 음부에서 천 년을 지내다 잠시 심판을 받으러 나와서 세상에 있을 때에 거지 나사로가 하늘나라 아브라함의 품에서 부귀영화를 누리는 것을 보게 하시고는 다시 사망과 음부에 던지는 것을 둘째 사망, 곧 불못이라고 합니다.

누구든지 생명책에 기록되기 위해서는 일곱 별(교회의 사자 – 목사)의 입을 통해서 전달되는 날선 검과 같은 복음(나는 알파와 오메가)을 두려워하지 말아야 합니다. 복음을 믿고 성령을 받고 마귀 사탄이 말하는 사망과 죽음의 권세(처음과 마지막이라)를 이기는 자는 흰 옷을 입을 것입니다. 그 이름이 어린 양의 생명책에서 결코 지워지지 아니할 것입니다. 그 이름이 내 아버지 앞과 그의 천사들 앞에서 인정을 받게 됩니다.

"내 백성이 지식이 없으므로 망하는도다 네가 지식을 버렸으니 나도 너를 버려 내 제사장이 되지 못하게 할 것이요 네가 네 하나님의 율법을 잊었으니 나도 네 자녀들을 잊어버리리라 그들은 번성할수록 내게 범죄하니 내가 그들의 영화를 변하여 욕이 되게 하리라 그들이 내 백성의 속죄제물을 먹고 그 마음을 그들의 죄악에 두는도다 장차는 백성이나 제사장이나 동일함이라 내가 그들의 행실대로 벌하며 그들의 행위대로 갚으리라 그들이 먹어도 배부르지 아니하며 음행하여도 수효가 늘지 못하니 이는 여호와를 버리고 따르지 아니하였음이니라 음행과 묵은 포도주와 새 포도주가 마음을 빼앗느니라 내 백성이 나무에게 묻고 그 막대기는 그들에게 고하나니 이는 그들이 음란한 마음에 미혹되어 하나님을 버리고 음행하였음이니라"(호 4:6–12).

"그의 오른손에 일곱 별이 있고 그의 입에서 좌우에 날선 검이 나오고 그 얼굴은 해가 힘있게 비치는 것 같더라 내가 볼 때에 그의 발 앞에 엎드러져 죽은 자 같이 되매 그가 오른손을 내게 얹고 이르시되 두려워하지 말라 나는 처음이요 마지막이니"(계 1:16-17).

"이기는 자는 이와 같이 흰 옷을 입을 것이요 내가 그 이름을 생명책에서 결코 지우지 아니하고 그 이름을 내 아버지 앞과 그의 천사들 앞에서 시인하리라"(계 3:5).

제21장 새 하늘과 새 땅, 새 예루살렘

요한계시록 21:1

또 내가 새 하늘과 새 땅을 보니 처음 하늘과 처음 땅이 없어졌고 바다도 다시 있지 않더라

"또 내가 크고 흰 보좌와 그 위에 앉으신 이를 보니 땅과 하늘이 그 앞에서 피하여 간 데 없더라"(계 20:11)고 하신 말씀처럼, 하나님이 태초에 창조하신 하늘과 땅은 없어지고 이제 새 하늘과 새 땅으로 이루어진 새 세상이 왔다고 말씀합니다.

"이것이 천지가 창조될 때에 하늘과 땅의 내력이니 여호와 하나님이 땅과 하늘을 만드시던 날에 여호와 하나님이 땅에 비를 내리지 아니하셨고 땅을 갈 사람도 없었으므로 들에는 초목이 아직 없었고 밭에는 채소가 나지 아니하였으며 안개만 땅에서 올라와 온 지면을 적셨더라 여호와 하나님이 땅의 흙으로 사람을 지으시고 생기를 그 코에 불어넣으시니 사람이 생령이 되니라 여호와 하나님이 동방의 에덴에 동산을 창설하시고 그 지으신 사람을 거기 두시니라"(창 2:4-8).

"이스라엘은 여호와께 구원을 받아 영원한 구원을 얻으리니 너희가 영원히

부끄러움을 당하거나 욕을 받지 아니하리로다 대저 여호와께서 이같이 말씀하시되 하늘을 창조하신 이 그는 하나님이시니 그가 땅을 지으시고 그것을 만드셨으며 그것을 견고하게 하시되 혼돈하게 창조하지 아니하시고 사람이 거주하게 그것을 지으셨으니 나는 여호와라 나 외에 다른 이가 없느니라 나는 감추어진 곳과 캄캄한 땅에서 말하지 아니하였으며 야곱 자손에게 너희가 나를 혼돈 중에서 찾으라고 이르지 아니하였노라 나 여호와는 의를 말하고 정직한 것을 알리느니라"(사 45:17-19).

요한계시록 21:2

또 내가 보매 거룩한 성 새 예루살렘이 하나님께로부터 하늘에서 내려오니 그 준비한 것이 신부가 남편을 위하여 단장한 것 같더라

창세기를 통해서 하나님이 천지를 창조하시고 사람을 흙으로 만드시고 생기를 코에 불어넣으시니 사람이 생령이 되었습니다. 여호와께서 에덴동산을 창설하시고 그곳에서 모든 나무의 열매를 먹으며 살 수 있도록 사람을 이끌어 살게 하셨습니다. 그런데 하나님은 남자가 혼자 사는 것이 좋지 아니하시므로 돕는 배필을 주셨는데, 이제는 새 하늘과 새 땅 새 예루살렘을 신부가 남편을 위하여 정성을 다해 혼수를 준비하듯 모든 것을 믿음의 자손인 아브라함의 자녀들을 위하여, 구원받은 성도들을 위하여 준비하신 것을 하늘로부터 내려주십니다.

"그러나 성경이 무엇을 말하느냐 여종과 그 아들을 내쫓으라 여종의 아들이 자유 있는 여자의 아들과 더불어 유업을 얻지 못하리라 하였느니라 그런즉 형제들아 우리는 여종의 자녀가 아니요 자유 있는 여자의 자녀니라"(갈 4:30-31).

요한계시록 21:3

내가 들으니 보좌에서 큰 음성이 나서 이르되 보라 하나님의 장막이 사람들과 함께 있으매 하나님이 그들과 함께 계시리니 그들은 하나님의 백성이 되고 하나님은 친히 그들과 함께 계셔서

이제 하나님의 장막, 새 예루살렘이 하늘로부터 내려와서 사람들과 함께 있고 하나님이 친히 그들과 함께 계시므로 우리는 하나님의 백성이 됩니다.

창세기에서 아브라함이 갈대아 우르(죄악된 세상)를 떠나 하란에 이르고 하란도 달신을 섬기는 도시인데 데라가 죽습니다. 아브라함은 하란(우상을 섬기는 도시)을 청산하고 세겜(목, 어깨, 등 = 능력) 땅을 하나님이 네 자손에게 주신다고 하신 그곳에 여호와의 제단을 쌓게 됩니다. 그가 그곳에서 벧엘(하나님의 집)로 옮겨 그곳에서 여호와께 제단을 쌓고 헤브론(하나님과 연합, 친교)에 거주하게 됩니다. 결국 그곳의 땅을 에브론에게서 은 사백 세겔을 주고 사는데 믿음의 조상 3대를 그곳에 장사 지냅니다. 장사 지낸 곳에서 영원히 잠든 것처럼 우리는 하나님이 하늘에서 내려주신 새 예루살렘에서 영원히 하나님과 함께 하나님의 통치를 받으면서 하나님의 백성으로 영원히 함께 살 것입니다.

"이제 애굽 사람이 종으로 삼은 이스라엘 자손의 신음 소리를 내가 듣고 나의 언약을 기억하노라 그러므로 이스라엘 자손에게 말하기를 나는 여호와라 내가 애굽 사람의 무거운 짐 밑에서 너희를 빼내며 그들의 노역에서 너희를 건지며 편 팔과 여러 큰 심판들로써 너희를 속량하여 너희를 내 백성으로 삼고 나는 너희의 하나님이 되리니 나는 애굽 사람의 무거운 짐 밑에서 너희를 빼낸 너희의 하나님 여호와인 줄 너희가 알지라 내가 아브라함과 이삭과 야곱에게 주기로 맹

세한 땅으로 너희를 인도하고 그 땅을 너희에게 주어 기업을 삼게 하리라 나는 여호와라 하셨다 하라"(출 6:5-8).

"예수께서 이르시되 오늘 구원이 이 집에 이르렀으니 이 사람도 아브라함의 자손임이로다 인자가 온 것은 잃어버린 자를 찾아 구원하려 함이니라"(눅 19:9-10).

요한계시록 21:4

모든 눈물을 그 눈에서 닦아 주시니 다시는 사망이 없고 애통하는 것이나 곡하는 것이나 아픈 것이 다시 있지 아니하리니 처음 것들이 다 지나갔음이러라

요한계시록 21:5

보좌에 앉으신 이가 이르시되 보라 내가 만물을 새롭게 하노라 하시고 또 이르시되 이 말은 신실하고 참되니 기록하라 하시고

하나님의 품을 떠나 마귀 사탄의 사망의 권세 아래서 애통하고 곡하며 지내는 사람들을 구원하시고자 율법 아래 육신의 몸으로 이 땅에 오셨습니다. 그리하여 율법 아래 있는 자들을 속량하셨는데 우리로 아들의 명분을 얻게 하시기 위함이었습니다. 하나님이 그 아들의 영을 믿는 모든 자들로 아빠 아버지라고 부르게 하시고 그들의 눈에서 모든 눈물을 닦아주셨습니다. 다시는 사망이나 애통하는 것이나 아픈 것이 없게 하시기 위함 때문이었습니다. 전과 같은 모든 슬픔이 없어지고 새롭고 신실하고 참된 날이 왔음을 믿지 아니하는 자들에게 알리려는 것입니다.

"이 재앙에 죽지 않고 남은 사람들은 손으로 행한 일을 회개하지 아니하고 오히려 여러 귀신과 또는 보거나 듣거나 다니거나 하지 못하는 금, 은, 동과 목석

의 우상에게 절하고 또 그 살인과 복술과 음행과 도둑질을 회개하지 아니하더라"(계 9:20-21).

이런 자들에게 심판의 날이 꼭 온다는 예언의 말씀을 알리고 기록하는 이유가 있습니다. 그것은 그들이 우리는 듣지도 보지도 못한 것이라는 말을 할 수 없도록 공정하고 공의로운 심판이 이루어진다는 것을 알리기 위해서 이 예언의 말씀을 기록하라고 하시는 것입니다.

"예수께서 이 말씀을 하시고 눈을 들어 하늘을 우러러 이르시되 아버지여 때가 이르렀사오니 아들을 영화롭게 하사 아들로 아버지를 영화롭게 하게 하옵소서 아버지께서 아들에게 주신 모든 사람에게 영생을 주게 하시려고 만민을 다스리는 권세를 아들에게 주셨음이로소이다 영생은 곧 유일하신 참 하나님과 그가 보내신 자 예수 그리스도를 아는 것이니이다 아버지께서 내게 하라고 주신 일을 내가 이루어 아버지를 이 세상에서 영화롭게 하였사오니 아버지여 창세 전에 내가 아버지와 함께 가졌던 영화로써 지금도 아버지와 함께 나를 영화롭게 하옵소서 세상 중에서 내게 주신 사람들에게 내가 아버지의 이름을 나타내었나이다 그들은 아버지의 것이었는데 내게 주셨으며 그들은 아버지의 말씀을 지키었나이다 지금 그들은 아버지께서 내게 주신 것이 다 아버지로부터 온 것인 줄 알았나이다 나는 아버지께서 내게 주신 말씀들을 그들에게 주었사오며 그들은 이것을 받고 내가 아버지께로부터 나온 줄을 참으로 아오며 아버지께서 나를 보내신 줄도 믿었사옵나이다 내가 그들을 위하여 비옵나니 내가 비옵는 것은 세상을 위함이 아니요 내게 주신 자들을 위함이니이다 그들은 아버지의 것이로소이다 내 것은 다 아버지의 것이요 아버지의 것은 내 것이온데 내가 그들로 말미암아 영광을 받았나이다"(요 17:1-10).

요한계시록 21:6

또 내게 말씀하시되 이루었도다 나는 알파와 오메가요 처음과 마지막이라 내가 생명수 샘물을 목마른 자에게 값없이 주리니

요한계시록 21:7

이기는 자는 이것들을 상속으로 받으리라 나는 그의 하나님이 되고 그는 내 아들이 되리라

예수님께서 십자가상에서 우리의 죄를 속량하시기 위하여 물과 피를 흘리시고 다 이루었다 하시면서 복음을 다 전하였다고 말씀하셨다면, 이제는 성경의 복음을 나는 알파(원복음)와 오메가(복음원)요, 이 복음을 믿음으로 이기는 자를 처음(진 자)과 마지막(이긴 자)이라 내가 생명수 샘물을 목마른 자에게 값없이 준다고 하시면서 목 마르다 하시고 다 이루었다 하심은 이것입니다. 십자가의 죽으심으로 너희들의 죄를 대속하셨으니 알파와 오메가인 복음을 이루고 이 복음을 통해서 처음과 마지막이라는 죽음과 사망의 권세(마귀 사탄)를 이긴 자들에게 하늘나라의 상속권을 주시고 이긴 자들의 하나님이 되고 그들은 내 아들이 된다는 구원을 선포하시는 것입니다.

"너희는 마음에 근심하지 말라 하나님을 믿으니 또 나를 믿으라 내 아버지 집에 거할 곳이 많도다 그렇지 않으면 너희에게 일렀으리라 내가 너희를 위하여 거처를 예비하러 가노니 가서 너희를 위하여 거처를 예비하면 내가 다시 와서 너희를 내게로 영접하여 나 있는 곳에 너희도 있게 하리라"(요 14:1-3).

"보라 내가 너희에게 비밀을 말하노니 우리가 다 잠 잘 것이 아니요 마지막 나팔에 순식간에 홀연히 다 변화되리니 나팔 소리가 나매 죽은 자들이 썩지 아

니할 것으로 다시 살아나고 우리도 변화되리라 이 썩을 것이 반드시 썩지 아니할 것을 입겠고 이 죽을 것이 죽지 아니함을 입으리로다 이 썩을 것이 썩지 아니함을 입고 이 죽을 것이 죽지 아니함을 입을 때에는 사망을 삼키고 이기리라고 기록된 말씀이 이루어지리라"(고전 15:51-54).

요한계시록 21:8
그러나 두려워하는 자들과 믿지 아니하는 자들과 흉악한 자들과 살인자들과 음행하는 자들과 점술가들과 우상 숭배자들과 거짓말하는 모든 자들은 불과 유황으로 타는 못에 던져지리니 이것이 둘째 사망이라

이기는 자에게는 하늘나라의 상속권을 주십니다. 그래서 나는 그의 하나님이 되고 그는 내 아들이 되는 축복을 받지만 두려워하는 자들과 믿지 아니하는 자들과 흉악한 자들과 살인자들과 음행하는 자들과 점술가들과 우상 숭배자들과 거짓말하는 모든 자들은 무저갱에서 천 년을 지내고 나와서 행한 대로 심판을 받게 됩니다. 그리고 다시 불과 유황으로 타는 못에 던져지는 둘째 사망을 당하게 되는 것을 예언하시는 것입니다.

"그러므로 사랑을 받는 자녀 같이 너희는 하나님을 본받는 자가 되고 그리스도께서 너희를 사랑하신 것 같이 너희도 사랑 가운데서 행하라 그는 우리를 위하여 자신을 버리사 향기로운 제물과 희생제물로 하나님께 드리셨느니라 음행과 온갖 더러운 것과 탐욕은 너희 중에서 그 이름조차도 부르지 말라 이는 성도에게 마땅한 바니라 누추함과 어리석은 말이나 희롱의 말이 마땅치 아니하니 오히려 감사하는 말을 하라 너희도 정녕 이것을 알거니와 음행하는 자나 더러운 자나 탐하는 자 곧 우상 숭배자는 다 그리스도와 하나님의 나라에서 기업을 얻지 못하리니"(엡 5:1-5).

◈ 성령 모독죄(원죄)

대차 비교법

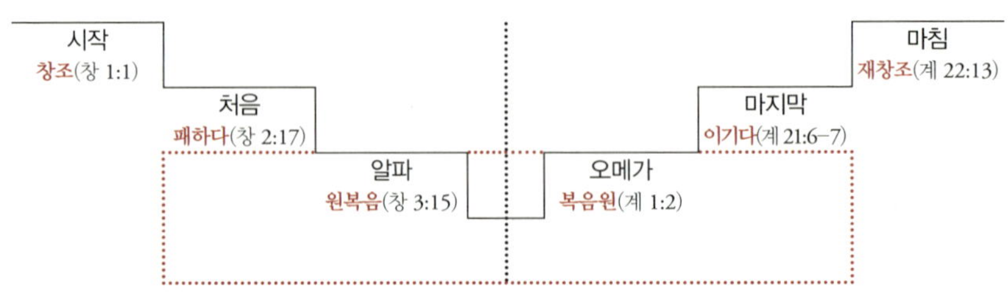

우리는 여기서 아담의 죄를 심각하게 생각해야 하는 시점에 와있는 것 같습니다. 하나님은 아담을 흙으로 창조하시고 코에 생기를 불어 넣으시니 생령이 되었다고 합니다. 여호와 하나님은 동방에 에덴동산을 창설하시고 아담과 하와를 그곳에 살게 하셨습니다. 그리고 에덴동산에 보기에 아름답고 먹기에 좋은 나무가 나게 하셨습니다. 동산 중앙에는 생명나무와 선악을 알게 하는 나무도 있었습니다.

요한계시록 2장과 3장에서는 "귀 있는 자는 성령이 교회들에게 하시는 말씀을 들을지어다"라고 하시면서 이기는 자만이 새 하늘과 새 땅, 새 예루살렘에 들어간다고 하셨습니다. 창세기에서도 여호와 하나님(성령)은 사람에게 명하여 "동산 각종 나무의 열매는 네가 임의로 먹되 선악을 알게 하는 나무의 열매는 먹지 말라 네가 먹는 날에는 반드시 죽으리라"고 하셨습니다.

그런데 악한 마귀 사탄이 뱀이 여자에게 이르되 "너희가 결코 죽지 아니하리라 너희가 그것을 먹는 날에는 너희 눈이 밝아져 하나님과 같이 되어…"라는 말에 선악을 알게 하는 나무의 열매를 먹었던 것입니다. 이는 하나님과 같이 에덴동산에서 영원히 살고 싶었기 때문입니다. 아담과 하와는 하나님이 창조하시고 죄가 없는 사람으로 성령을 받아서 에덴동산에서 살았습니다.

우리는 에덴동산을 천국이라고 하는데 천국에서도 죄를 범하면 쫓겨나게 됩니다. "또 내게 말씀하시되 이루었도다 나는 알파와 오메가요 처음과 마지막이라 내가 생명수 샘물을 목마른 자에게 값없이 주리니 이기는 자는 이것들을 상속으로 받으리라 나는 그의 하나님이 되고 그는 내 아들이 되리라"(계 21:6-7). 이기는 자는 천국을 상속으로 받고, 나는 그의 하나님이 되고 그는 내 아들이 된다고 했습니다.

사울 왕도 여호와의 영을 받았지만 마귀 사탄의 상징인 아말렉을 이기지 못함으로 구원을 얻지 못하고, 사도행전에서는 성령을 받고 성령의 인도함을 받은 아나니아와 삽비라가 자신의 소유를 다 팔아 가난한 사람들과 같이 통용하고자 했지만 아까워서 성령을 속이고 땅값의 얼마를 감추었다가 죽임을 당했습니다.

결국 아담도 에덴동산이 천국이 아니라 요한계시록에서 새 하늘과 새 땅에 들어갔다고 할지라도 "성 안에서 내가 성전을 보지 못하였으니 이는 주 하나님 곧 전능하신 이와 및 어린 양이 그 성전이심이라"(계 21:22). 하나님과 예수님이 성전이 되시는데 성전에 들어가지 못하는 것처럼, 아담과 하와는 에덴동산에는 들어갔지만 에덴성전(천국)에 들어가지 못했으므로 쫓겨난 것입니다.

우리 믿음의 성도들도 아담과 하와같이 새 하늘과 새 땅에 들어가서 하나님의 성전 안으로 들어가서 하나님과 어린 양의 혼인잔치에 참여하는 성도들이 되시길 바랍니다.

"여호와 하나님이 땅의 흙으로 사람을 지으시고 생기를 그 코에 불어넣으시니 사람이 생령이 되니라 여호와 하나님이 동방의 에덴에 동산을 창설하시고 그 지으신 사람을 거기 두시니라 여호와 하나님이 그 땅에서 보기에 아름답고 먹기에 좋은 나무가 나게 하시니 동산 가운데에는 생명 나무와 선악을 알게 하는 나무도 있더라"(창 2:7-9).

"여호와 하나님이 그 사람을 이끌어 에덴 동산에 두어 그것을 경작하며 지키게 하시고 여호와 하나님이 그 사람에게 명하여 이르시되 동산 각종 나무의 열매는 네가 임의로 먹되 선악을 알게 하는 나무의 열매는 먹지 말라 네가 먹는 날에는 반드시 죽으리라 하시니라"(창 2:15-17).

"그런데 뱀은 여호와 하나님이 지으신 들짐승 중에 가장 간교하니라 뱀이 여자에게 물어 이르되 하나님이 참으로 너희에게 동산 모든 나무의 열매를 먹지 말라 하시더냐 여자가 뱀에게 말하되 동산 나무의 열매를 우리가 먹을 수 있으나 동산 중앙에 있는 나무의 열매는 하나님의 말씀에 너희는 먹지도 말고 만지지도 말라 너희가 죽을까 하노라 하셨느니라 뱀이 여자에게 이르되 너희가 결코 죽지 아니하리라 너희가 그것을 먹는 날에는 너희 눈이 밝아져 하나님과 같이 되어 선악을 알 줄 하나님이 아심이니라 여자가 그 나무를 본즉 먹음직도 하고 보암직도 하고 지혜롭게 할 만큼 탐스럽기도 한 나무인지라 여자가 그 열매를 따먹고 자기와 함께 있는 남편에게도 주매 그도 먹은지라"(창 3:1-6).

"사람마다 두려워하는데 사도들로 말미암아 기사와 표적이 많이 나타나니 믿는 사람이 다 함께 있어 모든 물건을 서로 통용하고 또 재산과 소유를 팔아 각 사람의 필요를 따라 나눠 주며 날마다 마음을 같이하여 성전에 모이기를 힘쓰고 집에서 떡을 떼며 기쁨과 순전한 마음으로 음식을 먹고 하나님을 찬미하며 또 온 백성에게 칭송을 받으니 주께서 구원 받는 사람을 날마다 더하게 하시니라"(행 2:43-47).

"아나니아라 하는 사람이 그의 아내 삽비라와 더불어 소유를 팔아 그 값에서 얼마를 감추매 그 아내도 알더라 얼마만 가져다가 사도들의 발 앞에 두니 베드로가 이르되 아나니아야 어찌하여 사탄이 네 마음에 가득하여 네가 성령을 속이고 땅 값 얼마를 감추었느냐 땅이 그대로 있을 때에는 네 땅이 아니며 판 후에도 네 마음대로 할 수가 없더냐 어찌하여 이 일을 네 마음에 두었느냐 사람에게 거짓말한 것이 아니요 하나님께로다 아나니아가 이 말을 듣고 엎드러져 혼이 떠나니 이 일을 듣는 사람이 다 크게 두려워하더라 젊은 사람들이 일어나 시신을 싸서 메고 나가 장사하니라 세 시간쯤 지나 그의 아내가 그 일어난 일을 알지 못하고 들어오니 베드로가 이르되 그 땅 판 값이 이것뿐이냐 내게 말하라 하니 이르되 예 이것뿐이라 하더라 베드로가 이르되 너희가 어찌 함께 꾀하여 주의 영을 시험하려 하느냐 보라 네 남편을 장사하고 오는 사람들의 발이 문 앞에 이르렀으니 또 너를 메어 내가리라 하니 곧 그가 베드로의 발 앞에 엎드러져 혼이 떠나는지라 젊은 사람들이 들어와 죽은 것을 보고 메어다가 그의 남편 곁에 장사하니 온 교회와 이 일을 듣는 사람들이 다 크게 두려워하니라"(행 5:1–11).

"그 열두 문은 열두 진주니 각 문마다 한 개의 진주로 되어 있고 성의 길은 맑은 유리 같은 정금이더라 성 안에서 내가 성전을 보지 못하였으니 이는 주 하나님 곧 전능하신 이와 및 어린 양이 그 성전이심이라 그 성은 해나 달의 비침이 쓸 데 없으니 이는 하나님의 영광이 비치고 어린 양이 그 등불이 되심이라 만국이 그 빛 가운데로 다니고 땅의 왕들이 자기 영광을 가지고 그리로 들어가리라 낮에 성문들을 도무지 닫지 아니하리니 거기에는 밤이 없음이라 사람들이 만국의 영광과 존귀를 가지고 그리로 들어가겠고 무엇이든지 속된 것이나 가증한 일 또는 거짓말하는 자는 결코 그리로 들어가지 못하되 오직 어린 양의 생명책에 기록된 자들만 들어가리라"(계 21:21–27).

요한계시록 21:9

일곱 대접을 가지고 마지막 일곱 재앙을 담은 일곱 천사 중 하나가 나아와서 내게 말하여 이르되 이리 오라 내가 신부 곧 어린 양의 아내를 네게 보이리라 하고

일곱 대접재앙을 담은 대접을 쏟으므로 심판을 대행한 일곱 천사 중 하나가 대접재앙이 끝나고 하나님의 나라가 임함을 알려줍니다. 그리고 신부, 곧 어린 양의 아내를 보인다고 하신 말씀처럼 성 안에, 성전에 계시는 것입니다.

"성 안에서 내가 성전을 보지 못하였으니 이는 주 하나님 곧 전능하신 이와 및 어린 양이 그 성전이심이라 그 성은 해나 달의 비침이 쓸 데 없으니 이는 하나님의 영광이 비치고 어린 양이 그 등불이 되심이라 만국이 그 빛 가운데로 다니고 땅의 왕들이 자기 영광을 가지고 그리로 들어가리라"(계 21:22-24).

요한계시록 21:10

성령으로 나를 데리고 크고 높은 산으로 올라가 하나님께로부터 하늘에서 내려오는 거룩한 성 예루살렘을 보이니

성령으로 요한을 데리고 크고 높은 산으로 올라가서 하나님께로부터 하늘에서 내려오는 거룩한 성 예루살렘을 보여주십니다. 이것은 신부, 곧 어린 양의 아내가 성 안의 성전에 계시므로 거룩한 성부터 보여주시는 것입니다.

"또 내가 보매 거룩한 성 새 예루살렘이 하나님께로부터 하늘에서 내려오니

그 준비한 것이 신부가 남편을 위하여 단장한 것 같더라 내가 들으니 보좌에서 큰 음성이 나서 이르되 보라 하나님의 장막이 사람들과 함께 있으매 하나님이 그들과 함께 계시리니 그들은 하나님의 백성이 되고 하나님은 친히 그들과 함께 계셔서 모든 눈물을 그 눈에서 닦아 주시니 다시는 사망이 없고 애통하는 것이나 곡하는 것이나 아픈 것이 다시 있지 아니하리니 처음 것들이 다 지나갔음이러라"(계 21:2-4).

요한계시록 21:11

하나님의 영광이 있어 그 성의 빛이 지극히 귀한 보석 같고 벽옥과 수정 같이 맑더라

요한계시록 21:12

크고 높은 성곽이 있고 열두 문이 있는데 문에 열두 천사가 있고 그 문들 위에 이름을 썼으니 이스라엘 자손 열두 지파의 이름들이라

요한계시록 21:13

동쪽에 세 문, 북쪽에 세 문, 남쪽에 세 문, 서쪽에 세 문이니

요한계시록 21:14

그 성의 성곽에는 열두 기초석이 있고 그 위에는 어린 양의 열두 사도의 열두 이름이 있더라

요한계시록 21:15

내게 말하는 자가 그 성과 그 문들과 성곽을 측량하려고 금 갈대 자를 가졌더라

요한계시록 21:16

그 성은 네모가 반듯하여 길이와 너비가 같은지라 그 갈대 자로 그 성을 측량하니 만 이천 스다디온이요 길이와 너비와 높이가 같더라

요한계시록 21:17

그 성곽을 측량하매 백사십사 규빗이니 사람의 측량 곧 천사의 측량이라

요한계시록 21:18

그 성곽은 벽옥으로 쌓였고 그 성은 정금인데 맑은 유리 같더라

요한계시록 21:19

그 성의 성곽의 기초석은 각색 보석으로 꾸몄는데 첫째 기초석은 벽옥이요 둘째는 남보석이요 셋째는 옥수요 넷째는 녹보석이요

요한계시록 21:20

다섯째는 홍마노요 여섯째는 홍보석이요 일곱째는 황옥이요 여덟째는 녹옥이요 아홉째는 담황옥이요 열째는 비취옥이요 열한째는 청옥이요 열두째는 자수정이라

요한계시록 21:21

그 열두 문은 열두 진주니 각 문마다 한 개의 진주로 되어 있고 성의 길은 맑은 유리 같은 정금이더라

성 자체에도 하나님의 영광이 가득하여 그 성이 빛납니다. 지극히 귀한 보석이며 벽옥과 수정같이 인간으로서는 어떻게 표현할 수 없어 자신이

본 최고로 좋고 아름다운 모든 것을 동원하여 표현할 수밖에 없습니다. 규모도 인간이 볼 수 없는 아주 장엄하고 커서 문은 동서남북으로 한 방향에 세 문씩 열두 문이 있습니다. 이스라엘(하나님을 믿는 자) 자손 열두 지파의 이름이 있고, 그 성곽에는 열두 기초석이 있고, 그 기초석은 각각 다른 보석으로 되어 있고, 그 위에는 어린 양의 열두 사도의 이름이 기록되어 있습니다. 성곽을 측량하니 네모 반듯하고 한 면의 길이가 만 이천 스다디온으로 높이도 같습니다. 열두 문은 모두 진주로 되어 있고 문마다 하나의 진주로 되어 있습니다.

그 성의 성곽 기초석은 각색 보석으로 꾸며졌는데, 그 보석들은 구약에서 대제사장의 흉패에 붙어 있던 보석과 동일한 것입니다. 믿음의 성도들은 이제 이러한 곳에서 영원히 산다는 것을 모든 사람들에게 예언하며 꼭 이루어질 거라고 기록하고 있습니다.

"그가 또 흉패를 정교하게 짜되 에봇과 같은 모양으로 금 실과 청색 자색 홍색 실과 가늘게 꼰 베 실로 하였으니 그것의 길이가 한 뼘, 너비가 한 뼘으로 네모가 반듯하고 두 겹이며 그것에 네 줄 보석을 물렸으니 곧 홍보석 황옥 녹주옥이 첫 줄이요 둘째 줄은 석류석 남보석 홍마노요 셋째 줄은 호박 백마노 자수정이요 넷째 줄은 녹보석 호마노 벽옥이라 다 금 테에 물렸으니 이 보석들은 이스라엘의 아들들의 이름 곧 그들의 이름대로 열둘이라 도장을 새김 같이 그 열두 지파의 각 이름을 새겼으며"(출 39:8-14).

요한계시록 21:22

성 안에서 내가 성전을 보지 못하였으니 이는 주 하나님 곧 전능하신 이와 및 어린 양이 그 성전이심이라

요한계시록 21:23

그 성은 해나 달의 비침이 쓸 데 없으니 이는 하나님의 영광이 비치고 어린 양이 그 등불이 되심이라

요한계시록 21:24

만국이 그 빛 가운데로 다니고 땅의 왕들이 자기 영광을 가지고 그리로 들어가리라

요한계시록 21:25

낮에 성문들을 도무지 닫지 아니하리니 거기에는 밤이 없음이라

성 안에 들어갔는데도 성 안에 있는 성전은 보지 못하였습니다. 그것은 성전은 주 하나님, 곧 전능하신 이와 어린 양이 성전이기 때문입니다. 성전이 너무 빛나서 보지 못하게 되는데 성전뿐만 아니라 거룩한 성(城)도 성전의 빛으로 말미암아 해나 달이 비치는 것이 필요 없을 정도로 밝아서 밤이 필요 없습니다.

하나님, 곧 전능하신 이와 어린 양이 그 성전(신랑)이고, 성전에 들어가는 성도들이 당연히 신부가 되므로 우리가 성전에 들어가는 것은 결국 어린 양의 신부로서 혼례를 치르는 것입니다. 그것은 하나님의 영광이 비치고 어린 양이 그 등불이 되심으로 만국이 그 빛 가운데로 다니고, 성도들은 어린 양(예수님)의 신부지만 땅의 왕처럼 당당하게 하나님으로부터 받은 영광으로써 그리로 들어갑니다. 그 성문은 낮에는 닫지 않지만 밤이 없으므로 항상 문이 열려 있습니다.

"예수께서 대답하여 이르시되 너희가 이 성전을 헐라 내가 사흘 동안에 일으

키리라 유대인들이 이르되 이 성전은 사십육 년 동안에 지었거늘 네가 삼 일 동안에 일으키겠느냐 하더라 그러나 예수는 성전된 자기 육체를 가리켜 말씀하신 것이라"(요 2:19-21).

요한계시록 21:26
사람들이 만국의 영광과 존귀를 가지고 그리로 들어가겠고

요한계시록 21:27
무엇이든지 속된 것이나 가증한 일 또는 거짓말하는 자는 결코 그리로 들어가지 못하되 오직 어린 양의 생명책에 기록된 자들만 들어가리라

하나님의 성전이 그렇게 빛나고 아름답고 호화스럽다 할지라도 그곳은 믿음의 성도들만 들어가는 곳입니다. 예수 그리스도를 믿고 속죄함을 받고 성령을 받고 악한 마귀 사탄을 이긴 자들이 만국의 영광과 존귀를 가지고 그곳에 들어갑니다.

어린 양의 생명책에 기록된 성도만이 들어갑니다. 가증하고 거짓말하고 신성 모독하고 짐승과 우상을 경배한 자는 성 안에도 들어가지 못합니다.

어린 양의 혼인잔치: 우리는 요한계시록 20:9-27을 통해서 어린 양의 혼인잔치에 대해서 볼 수 있습니다. 이는 주 하나님, 곧 전능하신 이와 어린 양이 그 성전이기 때문에 우리가 악한 마귀 사탄을 이기고 성전에 들어가는 것이 신랑 되신 어린 양과의 혼례를 치르는 것입니다. 이것이 어린 양의 혼인잔치에 초청되어 참석하는 것입니다. 영원히 전능하신 하나님과 어린 양과 함께하는 것입니다.

제 22 장 | 예언의 말씀은 불변하고 이루어진다

요한계시록 22:1
또 그가 수정 같이 맑은 생명수의 강을 내게 보이니 하나님과 및 어린 양의 보좌로부터 나와서

하나님은 천지를 창조하시고 아담과 하와에게 에덴동산을 지키며 경작하고 살도록 하셨습니다. 그곳은 은혜의 강물이 에덴동산을 적시고 사방으로 흘러넘치던 은혜의 동산(창 2:10-17)입니다.

이제는 하나님과 어린 양의 보좌로부터 생명수 강물이 넘치는 새 예루살렘에서 하나님과 함께 살 수 있었는데, 에덴동산에서 선악을 알게 하는 열매를 먹게 됨으로 에덴에서 쫓겨났던 사람들이 복음을 믿고 성령을 받고 구원받아 이긴 자로서 하나님의 나라 새 예루살렘에 들어가게 됩니다. 하나님과 그의 아들 예수 그리스도와 함께 생활하면서 마음껏 즐기며 마음껏 맛볼 수 있습니다. 영원히 생명수 강물을 마시며 생명나무의 열매를 먹으며 삽니다. 그 나무 잎사귀는 만국을 치료하는 약제이므로 무슨 병이든지 아픈 것도 없고 고통도 없이 영원한 삶을 살 수 있는 것입니다.

"강이 에덴에서 흘러 나와 동산을 적시고 거기서부터 갈라져 네 근원이 되었

으니 첫째의 이름은 비손이라 금이 있는 하윌라 온 땅을 둘렀으며 그 땅의 금은 순금이요 그 곳에는 베델리엄과 호마노도 있으며 둘째 강의 이름은 기혼이라 구스 온 땅을 둘렀고 셋째 강의 이름은 힛데겔이라 앗수르 동쪽으로 흘렀으며 넷째 강은 유브라데더라 여호와 하나님이 그 사람을 이끌어 에덴 동산에 두어 그것을 경작하며 지키게 하시고 여호와 하나님이 그 사람에게 명하여 이르시되 동산 각종 나무의 열매는 네가 임의로 먹되 선악을 알게 하는 나무의 열매는 먹지 말라 네가 먹는 날에는 반드시 죽으리라 하시니라"(창 2:10-17).

"이 생명이 나타내신 바 된지라 이 영원한 생명을 우리가 보았고 증언하여 너희에게 전하노니 이는 아버지와 함께 계시다가 우리에게 나타내신 바 된 이시니라 우리가 보고 들은 바를 너희에게도 전함은 너희로 우리와 사귐이 있게 하려 함이니 우리의 사귐은 아버지와 그의 아들 예수 그리스도와 더불어 누림이라"(요일 1:2-3).

요한계시록 22:2
길 가운데로 흐르더라 강 좌우에 생명나무가 있어 열두 가지 열매를 맺되 달마다 그 열매를 맺고 그 나무 잎사귀들은 만국을 치료하기 위하여 있더라

아담과 하와가 에덴동산에서 쫓겨나 동산의 생명나무 열매를 먹고 이젠 죄의 몸으로 영생할까봐 생명나무를 그룹들과 두루 도는 불 칼로 울타리를 치고 지키며 살았습니다. 그러나 새 예루살렘에는 길가 좌우에 생명나무가 있고 열두 가지 열매를 맺는데 달마다 그 열매를 맺는 것이었습니다. 이제는 마음대로 먹고 영생할 수가 있습니다. 또 어떠한 질병에 걸리더라도 길가에 있는 생명나무 잎사귀로 어떤 병이라도 치료할 수 있으므로 영원히 살 수 있는 하늘나라 새 예루살렘에서 살게 된 것입니다.

"여호와 하나님이 이르시되 보라 이 사람이 선악을 아는 일에 우리 중 하나 같이 되었으니 그가 그의 손을 들어 생명 나무 열매도 따먹고 영생할까 하노라 하시고 여호와 하나님이 에덴 동산에서 그를 내보내어 그의 근원이 된 땅을 갈게 하시니라 이같이 하나님이 그 사람을 쫓아내시고 에덴 동산 동쪽에 그룹들과 두루 도는 불 칼을 두어 생명 나무의 길을 지키게 하시니라"(창 3:22-24).

요한계시록 22:3

다시 저주가 없으며 하나님과 그 어린 양의 보좌가 그 가운데에 있으리니 그의 종들이 그를 섬기며

그곳은 하나님과 함께 있으므로 저주할 사람이 없습니다. 또 하나님과 어린 양의 보좌가 그 가운데 있으므로 늘 하나님을 섬기며 예배하고 경배하며 찬양하고 감사하는 삶을 살 수 있는 곳입니다.

"죄가 율법 있기 전에도 세상에 있었으나 율법이 없었을 때에는 죄를 죄로 여기지 아니하였느니라 그러나 아담으로부터 모세까지 아담의 범죄와 같은 죄를 짓지 아니한 자들까지도 사망이 왕 노릇 하였나니 아담은 오실 자의 모형이라 그러나 이 은사는 그 범죄와 같지 아니하니 곧 한 사람의 범죄를 인하여 많은 사람이 죽었은즉 더욱 하나님의 은혜와 또한 한 사람 예수 그리스도의 은혜로 말미암은 선물은 많은 사람에게 넘쳤느니라 또 이 선물은 범죄한 한 사람으로 말미암은 것과 같지 아니하니 심판은 한 사람으로 말미암아 정죄에 이르렀으나 은사는 많은 범죄로 말미암아 의롭다 하심에 이름이니라 한 사람의 범죄로 말미암아 사망이 그 한 사람을 통하여 왕 노릇 하였은즉 더욱 은혜와 의의 선물을 넘치게 받는 자들은 한 분 예수 그리스도를 통하여 생명 안에서 왕 노릇 하리로다 그런즉 한 범죄로 많은 사람이 정죄에 이른 것 같이 한 의로운 행위로 말미

암아 많은 사람이 의롭다 하심을 받아 생명에 이르렀느니라 한 사람이 순종하지 아니함으로 많은 사람이 죄인 된 것 같이 한 사람이 순종하심으로 많은 사람이 의인이 되리라 율법이 들어온 것은 범죄를 더하게 하려 함이라 그러나 죄가 더한 곳에 은혜가 더욱 넘쳤나니 이는 죄가 사망 안에서 왕 노릇 한 것 같이 은혜도 또한 의로 말미암아 왕 노릇 하여 우리 주 예수 그리스도로 말미암아 영생에 이르게 하려 함이라"(롬 5:13-21).

요한계시록 22:4

그의 얼굴을 볼 터이요 그의 이름도 그들의 이마에 있으리라

당연히 하나님의 나라에 가면 하나님을 볼 수 있으며 대화를 할 수 있습니다. 하나님의 생명책에 기록된 한 사람 한 사람의 이마에 그 이름을 기록하므로 어린 양의 생명책에 기록되지 않은 사람은 들어갈 수도 없고, 있을 수도 없는 곳입니다.

"또 하늘에 크고 이상한 다른 이적을 보매 일곱 천사가 일곱 재앙을 가졌으니 곧 마지막 재앙이라 하나님의 진노가 이것으로 마치리로다 또 내가 보니 불이 섞인 유리 바다 같은 것이 있고 짐승과 그의 우상과 그의 이름의 수를 이기고 벗어난 자들이 유리 바다 가에 서서 하나님의 거문고를 가지고 하나님의 종 모세의 노래, 어린 양의 노래를 불러 이르되 주 하나님 곧 전능하신 이시여 하시는 일이 크고 놀라우시도다 만국의 왕이시여 주의 길이 의롭고 참되시도다"(계 15:1-3).

요한계시록 22:5

다시 밤이 없겠고 등불과 햇빛이 쓸 데 없으니 이는 주 하나님이 그들에게 비

치심이라 그들이 세세토록 왕 노릇 하리로다

그러므로 그곳은 밤도 없고 햇빛도 필요 없습니다. 햇빛보다 더 광채가 나시는 하나님이 우리와 함께 계시니 밤도 어둠도 있을 수 없습니다. 우리를 통치하시는 하나님의 나라이므로 영원히 멸망하지 않고 영원히 하나님이 다스리는 영원한 나라입니다.

"그 일로 대제사장들의 권한과 위임을 받고 다메섹으로 갔나이다 왕이여 정오가 되어 길에서 보니 하늘로부터 해보다 더 밝은 빛이 나와 내 동행들을 둘러 비추는지라 우리가 다 땅에 엎드러지매 내가 소리를 들으니 히브리 말로 이르되 사울아 사울아 네가 어찌하여 나를 박해하느냐 가시채를 뒷발질하기가 네게 고생이니라 내가 대답하되 주님 누구시니이까 주께서 이르시되 나는 네가 박해하는 예수라 일어나 너의 발로 서라 내가 네게 나타난 것은 곧 네가 나를 본 일과 장차 내가 네게 나타날 일에 너로 종과 증인을 삼으려 함이니"(행 26:12-16).

"솔로몬이 기도를 마치매 불이 하늘에서부터 내려와서 그 번제물과 제물들을 사르고 여호와의 영광이 그 성전에 가득하니 여호와의 영광이 여호와의 전에 가득하므로 제사장들이 여호와의 전으로 능히 들어가지 못하였고 이스라엘 모든 자손은 불이 내리는 것과 여호와의 영광이 성전 위에 있는 것을 보고 돌을 깐 땅에 엎드려 경배하며 여호와께 감사하여 이르되 선하시도다 그의 인자하심이 영원하도다 하니라"(대하 7:1-3).

요한계시록 22:6

또 그가 내게 말하기를 이 말은 신실하고 참된지라 주 곧 선지자들의 영의 하나님이 그의 종들에게 반드시 속히 되어질 일을 보이시려고 그의 천사를 보내셨도다 이 예언의 말씀은 확실하고 신실하며 참된 것입니다. 선지자들과 복음 전도자들이 전했을지라도 하나님이 그들에게 전하라고 주신 예언의 말씀을 전한 것뿐이며, 그 종들이 확실하고 속히 되어질 것을 그의 천사들을 보내셔서 알게 하시고 전하게 하신 것입니다.

"지극히 높으신 하나님이 내게 행하신 이적과 놀라운 일을 내가 알게 하기를 즐겨 하노라 참으로 크도다 그의 이적이여, 참으로 능하도다 그의 놀라운 일이여, 그의 나라는 영원한 나라요 그의 통치는 대대에 이르리로다"(단 4:2-3).

요한계시록 22:7

보라 내가 속히 오리니 이 두루마리의 예언의 말씀을 지키는 자는 복이 있으리라 하더라

"보라 내가 속히 오리니." 주님은 속히 도적 같이 오신다고 약속하십니다. 그래서 너희 믿음의 성도들은 항상 준비하고 있으라고 많은 선지자들과 복음 전도자를 통해서 더욱 급박한 마지막 복음인 요한계시록(두루마리)을 우리에게 전하게 하셨습니다. 이 말씀은 확실하고 참되며, 반드시 이루어질 것입니다.

"이 예언의 말씀을 읽는 자와 듣는 자와 그 가운데에 기록한 것을 지키는 자는 복이 있나니 때가 가까움이라"(계 1:3).

믿고 지키는 자만이 마지막 때에 구원을 받습니다. 하나님이 통치하시는 나라에 갈 수 있다고 예언하십니다. 그러므로 모든 자들이 다 믿어 구원받기를 원하십니다. 복음을 통해서 구원의 소식을 전해도 믿지 않는 자들

에게는 복음과 심판을 동시에 전하고 있습니다. 그래서 이 예언의 말씀을 급하고 강하게 전하는 것입니다.

"볼지어다 내가 네 앞에 열린 문을 두었으되 능히 닫을 사람이 없으리라 내가 네 행위를 아노니 네가 작은 능력을 가지고서도 내 말을 지키며 내 이름을 배반하지 아니하였도다 보라 사탄의 회당 곧 자칭 유대인이라 하나 그렇지 아니하고 거짓말 하는 자들 중에서 몇을 네게 주어 그들로 와서 네 발 앞에 절하게 하고 내가 너를 사랑하는 줄을 알게 하리라 네가 나의 인내의 말씀을 지켰은즉 내가 또한 너를 지켜 시험의 때를 면하게 하리니 이는 장차 온 세상에 임하여 땅에 거하는 자들을 시험할 때라 내가 속히 오리니 네가 가진 것을 굳게 잡아 아무도 네 면류관을 빼앗지 못하게 하라 이기는 자는 내 하나님 성전에 기둥이 되게 하리니 그가 결코 다시 나가지 아니하리라 내가 하나님의 이름과 하나님의 성 곧 하늘에서 내 하나님께로부터 내려오는 새 예루살렘의 이름과 나의 새 이름을 그이 위에 기록하리라"(계 3:8-12).

요한계시록 22:8

이것들을 보고 들은 자는 나 요한이니 내가 듣고 볼 때에 이 일을 내게 보이던 천사의 발 앞에 경배하려고 엎드렸더니

요한계시록 22:9

그가 내게 말하기를 나는 너와 네 형제 선지자들과 또 이 두루마리의 말을 지키는 자들과 함께 된 종이니 그리하지 말고 하나님께 경배하라 하더라

요한이 이 예언의 말씀을 보고 듣고 이것을 자기에게 알게 한 그 천사가 너무나 고맙고 감사해서 그의 발 앞에 경배하려 하자 천사가 이렇게 말합

니다. "나는 너와 네 형제 선지자들과 또 이 두루마리의 말을 지키는 자들과 함께 된 종"이라고 하면서 오직 하나님께 경배하라고 합니다.

"그 첫째 생물은 사자 같고 그 둘째 생물은 송아지 같고 그 셋째 생물은 얼굴이 사람 같고 그 넷째 생물은 날아가는 독수리 같은데 네 생물은 각각 여섯 날개를 가졌고 그 안과 주위에는 눈들이 가득하더라 그들이 밤낮 쉬지 않고 이르기를 거룩하다 거룩하다 거룩하다 주 하나님 곧 전능하신 이여 전에도 계셨고 이제도 계시고 장차 오실 이시라 하고 그 생물들이 보좌에 앉으사 세세토록 살아 계시는 이에게 영광과 존귀와 감사를 돌릴 때에 이십사 장로들이 보좌에 앉으신 이 앞에 엎드려 세세토록 살아 계시는 이에게 경배하고 자기의 관을 보좌 앞에 드리며 이르되 우리 주 하나님이여 영광과 존귀와 권능을 받으시는 것이 합당하오니 주께서 만물을 지으신지라 만물이 주의 뜻대로 있었고 또 지으심을 받았나이다 하더라"(계 4:7-11).

요한계시록 22:10

또 내게 말하되 이 두루마리의 예언의 말씀을 인봉하지 말라 때가 가까우니라

복음이 기록된 두루마리의 예언의 말씀을 이제는 인봉하지 말고 모든 자가 보게 하라고 하십니다. 한 사람이라도 더 구원하기를 원하시기 때문입니다. 이제는 예수 그리스도의 재림이 가까웠으니 복음을 인봉하지 말고 그대로 두라고 하시는 것입니다. 특히 복음을 전해줘도 믿지 아니하고 회개하지 아니하는 자들에게 이 예언의 말씀을 주시면서 이제는 시간이 급박하니 인봉하지 말라는 것입니다.

"하늘에서 나서 내게 들리던 음성이 또 내게 말하여 이르되 네가 가서 바다와

땅을 밟고 서 있는 천사의 손에 펴 놓인 두루마리를 가지라 하기로 내가 천사에게 나아가 작은 두루마리를 달라 한즉 천사가 이르되 갖다 먹어 버리라 네 배에는 쓰나 네 입에는 꿀 같이 달리라 하거늘 내가 천사의 손에서 작은 두루마리를 갖다 먹어 버리니 내 입에는 꿀 같이 다나 먹은 후에 내 배에서는 쓰게 되더라 그가 내게 말하기를 네가 많은 백성과 나라와 방언과 임금에게 다시 예언하여야 하리라 하더라"(계 10:8-11).

요한계시록 22:11

불의를 행하는 자는 그대로 불의를 행하고 더러운 자는 그대로 더럽고 의로운 자는 그대로 의를 행하고 거룩한 자는 그대로 거룩하게 하라

요한계시록 22:12

보라 내가 속히 오리니 내가 줄 상이 내게 있어 각 사람에게 그가 행한 대로 갚아 주리라

복음을 전파하시고 그래도 회개하지 아니하고 믿지 아니하는 자들에게 예언의 말씀을 온 땅에 전하여도 듣지 않고, 믿지 않은 불의한 자들과 더러운 자들과 또 복음을 듣고 의를 행하는 거룩한 자들은 다 그대로 두라 합니다. 이제는 모든 사람들에게 다 알아들을 수 있도록 전했으니 내가 속히 가서 그들이 행한 대로 상과 벌을 주신다고 합니다.

"볼지어다 그가 구름을 타고 오시리라 각 사람의 눈이 그를 보겠고 그를 찌른 자들도 볼 것이요 땅에 있는 모든 족속이 그로 말미암아 애곡하리니 그러하리라 아멘"(계 1:7).

“그러므로 내가 가면 그 행한 일을 잊지 아니하리라 그가 악한 말로 우리를 비방하고도 오히려 부족하여 형제들을 맞아들이지도 아니하고 맞아들이고자 하는 자를 금하여 교회에서 내쫓는도다 사랑하는 자여 악한 것을 본받지 말고 선한 것을 본받으라 선을 행하는 자는 하나님께 속하고 악을 행하는 자는 하나님을 뵈옵지 못하였느니라”(요삼 1:10-11).

요한계시록 22:13

나는 알파와 오메가요 처음과 마지막이요 시작과 마침이라

급박한 마지막 복음(요한계시록, 예언)이라고 할지라도 무한정 믿음의 기회를 주시는 것이 아니라는 것입니다. 에덴동산에서 쫓겨난 자들에게 원 복음(알파)을 주시고, 또 그들에게 복음원(오메가)을 주십니다. 우리가 처음(마귀 사탄, 뱀)에는 졌지만, 마지막(마귀 사탄의 사망권세)에는 이기는 자가 되어서 시작(하늘과 땅을 창조)에서 살게 했지만, 이제는 마침(새 하늘과 새 땅)에서 살 수 있습니다.

요한계시록 22:14

자기 두루마기를 빠는 자들은 복이 있으니 이는 그들이 생명나무에 나아가며 문들을 통하여 성에 들어갈 권세를 받으려 함이로다

마지막에 이긴 믿음이 있는 자들은 자기 두루마기를 주님의 십자가의 보혈로 깨끗하게 빨고 마지막으로 새 하늘과 새 땅에 들어갈 준비를 합니다. 그리고 새 예루살렘 성에 들어가기 위해 주님의 권세를 받아야 합니다. 바벨론 포로에서 돌아왔지만 예루살렘에는 아무것도 없고 불에 탄 잿더미만 있고 이백십이 명의 문지기들이 지키면서 들어가지 못하게 합니다. 문지

기 네 명 중 우두머리는 살룸인데 전체 총 지휘자는 영원한 제사장인 비느하스(예수님을 상징)를 통해야만 생명나무로 나아갈 수 있으며, 새 예루살렘 성에 들어갈 권세를 받게 됩니다.

"문지기는 살룸과 악굽과 달몬과 아히만과 그의 형제들이니 살룸은 그 우두머리라 이 사람들은 전에 왕의 문 동쪽 곧 레위 자손의 진영의 문지기이며 고라의 증손 에비아삽의 손자 고레의 아들 살룸과 그의 종족 형제 곧 고라의 자손이 수종 드는 일을 맡아 성막 문들을 지켰으니 그들의 조상들도 여호와의 진영을 맡고 출입문을 지켰으며 여호와께서 함께 하신 엘르아살의 아들 비느하스가 옛적에 그의 무리를 거느렸고 므셀레먀의 아들 스가랴는 회막 문지기가 되었더라 택함을 입어 문지기 된 자가 모두 이백열두 명이니 이는 그들의 마을에서 그들의 계보대로 계수된 자요 다윗과 선견자 사무엘이 전에 세워서 이 직분을 맡긴 자라 그들과 그들의 자손이 그 순차를 좇아 여호와의 성전 곧 성막 문을 지켰는데 이 문지기가 동, 서, 남, 북 사방에 섰고 그들의 마을에 있는 형제들은 이레마다 와서 그들과 함께 있으니 이는 문지기의 우두머리 된 레위 사람 넷이 중요한 직분을 맡아 하나님의 성전 모든 방과 곳간을 지켰음이라 그들은 하나님의 성전을 맡은 직분이 있으므로 성전 주위에서 밤을 지내며 아침마다 문을 여는 책임이 그들에게 있었더라"(대상 9:17-27).

요한계시록 22:15

개들과 점술가들과 음행하는 자들과 살인자들과 우상 숭배자들과 및 거짓말을 좋아하며 지어내는 자는 다 성 밖에 있으리라

14절에서는 예언을 듣고 마지막으로 믿음을 가진 성도들은 새 예루살렘에 들어갑니다. 하지만 본 구절에서는 하나님을 믿지 않고 개들과 점술가

들과 음행하는 자들과 살인자들과 우상 숭배자들과 거짓말을 좋아하며 지어내는 자들에게 마지막으로 너희들이 세상에서 너희들 마음대로 살고 이제 세상은 끝나가고 종말의 심판이 이루어지게 됩니다. 너희는 성 안에 들어갈 준비도 하지 아니하였고 구원 받을 준비도 없고 오히려 믿는 성도들을 조롱했으므로 이제는 성 안에 들어가고자 하여도 "또 이 일 후에 내가 보니 하늘에 증거 장막의 성전이 열리며 일곱 재앙을 가진 일곱 천사가 성전으로부터 나와 맑고 빛난 세마포 옷을 입고 가슴에 금 띠를 띠고 네 생물 중의 하나가 영원토록 살아 계신 하나님의 진노를 가득히 담은 금 대접 일곱을 그 일곱 천사들에게 주니 하나님의 영광과 능력으로 말미암아 성전에 연기가 가득 차매 일곱 천사의 일곱 재앙이 마치기까지는 성전에 능히 들어갈 자가 없더라"(계 15:5-8)고 하신 말씀처럼, 너희는 성 밖에 있을 것이라고 하십니다. 결국 멸망을 당하여 무저갱으로 들어가서 천 년을 지낸 후 유황 불못에 들어가는 둘째 사망을 당하게 됩니다.

"거짓을 행하는 자는 내 집 안에 거주하지 못하며 거짓말하는 자는 내 목전에 서지 못하리로다 아침마다 내가 이 땅의 모든 악인을 멸하리니 악을 행하는 자는 여호와의 성에서 다 끊어지리로다"(시 101:7-8).

요한계시록 22:16

나 예수는 교회들을 위하여 내 사자를 보내어 이것들을 너희에게 증언하게 하였노라 나는 다윗의 뿌리요 자손이니 곧 광명한 새벽 별이라 하시더라

예수 그리스도는 요한을 보내어서 하나님의 말씀과 예수 그리스도의 증거와 본인이 본 것(복음)을 일곱 교회(모든 교회)들을 통해서 보내고 점검까지 행하시고, 이기는 방법과 천국에 들어가는 방법을 자세히 기록하여 전

합니다. 다윗이 악령이 든 사울 왕의 사망의 권세를 이기고 모든 것을 하나님 앞에 맡기고 믿음으로 악한 마귀 사탄을 이긴 것처럼, 예수 그리스도가 사망 권세를 이기고 부활한 것처럼(광명한 새벽 별처럼) 이긴 자가 되어 하나님이 통치하는 나라에서 영원히 살기를 원합니다. 이 예언의 말씀을 믿는 사람이 되라고 예언하시는 것입니다.

"전에 내가 사사에게 명령하여 내 백성 이스라엘을 다스리던 때와 같지 아니하게 하고 너를 모든 원수에게서 벗어나 편히 쉬게 하리라 여호와가 또 네게 이르노니 여호와가 너를 위하여 집을 짓고 네 수한이 차서 네 조상들과 함께 누울 때에 내가 네 몸에서 날 네 씨를 네 뒤에 세워 그의 나라를 견고하게 하리라 그는 내 이름을 위하여 집을 건축할 것이요 나는 그의 나라 왕위를 영원히 견고하게 하리라 나는 그에게 아버지가 되고 그는 내게 아들이 되리니 그가 만일 죄를 범하면 내가 사람의 매와 인생의 채찍으로 징계하려니와 내가 네 앞에서 물러나게 한 사울에게서 내 은총을 빼앗은 것처럼 그에게서 빼앗지는 아니하리라 네 집과 네 나라가 내 앞에서 영원히 보전되고 네 왕위가 영원히 견고하리라 하셨다 하라"(삼하 7:11-16).

"이새의 줄기에서 한 싹이 나며 그 뿌리에서 한 가지가 나서 결실할 것이요 그의 위에 여호와의 영 곧 지혜와 총명의 영이요 모략과 재능의 영이요 지식과 여호와를 경외하는 영이 강림하시리니 .그가 여호와를 경외함으로 즐거움을 삼을 것이며 그의 눈에 보이는 대로 심판하지 아니하며 그의 귀에 들리는 대로 판단하지 아니하며 공의로 가난한 자를 심판하며 정직으로 세상의 겸손한 자를 판단할 것이며 그의 입의 막대기로 세상을 치며 그의 입술의 기운으로 악인을 죽일 것이며 공의로 그의 허리띠를 삼으며 성실로 그의 몸의 띠를 삼으리라 그 때에 이리가 어린 양과 함께 살며 표범이 어린 염소와 함께 누우며 송아지와 어린 사자와 살진 짐승이 함께 있어 어린 아이에게 끌리며"(사 11:1-6).

요한계시록 22:17

성령과 신부가 말씀하시기를 오라 하시는도다 듣는 자도 오라 할 것이요 목마른 자도 올 것이요 또 원하는 자는 값없이 생명수를 받으라 하시더라

신부 되시는 어린 양 예수께서 친히 오라고 부르십니다. 또 성령께서도 성도들에게 오라고 하시면서 예언의 말씀을 듣는 모든 자는 다 내게로 오라고 하십니다. 이 예언의 말씀을 듣고 목마른 자는 다 내게로 오라 와서 먹고 또 구원 받기를 원하는 자는 다 와서 값없이 생명수를 받아 먹으라고 하십니다. 모두가 다 복음의 말씀인 마지막 예언의 말씀을 먹고 빨리 믿고 회개하고 나에게로 오라고 하시는 것입니다.

"내 아버지께서 모든 것을 내게 주셨으니 아버지 외에는 아들을 아는 자가 없고 아들과 또 아들의 소원대로 계시를 받는 자 외에는 아버지를 아는 자가 없느니라 수고하고 무거운 짐 진 자들아 다 내게로 오라 내가 너희를 쉬게 하리라 나는 마음이 온유하고 겸손하니 나의 멍에를 메고 내게 배우라 그리하면 너희 마음이 쉼을 얻으리니 이는 내 멍에는 쉽고 내 짐은 가벼움이라 하시니라"(마 11:27-30).

요한계시록 22:18

내가 이 두루마리의 예언의 말씀을 듣는 모든 사람에게 증언하노니 만일 누구든지 이것들 외에 더하면 하나님이 이 두루마리에 기록된 재앙들을 그에게 더하실 것이요

요한계시록 22:19

만일 누구든지 이 두루마리의 예언의 말씀에서 제하여 버리면 하나님이 이 두루마리에 기록된 생명나무와 및 거룩한 성에 참여함을 제하여 버리시리라

요한계시록 22:20

이것들을 증언하신 이가 이르시되 내가 진실로 속히 오리라 하시거늘 아멘 주 예수여 오시옵소서

이 작은 두루마리에 기록된 예언의 말씀(급박한 마지막 복음인 요한계시록)을 듣는 모든 사람에게 증언한 이 복음을 더하면 두루마리에 기록된 재앙을 그에게 더하신다고 하십니다.

또 이 작은 두루마리의 예언의 말씀에서 제하여 버리면 즉, 전하는 자가 감하거나 잘못 전하면 하나님이 이 작은 두루마리에 기록된 생명나무와 거룩한 성에 참여함을 제하여 버린다고 하십니다. 이것은 이 급박한 복음인 요한계시록이 참된 복음이기 때문입니다. 마지막에 한 생명이라도 하나님 앞으로 돌아와서 구원 받고 영원한 생명나무의 열매를 먹으며 거룩한 성에서 세세토록 살기를 원하시는 사람은 하나님의 이 예언의 말씀을 가감하지 말고 다 정확하게 지키는 것을 강력하게 강조합니다. 그럼으로써 전하는 자나 듣는 자나 급하고 속히 이루어질 것이므로 조금도 망설임 없이 모든 말씀을 그대로 믿고 구원의 길로 나오라고 하십니다.

"그러나 그들이 더 나아가지 못할 것은 저 두 사람이 된 것과 같이 그들의 어리석음이 드러날 것임이라 나의 교훈과 행실과 의향과 믿음과 오래 참음과 사랑과 인내와 박해를 받음과 고난과 또한 안디옥과 이고니온과 루스드라에서 당한 일과 어떠한 박해를 받은 것을 네가 과연 보고 알았거니와 주께서 이 모든 것

가운데서 나를 건지셨느니라 무릇 그리스도 예수 안에서 경건하게 살고자 하는 자는 박해를 받으리라 악한 사람들과 속이는 자들은 더욱 악하여져서 속이기도 하고 속기도 하나니 그러나 너는 배우고 확신한 일에 거하라 너는 네가 누구에게서 배운 것을 알며 또 어려서부터 성경을 알았나니 성경은 능히 너로 하여금 그리스도 예수 안에 있는 믿음으로 말미암아 구원에 이르는 지혜가 있게 하느니라 모든 성경은 하나님의 감동으로 된 것으로 교훈과 책망과 바르게 함과 의로 교육하기에 유익하니 이는 하나님의 사람으로 온전하게 하며 모든 선한 일을 행할 능력을 갖추게 하려 함이라"(딤후 3:9-17).

"그가 아버지의 마음을 자녀에게로 돌이키게 하고 자녀들의 마음을 그들의 아버지에게로 돌이키게 하리라 돌이키지 아니하면 두렵건대 내가 와서 저주로 그 땅을 칠까 하노라 하시니라"(말 4:6).

"내가 율법이나 선지자를 폐하러 온 줄로 생각하지 말라 폐하러 온 것이 아니요 완전하게 하려 함이라 진실로 너희에게 이르노니 천지가 없어지기 전에는 율법의 일점 일획도 결코 없어지지 아니하고 다 이루리라 그러므로 누구든지 이 계명 중의 지극히 작은 것 하나라도 버리고 또 그같이 사람을 가르치는 자는 천국에서 지극히 작다 일컬음을 받을 것이요 누구든지 이를 행하며 가르치는 자는 천국에서 크다 일컬음을 받으리라"(마 5:17-19).

요한계시록 22:21

주 예수의 은혜가 모든 자들에게 있을지어다 아멘

이 말씀에는 복음이 선포되고 공개됩니다. 이 복음을 통해서만 구원이 있다고 전파되어도 믿지 않는 자들에게 이 예언의 말씀을 믿지 않으면 무저갱으로 가서 천 년 동안 고통을 당하다가 천 년 후에 잠깐 나와서 믿는 사람들이 하나님과 함께 편안하게 영원히 사는 것을 보고 둘째 사망을 통해서 영원한 유황 불못에 들어가게 될 거라고 말씀하십니다. 이들이 속히 하나님을 믿어서 예수 그리스도께서 우리를 위하여 십자가를 지심으로 우리의 죄를 대속하시고 부활하시어 큰 대제사장으로서 자기 피로 속죄제를 드리신 예수 그리스도께로 하루속히 나오기를 바라시는 것입니다.

우리 모든 믿음의 성도들의 간절한 소망도, 천국을 바라는 우리의 신앙고백도 "아멘 주 예수여 오시옵소서"가 되길 소원합니다.

주 예수의 은혜가 모든 자들에게 있을지어다. 아멘.